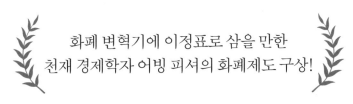

화폐 변혁기에 이정표로 삼을 만한
천재 경제학자 어빙 피셔의 화폐제도 구상!

완전한 화폐

어빙 피셔 지음 · 현정환 옮김

100% MONEY

박영사

오늘날, 화폐의 순도가 갖는 의미

이 책의 주제는 화폐의 순도(純度)이다. 어빙 피셔가 이 책에서 주장하는 바는 한마디로 '결제성 예금에 대한 100% 지급준비금 예치'이다. 이렇게 하면 예금화폐(민간화폐)가 현금(중앙은행화폐)으로 언제나 100% 교환 가능해져 예금화폐의 화폐로서의 순도(純度)가 완전해지며 (은행의 '화폐와 신용 기능이 분리'되어) 화폐금융시스템의 안정성이 저절로 확보된다는 것이다. 이런 아이디어는 훗날 내로우뱅킹narrow banking으로 발전하였는데, 노벨경제학상을 수상한 밀턴 프리드먼Milton Friedman과 제임스 토빈James Tobin도 이를 지지했을 만큼 화폐 및 금융 안정성 측면에서 우수한 아이디어였다. 그렇지만 이를 현실에 적용하려면 기존 금융시스템을 전면 개편해야 해서 내로우뱅킹은 주로 비현실적인 혹은 이상적인 아이디어로 치부되곤 하였다.

오늘날 각종 코인 특히 스테이블코인이 화폐로 발전하려는 조짐이 보이고 있고, EU, 영국, 중국 등에서 핀테크·빅테크 기업들도 은행처럼 직접 결제계좌를 발급하는 등 화폐 및 지급 결제 환경이 급변하고 있다. 이러한 새로운 민간화폐의 등장은 기존 화폐시스템을 교란시켜 금융 불안정을 야기할 수 있다. 이 가운데 내로우뱅킹이 화폐제도 안정성을 확보할 방안으로 재평가받고 있다. 즉, 새로운 민간화폐의 순도가 완전하다면 어떠한 상황에서도 현금과 등가교환되며, 새 화폐는 교환의 매개체로 온전히 기능할 수 있게 되며, 이질적으로 보이는 화폐들 간에 균일성이 달성되어 화폐제도, 즉 지급결제제도의 안정성이 확보된다.

이처럼 화폐의 순도 문제는 어제오늘의 일이 아니라 화폐제도가 발전하는 역사 속에서 줄곧 반복된다. 이것이 바로 100여 년 전에 어빙 피셔가 쓴 이 책이 오늘날에도 동시대적 의미를 갖는 이유이다. 이에 대해 보다 자세히 정리한 글을 마지막 부록으로 수록하였으니 관심있는 독자는 참고하길 바란다.

2022년 6월
현정환

CONTENTS
차 례

차 례

서문

　이 책의 초판이 출간된 이후 「1935년 은행법Omnibus Banking Act of 1935」이 통과되었다. 이 법의 제정은 이 책에서 주장하는 100% 지급준비제도를 향해 한 걸음 나아간 개선이라 평할 수 있다. 이 법은 회원은행에게 지급준비금을 100% 수준으로 쌓게 하진 않지만 지급준비율을 현재의 두 배 수준으로 인상하는 내용을 담고 있다. 지급준비금에 대한 이 조항은 최근 상당히 증가하고 있는 인플레이션 위험과 싸울 수 있는 최소한의 무기를 제공한다. 수표책화폐check-book money<예금화폐 또는 당좌예금-옮긴이>가 이미 증가세에 있지만 아직까지 우려할 수준은 아니다. 사실, 우리를 대공황에서 벗어나게 해준 게 바로 이 수표책화폐의 증가이다. 그럼에도 불구하고 수표책화폐 증가세가 통제되지 않는다면 경기회복을 넘어 다시 우리를 해로운 호황으로 이끌지 모른다. 내가 기술한 바와 같이, 과도하게 쌓인 초과지준은 해로운 호황이 생겨날 환경을 조성한다. 새로운 법에 따라 지급준비율이 인상되면 과잉유동성 규모를 줄일 수 있다. 지급준비율을 100%로 인상하면 과잉유동성은 사라질 것이다. 그렇지만 상원 은행통화위원회Senate Committee on Banking and Currency에서 지급준비율을 100%로 높이는 안(案)을 놓고 격렬한 논쟁이 있었다.

　「1935년 은행법」은 또 다른 측면에서 이 책의 주장과 일맥상통하는 바가 있다. 이 법은 기존보다 분명하고 중앙집중적인 공개시장조작 기구를 설치하는 내용을 담고 있다. 그렇지만, 새로운 공개시장위원회는 조직 구성이 너무 복잡하고 위원들에게 공개시장조작 이외에도 너무 많은 임무를 부여한다. 그러나 공개시장위원회가 우리의 화폐시스템을 "관리"하는 거의 모든 권한을 행사하는 것에 대한 보편적 공감대가 형성되기만 하면, 이 위원회는 이 책에서 제안하는 "통화위원회Currency Commission"와 같은 조직으로 손쉽게 전환될 수 있다. 그렇게 되면 이 조직은 대법원과 같은 지위를 얻게 되어, 말하자면 통화대법원이 되는 것이다.

이 책의 초판에 대한 반응은 내가 예상했던 것보다 만족스러웠는데, 항상 반대만 외쳐대는 게 본능인 은행가들 중에도 호의적인 반응이 나왔다. 은행들도 극도로 느린 속도이긴 하지만 100% 화폐 방향으로 조금씩 다가서고 있다. 해외에서도 100% 지급준비제도로의 이행이 이루어지고 있다는 소식이 들린다. 독일 라이히스방크Reichsbank<당시 독일의 중앙은행-옮긴이>의 총재이자 영악한 은행가이기도 한 얄마르 샤흐트 Hjalmar Schacht 박사는 100% 지급준비제도와 유사하게 독일 은행제도를 개혁하려고 시도 중이다. 그는 은행시스템이 적절하게 작동하고 통제되기 위해서 이러한 개혁이 중요하다고 생각한다. 게다가 지난 수년간 독일의 우편수표시스템Postal Checking System은 100% 지급준비제도 하에 훌륭히 운영 중이다.

한편 독일과 영국에서 은행서비스에 대한 수수료를 도입하려는 움직임이 일고 있다. 서비스수수료 부과는 이 책에서 소개하는 100% 계획안이 담고 있는 내용 중 하나이다. 미국에서는 서비스수수료 부과라는 아이디어를 거의 모든 은행이 적절한 수준에서 적용하고 있다. 게다가 National Safety Bank of New York의 에프론Efron 부행장은 소액예금에 100% 계획안을 선도적으로 적용하여 큰 성과를 보고 있다.

이번 개정판은 완전히 새롭게 쓰여졌으며 새롭게 조판되었다. 무엇보다도, 로버트 필 경Sir Robert Peel이 주도한 「1844년 은행법Bank Act of 1844」에 따라 영란은행권 발행에 대한 지급준비 요건이 강화된 것과 이 책의 개혁안이 본질적으로 같다는 걸 보다 명료하게 보여주기 위하여 Ⅱ장의 내용을 대폭 수정하였다.

개정판의 편집을 마친 후 콜롬비아대학교의 앵겔James W. Angell 교수가 100% 계획안에 대해 쓴 꽤 괜찮은 논문을 보게 되었다. 나는 이 논문이 실용적 측면에서 의미 있는 중요한 진전을 보였다고 생각한다. 그래서 부록Ⅴ에 해당 논문의 결론을 소개하였다.

어빙 피셔
예일대학교
1936년 1월

서문

"100% 화폐" 제안을 —당좌예금에 대한 지급준비율을 10%에서 100%로 높이자는 제안을— 처음 접할 때 깜짝 놀랄 수 있다. 그러나 예금은행업 생성 초기에 지급준비율이 100%였다는 건 역사적 사실이다.

이미 오래되어버린 100% 시스템을 다시 꺼내드는 것은, 이를 도입함으로써 현행 은행시스템에서 발생하는 화폐적 인플레이션과 디플레이션을 효과적으로 억제할 수 있기 때문이다. 즉, 이를 도입함으로써 수천 개의 상업은행이 민간조폐소private mint처럼 유통화폐<예금화폐—옮긴이>를 무책임하게 창조하고 파괴하는 관행을 멈추게 할 수 있다. 100% 시스템은 은행들에게도 큰 혜택을 가져다줄 것이다.

현행 은행시스템의 경제적 효과를 학습했고 100% 시스템이 대공황으로부터 은행을 구해낼 것을 깨달은 은행가들은 이것이 사실이라는 데 공감한다.

이들 은행들 중 일부는 이 책의 집필 과정에 도움을 주었다. 특히, 나는 Plaza Bank of St. Louis의 폰 빈데거F. R. von Windegger 은행장과 그레고리W. L. Gregory 부행장에게 감사의 말을 전하고 싶다. 이들은 이 책의 초고를 두 번이나 읽어주었다. 물론 처음에는 내 제안에 대해 의구심을 품었지만 추가적인 연구 끝에 이를 완전히 지지하게 되었다.

나는 이 책의 원고 일부를 읽고 비평해준 다른 많은 은행가들에게도 감사의 말을 전하고 싶다. 그렇지만 이들 모두가 아직 이 책의 결론을 받아들인 건 아니다.

100% 원칙100% principle을 찬성하는 은행가들 중에는 Equitable Trust Company of New York City가 Chase National Bank에 합병되기 전에 부행장을 역임하였던 르블랑George Le Blanc도 있다. 이 분은 윌슨 대통령으로부터 연방준비제도이사회 총재직을 처음으로 제안 받았다고 알려져 있다. 애틀랜타 연방준비은행의 전 여신담당자였던 헴필Robert H. Hemphill은 수년 전부터 100% 원칙을 지지해왔다. 그는 친절하게 이 책의 서문을 써주었다. 그리고 부록 II에는 폰 빈데거von Windegger와 그레고리Gregory로부터 받은 서신의 일부를 소개하였는데, 은행가들이 특별히 관심을 가질 만하다. 연방준비제도에서 오랜 근무경험을 가진 알트만Irving B. Altman도 수년 동안 이 책의 제안을 지지해왔다. 50년이 넘는 기간 동안 은행 임원직을 역임하고 Merchants Bank of Passaic, N. J.의 은행장을 역임한 켄트Robert D. Kent도 오랜 기간 화폐가치 안정화를 지지해 왔으며 100% 계획안에도 찬성하는 입장을 밝혔다.

그리고 나는 시몬스Henry C. Simons 교수, 나이트Frank H. Knight 교수, 콕스Garfield V. Cox 교수, 민츠Lloyd W. Mints 교수, 슐츠Henry Schultz 교수, 더글라스Paul H. Douglas 교수, 할트A. G. Hart, 100% 지급준비제도 계획안의 "제안서"를 작성한 시카고대학교 그룹의 회원들 등을 포함한 많은 경제학자들로부터 도움을 받았다. 이 책에 포함된 많은 아이디어들이 이 "제안서"에서 나왔다. 특히, 시몬스 교수<시카고플랜 2차 제안서 작성 주도-옮긴이>는 아낌없이 시간을 내주어 개인적으로 자문을 해주었고 원고 일부를 검토해주었다.

원고 집필과정에서 나를 특별히 도와주고 100% 원칙을 지지해준 많은 경제학도들도 있다. 이 중에 하버드대학교의 커리Lauchlin Currie 박사는 현재 연방준비제도에 재직 중이며 자신의 최근 저서인 『The Supply and Control of Money in the United States』에서 이 책의 주제를 다루기도 하였다. 그리고 연방준비제도의 에드미스턴H. H. Edmiston, 프린스턴대학교의 레스터Richard A. Lester, 프린스턴대학교의 그레이엄Frank D. Graham 교수, 위스콘신대학교의 커먼스John R. Commons 교수, 브루킹스연구소의 하디C. O. Hardy 교수, 펜실베니아대학교의 제임스F. Cyril James 교수, 뉴욕대학교의 킹Willford I. King 교수, 펜실베니아대학교의 할Luther A. Harr 교수, 펜실베니아 주정부 은행국장, 국제노동사무국의 '과학적 방법론 및 결과 부서'의 전 부서장인 미커Royal Meeker 박사, 하버드대학교 전직 교수이자 경제자문가인 퍼슨스Warren M. Persons 박사, 작가인 아이슬러Robert Eisler 박사, 스탠포드통계회사 근무 경험이 있는 어드리언스Walter Adriance 박사, 오웬Robert L. Owen 전 상원의원, 골즈보로T. Alan Goldsborough, 패트만Wright Patman, 미국 관리자협회 회장이자 Lehigh Portland Cement의 관리자인 셤버거J. Calvin Shumberger, 내가 『Stable Money, a History of the Movement』를 집필할 때 도움을 준 코르센Hans R.L. Cohrssen, Agricultural Adjustment Administration의 뉴딕Edwin Newdick 수석이코노미스트, Sound Money League의 브로엄 H. B. Brougham 사무국장, Weyerhaeuser Timber의 펄프부서 관리자인 울프Robert B. Wolff, 시카고에 위치한 First National Brands의 맥크리어리William C. McCreary 회장, 투자전문가인 포머로이Robert W. Pomeroy, Parker, Braden and Armstead의 브레이든Spruille Braden, 자동차 발명가인 두리예이Charles E. Duryea, 연구생인 스타더르만Richard A. Staderman 등도 있다.

모든 관점에서 비평을 받고 이러한 비평에 근거해 이 책에서 제안하는 계획안의 모든 특징을 시험하기 위하여 이 짧은 책을 준비하는데 1년이 넘는 시간이 소요되었다. 다양한 비평을 듣기 위해 이 책을 등사판으로 인쇄해 150명에게 보냈는데, 여기에 비평해준 모든 분들의 이름을 일일이 열거하며 감사의 말을 전하는 것은 불가능하다. 그렇지만 매우 유익한 의견을 주신 분들 중에는 하버드대학교의 슘페터Joseph Schumperter 교수, 알제대학교의 부스께G. H. Bousquet 교수, 미주리대학교의 브라운 Harry G. Brown 교수, 코넬대학교의 리드Harold L. Reed 교수, 미국공공 시설국 국장인 바우어John Bauer 박사, National City Bank의 밴더리프 Frank A. Vanderlip 전 은행장, Cleveland Trust Company의 부회장인 에어레스Leonard P. Ayres 대령, First Wisconsin National Bank of Milwaukee의 스튜어트John R. Stewart 부행장, Marquette National Bank of Minneapolis의 마누엘Ralph W. Manuel 은행장, Fletcher Trust Company of Indianapolis의 울렌Evans Woolen 전 회장, First National Bank of Roxton의 포티트Gibbons Poteet 현금출납국장, Continental Illinois National Bank and Trust Company of Chicago의 발데크 Herman Waldeck 부행장보, 애틀랜타 연방준비은행의 웰본Maximilian B. Wellborn 전 총재, First National Bank in St. Louis 부행장인 게파트W. F. Gephart 박사, 더글라스C. H. Douglas 작가, 회사 임원출신인 컬리넌J. S. Cullinan, 자본가인 그레이엄M. K. Graham, 피츠버그에 위치한 Edwin L. Wiegand사의 위건드E. I. Wiegand 사장, General Electric의 영Owen D. Young 이사회의장, 중개인인 굿바디Marcus Goodbody, York National Bank and Trust Company of York의 허쉬Grier Hersh 행장, 하일페린 Michel A. Heilperin, 파운드E. Pound 작가, Lehigh Navigation Coal의 길버트슨H. S. Gilbertson 인사부장, 트루프Philip Troup 판사, 페어메인 John D. Pearmain, 민스Gardner Meens 농무부장관 경제자문관, 필라델피 아 세관의 위스콧Ralph W. Wescott 검사관, 헬본Ludwig S. Hellborn, 아이 켈버그L. E. Eichelberg, 에드몬즈G. W. Edmonds, 앤더슨Paul Anderson, 앤더슨George W. Anderson 판사 등이 있다.

아울러 원고 집필의 모든 단계에서 문장의 명료성을 점검하고 문장을 가다듬는데 도움을 준 내 형제인 허버트 피셔Herbert W. Fisher에게도 고 마움을 표하고 싶다.

제 I 부는 전체 제안의 개요를 보여주는데, 비전문가들은 제 II 부와 제 III 부의 보다 자세한 내용을 읽는 것을 불필요하다고 생각할 수도 있다. 제 II 부와 제 III 부는 은행업의 기술적 측면에 관심이 많은 사람들을 위해, 그리고 은행가의 예상반론에 대응하기 위한 목적으로 준비되었다. 그렇지만 나는 이 책에서 100% 시스템과 관련한 원칙들을 강조하려 하였지, 이 원칙들을 적용하는 정밀한 방법론을 주장하려 하지는 않았다. 많은 경우에는 대안적 방법론을 제시하기도 하였다. 100% 시스템 법제화 작업과 100% 시스템을 달러 구매력 안정화 방안과 결합하는 작업은 나보다는 다양한 실행방안 중 최적 방안을 선택하고 구체적 계획을 실행하기 위해 필요한 사항을 입법화하는데 적합한 사람들의 관심을 더 필요로 한다.

이미 100% 지급준비제도를 도입하자는 몇몇 법안이 연방의회에 발의되었다. 특히, 커팅Cutting 상원의원과 패트만Patman 하원의원이 주도한 법안, 골즈버러Golds-borough 하원의원의 법안, 나이Nye 상원의원과 스위니Sweeney 하원의원의 법안 등이 대표적이다.

미국 유권자 절반을 아우르는 16개 단체를 대표하는 전국통화컨퍼런스National Monetary Conference는 1935년 3월 방금 언급한 법안들 중 마지막 법안을 공개 지지하였다.

나는 이 책에서 가능하면 다양한 관점에서 100% 계획안을 고찰하고자 하였다. 이 책이 제안하는 바는 몇 페이지에 다 담을 수 있을 정도로 간단하다. 그러나 100% 지급준비제도 도입은 현재의 복잡한 은행구조에 그리고 은행 및 기업 부문의 관계에 다양한 방식으로 영향을 미칠 것이고, 제도 도입효과는 보편적이고 광범위할 것이다. 그래서 현행 시스템에 익숙해 있는 사람들은 이 책을 읽으면서 많은 질문들을 품게 될 것이다. 이러한 이유로 핵심내용을 의도적으로 여러 번 반복하고 요약하였다.

이 책의 주된 출간 목적은 지적 능력과 개방적인 사고방식을 가진 독자라면 완전 지급준비제도의 건전성과 실행가능성을 충분히 납득할 수 있게 100% 시스템 도입의 모든 파급효과를 알기 쉽고 명확하게 제시하는 것이다. 이 책을 다 읽고 나서 Ⅰ장을 다시 읽어볼 것을 권한다.

100% 시스템 도입안의 본질은 화폐를 대출로부터 독립시키는 것이다. 다시 말해, 은행업으로부터 화폐를 창조하고 파괴하는 과정을 분리하는 것이다. 이로 인해 우리가 얻을 은행업의 안전성과 수익성 향상이라는 결과는 정말로 부수적인 것에 불과하다. 가장 중요한 결과는 단연 만성적 인플레이션과 디플레이션을 종식시켜 대호황과 대공황을 방지하는 것이다. 만성적 인플레이션과 디플레이션은 지금까지 존재한 가장 커다란 경제적 저주에 해당하며 주로 은행 부문에서 비롯된다.

100% 지급준비금이라는 아이디어는 몇 세기 전에 이미 실행된 적이 있어 새로운 것이 아니지만 대부분 사람들은 이를 완전 새롭게 여길 것이다. 나에게 서신으로 의견을 주었던 이들 중에 은행분야의 권위자가 있는데, 그는 100% 지급준비제도를 대공황이 낳은 "독창적인" 아이디어라고 하였다. 이 책에서 제안하는 바가 적절히 실행되기만 한다면 그간 불황의 해법으로 제시된 그 어떤 방안보다도 빠르고 영구적으로 불황이라는 문제를 해결할 수 있다고 믿는다. 왜냐하면 이 제도는 은행대출과 결부된 요구불예금의 불안정성이라는 호황과 불황의 근본적 원인을 제거하기 때문이다.

어빙 피셔
예일대학교
1935년 3월

어느 은행가의 서문

"일반 서민" 또는 현금으로 임금, 급여 또는 소득을 받는 사람에게 은행은 직접적인 관련이 없는 관심 밖의 주제일 것이다. 이들 자신의 임금, 급여, 또는 소득 액수가 상업은행들이 제공한 대출총액에 의존한다는 것을 알게 된다면 크게 놀랄지 모른다. 그러나 이게 현실에서 벌어지는 바이다.

틀림없이 이는 현 시점에서 가장 중대한 문제이다. 이 글을 읽는 당신이 돈이 부족하다면 일상적으로 구매하던 물품들을 사지 못한다. 당신의 친구들과 지인들도 그렇다. 이 모든 것이 의미하는 바는 무엇인가?

당신과 당신이 아는 모든 사람들이 화폐 부족이라는 개인적 곤경에 처해있다면, 모든 시민들이 처한 곤경의 합이 국가적 곤경에 해당하고, 화폐 부족이 국가적 문제라는 건 자명하지 않은가?

우리는 모든 사람들이 높은 생활수준을 누리기 위해 필요한 재화와 서비스를 생산하고 유통할 충분할 설비를 갖추고 있으며 이를 생산하기를 간절히 원하고 있다. 그렇지만 재화와 서비스의 교환이 이루어지게 하는 화폐를 충분히 갖고 있지 않다.

일정 수준의 국민소득을 달성하기 위해 시중에 유통되어야 할 화폐량을 계산하는데 필요한 충분히 정확한 데이터를 집계하기 시작한 건 매우 최근 일이다. 우리는 이 비율이 1:3이고 경제상황이 매우 다양하게 변해도

이 비율은 놀랄 정도로 상수에 가깝게 변하지 않는다는 것을 알아냈다.

당신이 이 중요한 사실의 의미를 받아들인다면, 당신의 연간 임금, 급여 또는 소득의 3달러당 1달러의 화폐 또는 적절한 화폐대용물이 시중에 유통되어야 한다. 그리고 이 나라의 다른 모든 사람들의 연간소득 3달러당 1달러의 화폐가 추가되어야 한다.

나의 추정치에 따르면, 현금과 요구불예금의 합에서 주식투자에 흘러간 자금을 뺀 화폐유통량은 1929년 270억 달러였으며, 이 수치는 이 분야의 다른 사람들이 추정한 값과 상당히 유사하다. 1929년 미국의 국민소득은 810억 달러였다. 이 810억 달러가 당신을 포함한 미국 내 모든 개인이 해당 연도에 벌어들인 임금, 급여, 소득의 총합이다.

1932년 현금(통화와 주화)과 은행예금의 규모는 160억 달러 수준으로 감소하였고, 미국의 국민소득도 1:3의 비율이 정확히 적용되는 480억 달러 수준으로 감소하였다. 물론 이는 평균 개인소득이 비례적으로 감소하였다는 얘기다.

정부가 발행하는 통화와 주화는 우리의 상거래에서 지엽적인 역할을 한다. 상거래의 거의 대부분은 상업은행의 요구불예금 또는 당좌예금에 기반한 수표에 의해 이루어진다. 이러한 예금은 상업은행과 상업은행으로부터 대출받은 차입자들에 의해 창조된다. 차입자는 은행에 대출상환 약속증서를 써주고 은행은 이 증서의 액면가에 해당하는 금액을 차입자의 통장에 "예금" 형태로 입금해준다. 차입자가 이 예금에 기반하여 수표를 발행하면 차입자의 계좌에서 수표수취인의 계좌로 돈이 이체된다. 돈을 이체받은 수표수취인은 이 "예금"을 또 거래에 "사용"하고, 이렇게 하여 이 예금은 연평균 25회 이상 한 계좌에서 다른 계좌로 순환한다. 이러한 방식으로 신용에 의해 만들어진 예금 또는 이에 기반한 수표는 화폐의 대체물로써 모든 화폐적 기능을 수행한다.

국가 내에서 일어나는 상업의 총규모는 이러한 차입 신용borrowed

credits과 이에 비해 상대적으로 보잘것없는 규모의 현금으로 이루어진 거래의 합이라고 단순화하여 생각할 수 있다.

대출계약이 이뤄지자마자 새로운 화폐가 유통되기 시작하며 보수적인 친구들이 말하는 바와 같이 대출액만큼 "통화량이 부풀려지는 것"을 은행과 차입자 모두 알아차리지 못한다. 은행과 차입자는 자신들이 맺은 대출계약에 따라 생겨난 화폐대체물<요구불예금－옮긴이>로 인해 끊임없이 연쇄적으로 상거래가 발생하고 이 화폐대체물이 시중에 유통되는 동안 이 연쇄적 과정이 계속된다는 사실을 대개 알아차리지 못한다.

차입자가 자신의 예금잔액을 이용하여 대출금을 상환하면 자신의 예금잔액의 많은 부분이 사라지는데, 이로 인해 예금잔액이 그대로 유지되었더라면 연쇄적으로 일어났을 상거래들이 일어나지 않게 된다.

모든 은행대출이 상환되면 아무도 더 이상 예금잔액을 보유하지 않게 되고, 시중에는 단 1달러의 현금도 유통되지 않게 된다.

이는 엄청나게 충격적인 얘기다. 우리는 전적으로 상업은행에 의존한다. 누군가 대출을 받을 때 그는 현재 시중에 유통 중인 현금 또는 신용을 빌리게 된다. 만약 은행이 준(準) 화폐<수표발행이 가능한 당좌예금－옮긴이>를 충분히 창조한다면 우리는 번영할 것이며 그렇지 못하면 굶주릴 것이다. 우리는 틀림없이 영속적인 화폐시스템permanent monetary system을 결여한 채 살아가고 있는 것이다.

이 전반적인 상황을 완전히 이해한다면, 우리가 처한 속수무책인 상황이 갖는 비극적인 불합리성이 믿기 힘들 정도란 걸 알 수 있다. 그렇지만 우리가 처한 현실이 이렇다.

국내 14,500개 모든 은행이 동시에 대출상환을 요청할 경우 이 준화폐가 엄청난 규모로 축소된다. 이와 거의 동시에, 아무도 화폐를 일상 지출에 필요할 만큼 보유할 수 없게 될 것이다. 그러면 상인들과 제조업자들은 갑작스럽게 고용 규모를 줄이고 임금을 삭감할 수밖에 없으며 국내 상공업은 빠르게 위축될 것이다. 이것이 바로 "공황"이다. 공황의 혹독함은 대출 상환 규모에 ─대출 상환에 따라 우리의 주된 화폐가 얼마나 파괴되는 지에─ 달려있다.

화폐가 사라지는 현상은 당황스럽고 기이하다. 사람들은 국내 14,500개 은행이 화폐의 주된 대체재인 은행예금을 부지런하게 파괴하고 있는지를 모르기 때문에 기이해 보인다.

불황의 골이 깊어질수록 물가와 담보자산의 가치가 더 하락하므로 은행은 생존을 위하여 더욱 극단적인 노력을 할 수밖에 없다. 이제 인정사정 없이 담보권을 행사하는 것이 은행의 자기생존을 위한 행동강령이 된다.

정치인들은 과학적인 계산법에 기반하여 인구증가 및 생산능력향상 추이에 맞게 통화량을 조절하는 건전한 화폐제도와 이러한 제도에 적합한 영속적 통화를 도입하는 것을 계속해서 거부하고 있다.

어찌되었든 이 나라의 지식층은 문제의 본질을 알아야 한다. 우리는 더 이상 상거래에 필수적인 주된 화폐를 은행이 공급하는 현행 은행제도를 신뢰할 수 없다. 불황이 지속되는 주된 이유는 은행이 대출을 하지 않는 것이고, 결과적으로 사업을 확장할 만큼 화폐가 공급되지 않고 있다. 기업가들은 이런 현실을 직시하지 못하고 우리가 처한 고통스런 상황을 설명할 "초자연적인" 경제적 원인을 찾고 있다. 그러나 재화와 서비스를 교환하려는 우리의 의지를 꺾을 불가사의한 힘은 없다. 우리는 화폐와 이를 대체하여 사용할 무언가를 갖고 있지 않으며 이것이 우리가 처한 현 상황의 본질이다.

피셔 교수는 이 책에서 현재의 은행-화폐시스템이 얼마나 기이하게 운용되는지를 명쾌하고 자세하게 보여주고 확실한 해결책을 제시한다. 이는 지식인들이 탐구하고 심사숙고해야 할 가장 중요한 주제이다. 현 시스템의 문제점에 대한 공감대를 형성하고 결함을 빨리 해결하지 않는다면 우리의 문명사회가 붕괴할 지도 모르기 때문에 이 책이 다루고 있는 내용은 중요하다.

이는 *당신*과 *내*가 직면한 문제이다.

로버트 헴필Robert H. HEMPHILL
애틀랜타 연방준비은행의
전(前) 여신관리자

제 I 부

간략한 개요

도입부

몇몇 외국에서처럼 미국에서도 거래대금 지불은 화폐가 아니라 주로 수표로 이루어진다. 사람들은 "내가 은행에 예치해둔 화폐money I have in the bank"라 부르는 수표책check book에 적힌 예금잔고를 바탕으로 수표를 발행한다. 예금잔고, 즉 당좌예금잔고는 우리가 이에 기반하여 수표 발행이 가능하다고 생각하는 "화폐"이며, 당좌예금잔고 총액은 미국의 유통화폐의 주된 구성요소이다. 나는 이를 "지갑화폐pocket-book money" 또는 현금과 구별되는 "수표책화폐check-book money" <예금화폐와 호환되는 용어로 이 책에서 쓰임 −옮긴이> 라 부르겠다. 둘 중에서 보다 근본적인 화폐는 지갑화폐이다. 지갑화폐는 눈에 보이며 만질 수 있지만 수표책화폐는 그렇지 못하다. 수표책화폐가 화폐로서 기능하고 실제화폐처럼 지급수단으로 사용될 수 있는 건 이것이 실제화폐에 "해당"하며 수표를 "현금화"하여 실제화폐로 전환할 수 있다는 믿음에 기반한다.

그러나 수표책화폐와 지갑화폐의 주된 차이점은 지갑화폐는 모든 사람들이 원하는 소지화폐bearer money이지만 예금화폐는 화폐가치를 이전하기 위하여 수취인의 특별한 허가가 필요하다는 것이다.

어느 조사에 따르면 대공황 이전인 1926년에 미국 내 수표책화폐 규모는 220억 달러에 달했던 반면 개인과 상인이 소지하고 있는 실제 물리적 형태를 갖는 지갑화폐의 규모는 40억 달러에 못 미쳤던 것으로 나타났다. 이 두 가지 유형의 화폐를 합한 금액이 미국의 유통화폐총량인데 40억 달러는 직접 손으로, 나머지 220억 달러는 수표에 의해 유통되었다.

대부분 사람들은 예금화폐가 진짜 화폐이며 은행에 보관되어 있다고 상상한다. 물론, 이는 사실과 거리가 멀다.

그럼 우리가 "은행에 예치해둔 화폐"라고 잘못 부르고 있는 이 비밀스러운 수표책화폐의 정체는 무엇인가? 간단히 말해, 그 정체는 은행이 예금자의 인출 요구가 있을 때 예금을 *화폐로 제공하겠다*는 약속이다. 1926년 기준, 은행에 예치된 당좌예금은 220억 달러에 달하였지만 이를 지급하기 위해 은행이 보유한 실제화폐는 30억 달러를 웃도는 수준에 불과하였다. 나머지 190억 달러는 화폐가 아닌 자산, 즉 약속어음, 정부채권, 회사채 등의 형태로 은행이 보유하였다.

1926년과 같은 평상시에 30억 달러는 예금자의 인출요구를 충족하기에 충분한 금액이다. 그러나 만약 모든 예금자가 동시에 당좌예금 전부를 인출하려 한다면 은행은 보유 자산을 모두 매각하여 현금화하더라도 인출요구에 응할 수 없다. 왜냐하면 미국 내 유통 중인 현금 즉 지갑화폐의 총액이 220억 달러에 못 미치기 때문이다. 그리고 모든 예금자가 동시에 예금화폐를 *금*으로 태환해달라고 요구한다면 전 세계 금을 전부 동원하더라도 태환요구에 응할 수 없다.

1926년과 1929년 사이에 유통화폐총량은 260억 달러에서 270억 달러로 약간 증가하였다. 같은 기간에 수표책화폐 규모는 230억 달러로 증가하였지만 지갑화폐 규모는 40억 달러 수준에 그대로 머물렀다.

반면, 1929년과 1933년 사이에 수표책화폐 규모는 150억 달러로 감소하였고 지갑화폐 규모는 50억 달러로 증가하여, 유통화폐총량은 200억 달러로 감소하였다. 260억 달러에서 270억 달러로의 증가는 화폐 팽창에 해당하며 270억 달러에서 200억 달러로의 감소는 화폐 수축에 해당한다.

다음의 세 가지 숫자는 1926년 이후 우리가 겪은 호황과 불황을 잘 나타낸다. 1926년의 260, 1929년의 270, 1933년의 200이다.

화폐총량의 변화는 화폐유통속도의 변화에 의해 어느 정도 악화되기도 한다. 예를 들어, 1932년과 1933년에 유통화폐 규모도 축소되었지만 광범하게 발생했던 화폐퇴장hoarding으로 화폐 유통속도도 느려졌다.

유통화폐 규모는 1929년과 1933년에 각각 270억과 200억이었고 유통화폐의 회전이 각각 30과 20이었다고 할 때, 화폐유통 총액total circulation은 1929년에 8,000억 달러(270×30)이고 1933년에 4,000억 달러(200×20)라는 계산이 나온다.

화폐총량의 변화는 주로 예금에서 나타났다. 수표책화폐에 관한 세 가지 숫자는 앞에 언급했듯이 220, 230, 150이고 지갑화폐에 관한 숫자는 40, 40, 50이다. 불황의 요체는 수표책화폐 규모가 230억 달러에서 150억 달러로 축소되었다는 것, 즉 상공업에서 공용 도로와 같은 필요성을 갖는 이 국가의 유통화폐가 80억 달러나 사라져버렸다는 것이다.

수표책화폐 규모가 80억 달러 만큼 축소된 현상은 지갑화폐 규모가 10억 달러 만큼 증가한 현상을 반영한다. 즉, 사람들이 은행에서 10억 달러를 인출하였고 은행은 예금인출에 응하기 위해서 신용규모를 80억 달러나 축소해야 했다.

수표책화폐 규모가 80억 달러나 손실 또는 축소되었다는 사실을 인지하거나 이를 언급하는 사람은 거의 없다. 만약 길이가 2만 3천 마일인 철도에서 8천 마일에 해당하는 구간이 파괴되었다면, 이 사건은 신문 1면에 대서특필되었을 거다. 대형 참사로 보이는 철도파괴 사건은 230억 달러의 화폐도로monetary highway에서 80억 달러가 파괴된 사건과 비교하면 대수롭지 않은 사건에 불과하다. 우리가 화폐라고 믿는 수표책화폐가 80억 달러나 파괴된 것은 실업과 파산이라는 비극을 초래했던 대공황의 주된 해악에 해당한다. 우리는 230억 달러의 유통화폐 중 80억 달러를 희생해야만 했는데 이런 희생은 100% 지급준비시스템(100% 시스템)에서는 불필요하다. 그리고 Ⅶ장에서 보겠지만 100% 지급준비시스템에서는 대공황이 발생하지 않는다.

수표책화폐의 파괴는 자연스런 현상이거나 피할 수 없는 성질의 것이 아니다. 이는 불완전한 시스템 탓에 발생한다.

현행 시스템에서 은행은 대출을 제공하고 회수함으로써 수표책화폐를 창조하고 파괴한다. 은행이 나한테 1,000달러를 대출하기로 하여 내 당좌계좌에 이를 이체하는 경우 이 1,000달러만큼 새로운 "내가 은행에 예치해둔 화폐"가 생겨나는 것이다. 이렇듯 예금화폐는 대출을 통해 나의 통장과 수표책에 기재되는 형태로 은행에 의해 새롭게 만들어진다.

이미 언급했듯이, 펜과 잉크로 기록된다는 것 이외에 수표책화폐는 실제 물리적인 형태를 갖지 않는다. 내가 대출 1,000달러를 상환하면 내 당좌계좌에서 해당 금액이 빠져나가고 이 금액만큼 유통화폐가 파괴된다. 즉, 수표책화폐가 사라져버리는 것이다.

그러므로 우리의 유통화폐는 은행의 대출거래에 좌우되고 있으며, 당좌예금을 취급하는 수많은 은행들은 아무 책임도 지지 않고 실질적으로 민간조폐소private mints 역할을 하고 있는 셈이다.

문제의 원인은 은행이 화폐를 대출하는 것이 아니라 단지 인출요구 시 화폐를 제공하겠다는 약속을 대출한다는 거다. 화폐를 보유하고 있지도 않으면서 말이다. 은행은 충분치 않은 현금을 준비금으로 보유함으로써 이 보다 큰 규모의 수표책화폐라는 "신용"을 창출할 수 있다.

이런 역(逆) 피라미드형 구조의 시스템top-heavy system이 위험하다는 건 자명하다. 예금자에게 위험하며, 은행에게 위험하며, 무엇보다도 "무고한 사람들"인 일반 대중에게 위험하다. 특히, 화폐수축 현상이 발생할 때 사람들은 재화로 교환할 수 있는 유통화폐의 일부를 박탈당한다.

은행이 화폐서비스 기능을 갖춘 신용을 제공하게끔 허용하는 것은 "지폐남발이 일상화되었던 자유은행시대"에서처럼<「읽을거리 1」참고 -옮긴이> 은행에게 지폐 발행을 허용하는 것과 별반 다르지 않다. 이 둘 모두 건전성을 해친다는 점에서 근본적으로 동일하다.

현대적 관점에서 예금은 은행권과 동일하다. 그렇지만 예금이 창조되고 파괴되는 과정은 눈에 보이지 않는 반면, 은행권은 실제 발행되고 회수되는 과정을 거쳐야 한다. 만약 1929년과 1933년 사이에 80억 달러에 해당하는 은행권이 회수되었다면 이를 간과하기 어려웠을 거다.

몇몇 나라에서 시작된 당좌계좌 또는 대출에 기반한 예금화폐시스템은 현재 전 세계로 퍼져나가고 있어 수표책화폐의 위험성은 더욱 커질 것이다. 이런 시스템이 변하지 않는다면, 결과적으로 미래의 호황과 불황은 과거의 호황과 불황보다 더욱 심각해질 것이다.

현행 시스템의 위험성과 결함은 다음 장부터 자세히 다룰 예정이지만, 해결방안을 간략히 제시하고자 한다.

제안

정부는 "통화위원회Currency Commission"를 통해 상업은행이 당좌예금을 100% 현금으로 지급준비할 수 있도록 상업은행이 보유하고 있는 비현금 자산을 *현금*으로 *전환*시킬 수 있다. 달리 말해, 정부가 통화위원회를 설립하고, 통화위원회가 화폐를 발행하고, 이 화폐를 이용하여 은행의 자산(채권 등)을 매입하거나 은행에게 자산담보[1] 대출을 제공하자는 것이

---

1) 실제로, 통화위원회가 은행의 요구에 즉시 대응하여 현금을 공급할 수 있는 한 현재보다도 작은 규모의 화폐만이 요구될 것이고, 이는 통화위원회 장부상 "대변credit"에 대부분 기입될 것이다.

다. 그러면 모든 수표책화폐는 진정한 화폐인 지갑화폐로 지급준비된다.

위원회통화Commission Currency 또는 미국지폐United States notes라 부를 수 있는 이 새로운 화폐는 당좌예금을 현금으로 지급준비하는 역할을 하며, 이런 변화 자체로 미국 내 유통화폐총량은 늘지도 줄지도 않는다. 1억 달러의 당좌예금을 보유하고 이에 대해 1천만 달러 현금준비금을 갖고 있는 은행(나머지 9천만 달러는 채권 형태로 보유)은 9천만 달러에 해당하는 채권을 통화위원회에 보내고 동일 금액의 현금을 받는다. 이를 통해 이 은행은 당좌예금 전액에 대해 1억 달러의 현금준비금을 보유하게 된다.

이와 같은 채권과 현금의 대체 작업이 마무리된 이후에, 당좌예금의 100%에 해당하는 현금준비금 보유 의무를 은행에 *영구적*으로 부여하는 것이다. 다시 말해, 요구불예금은 문자 그대로 예금, 즉 예금자의 신탁으로 맡겨진 현금 형태로 은행에 예치된다.

그러므로 새로운 화폐는 실질적으로 100% 지급준비금과 연결된다.

은행의 당좌예금부서는 예금자 소유의 화폐를 단순 보관하는 창고 역할을 담당하게 되며 이 부서에 당좌은행Check Bank이라는 별도의 은행허가를 발급할 수도 있겠다. 이제 당좌예금과 지급준비금 사이에 어떠한 현실적 차이도 없게 된다. 내 수표책에 기록된 "내가 은행에 예치해둔 화폐"는 문자 그대로 화폐가 *되며* 문자 그대로 *은행에* 맡겨둔 것이다. 사람들이 주머니나 집에 보유하고 있는 2,500만 달러를 추가로 은행에 예금할 때와 같이 오직 은행이 보유한 현금 잔액이 1억 2500만 달러로 증가할 때에만 은행의 예금수신 잔액도 1억 2500만 달러로 증가한다. 예금 감소는 사람들이 화폐를 자신의 주머니나 집에 보관하고 싶어 예금을 인출하는 경우에만 발생한다. 그리고 예금 증감과 관계없이 유통화폐총량은 변하지 않는다.

100% 시스템 도입으로 은행은 수익자산 대신 무수익 현금을 보유하

게 되므로 예금고객에 대한 서비스수수료 부과 등 Ⅸ장에 자세히 설명된 방법을 통해 은행의 수익성을 보장해줄 수 있다.

장점

일반 국민에게 돌아가는 이점은 다음과 같다.

1. 예금자가 예치한 화폐 전부를 은행이 보관하므로 더 이상 예금 인출사태가 발생하지 않는다. 금융불안을 야기하는 사건이 실제 발생하더라도 현재와 비교하여 더 적은 규모의 화폐만이 인출 될 것이다. 우리는 은행이 도산할 거란 공포에 사로잡힌 예금자 가 은행에 달려가 다음과 같이 소리칠 것을 알고 있다. "내가 예금한 돈을 갖고 있지 않으면 인출해주고, 갖고 있다면 인출해 주지 않아도 돼요."

2. 은행을 도산에 이르게 하는 은행의 중요한 채권자들이 바로 예 금자들인데 100% 시스템에서는 은행이 예금인출 요구에 언제 든지 응할 수 있으므로 은행도산은 거의 발생하지 않는다.

3. 은행이 보유하고 있는 정부채권 잔액의 상당 부분을 통화위원회 가 인수할 것이기 때문에 이자부 정부채권의 발행 잔량은 크게 감소할 것이다.

4. 지갑화폐와 수표책화폐 사이에 근본적 차이가 없어져 화폐시스 템은 단순화될 것이다. 유통화폐는 실제화폐로만 구성된다.

5. 100% 시스템이 도입되면 은행업이 단순화된다. 현재는 예금의

소유권에 혼동이 존재한다. 현금이 당좌계좌에 예치되면, 입금된 현금의 법적 소유권을 은행이 갖더라도 예금자는 이를 자신이 소유한다고 생각한다. 그러나 예금자는 은행에 어떠한 현금도 보유하지 않으며, 단지 민간 기업에 해당하는 은행의 채권자일 뿐이다. 은행이 고객이 맡긴 예금을 더 이상 대출할 수 없게 되면 은행업의 신비로움은 대부분 사라지겠지만, 예금자가 당좌수표를 발행할 때 *자신이 소유한* 화폐를 이용하게 된다. 윌 로저스Will Rogers가 배우, 작가로써 전성기를 구가할 당시 은행가를 사람들이 예금한 돈을 자신의 친구들에게 빌려주는 방식으로 예금을 관리하는 사람으로 묘사함으로써 요구불예금의 이중적 이용double use의 부당함을 풍자하기도 하였다.

100% 시스템이 도입되면 *당좌*예금과 *저축*예금 간에 극명한 차이점이 생겨난다. 당좌계좌에 예치한 현금은 은행*금고*에 보관한 것과 같이 예금자의 소유가 되며, 은행은 이에 이자를 지급하지 않는다. 저축계좌에 예금한 현금은 현재와 동일하게 취급된다. 이는 명백히 은행이 소유한다. 은행은 저축예금을 받은 대가로 예금자에게 만기 시 원금과 이자를 받을 권리를 주지만 저축예금에 근거하여 수표를 발행할 수 있는 특권을 주지 않는다. 저축예금자는 단순히 이자부 채권에 *투자*한 것과 같다. 그리고 이 투자자산은 100% 현금으로 지급준비되지 않는다. 채권과 주식 등 다른 투자와 마찬가지다.

당좌예금에 대해 새로운 지급준비제도를 도입하더라도 저축예금에 대한 지급준비는 (물론 필요지준요건이 강화되면 좋겠지만) 현재와 동일해도 무방하다.

6. 은행이 수표책화폐를 창조하고 파괴할 능력을 상실하기 때문에 화폐규모는 과도하게 팽창하거나 축소되지 않는다. 다시 말해, 유통화폐량은 은행대출 증가로 늘어나거나 대출 횟수로 줄어들

지 않는다. 당좌예금 규모는 더 이상 대출증감에 영향 받지 않는다. 당좌예금은 실제화폐의 일부가 되며, 이 실제화폐의 총량은 대출에 의해 영향을 받지 않게 된다.

모든 예금이 한꺼번에 인출되거나, 모든 대출금이 한꺼번에 상환되거나, 또는 모든 대출이 한꺼번에 채무불이행 된다 하더라도 국내 화폐총량은 영향을 받지 않는다. 단지 화폐가 재분배될 뿐이다. 화폐총량은 이를 발행한 기관, 즉 통화위원회(바람직하다면, 통화위원회에 화폐퇴장과 유통속도를 다룰 수 있는 권한을 부여할 수도 있겠다)에 의해서만 통제된다.

7. 호황과 불황은 화폐 팽창 및 수축에 주로 기인하기 때문에 호황과 불황이 크게 완화되고 경기변동의 진폭도 크게 작아진다.

8. 은행가들의 산업계에 대한 영향력은 거의 사라질 것이다. 왜냐하면 일반적으로 불황기에만 은행가들이 산업계 경영에 영향을 미치기 때문이다.

8가지 장점 중에서 처음 두 가지 장점은 예금인출사태의 나라이자 은행도산의 나라인 미국에 적용된다. 나머지 6가지 장점은 당좌예금제도를 갖는 모든 나라에 적용된다. 장점 "6"과 장점 "7"은 단연 무엇보다 중요하다. 유통화폐량 확대와 축소가 발생하지 않게 되고, 이에 따라 호황과 불황의 정도가 전반적으로 완화되고, 특히 대호황과 대공황이 발생하지 않게 되는 것 말이다.

반대의견

완전지급준비 요소를 갖춘 화폐 및 은행 제도와 같이 새로운 또는 새롭게 보이는 아이디어는 필연적으로 집중공격을 받기 마련이다.

100% 시스템에 의문을 갖는 사람들이 물어볼 만한 질문은 다음과 같다.

1. 100% 시스템으로 이행 -새로운 화폐 발행으로 은행이 보유한
   자산을 매입- 하면 유통화폐량이 즉각 큰 폭으로 증가하지 않
   는가?

   1달러도 증가하지 않는다. 100% 시스템은 단지 수표책화폐와
   지갑화폐를 완전 상호교환 가능하도록 만들어 줄 뿐이다. 이는
   수표책화폐를 가상적인 화폐imaginary money에서 진정한 화폐
   real money로 바꿀 뿐이다.

   이행 이후 (그리고 물가수준이 미리 규정한 수준에 도달한 이후),[2] 통화위
   원회는 채권을 매입함으로써 화폐총량을 증가시킬 수 있고 채
   권을 매각함으로써 이를 감소시킬 수 있다. 채권 매매를 통한
   화폐량 조절 기능은 미리 정해둔 물가수준 또는 달러가치를 유
   지하는 의무를 달성하기 위해서만 이용된다.

   그렇지만 한 가지 언급해두고자 하는 바는, 100% 시스템을 유
   지하는 것과 물가를 안정적으로 유지하는 것은 별개의 문제라
   는 것이다. 생각건대, 둘 중 하나는 다른 하나 없이도 달성가능
   하다.

2. 새로운 화폐는 어떤 가치있는 자산으로 "지급준비"되는가?

   100% 시스템을 채택한 다음날, 수표발행의 기반이 되는 새로운
   화폐는 정부채권에 의해 뒷받침될 것이다. 새 시스템 채택 전날
   에 수표책화폐를 뒷받침했던 자산이 바로 정부채권이다. 차이점
   은 100% 시스템 이후에는 정부채권을 통화위원회가 소유한다

---

2) 자세한 논의는 Ⅵ장을 참고하길 바란다.

는 것이다.

무분별한 화폐남발에 대한 보호 장치로써 모든 화폐와 예금이 증권에 의해 보장 또는 뒷받침되어야 한다는 아이디어는 사실 이전부터 존재해왔다. (우리가 "10% 시스템"이라 부르는) 현재의 시스템에서는 예금자가 예금을 현금으로 인출할 수 없다는 공포를 느낄 때마다, 은행은 보유 중인 증권을 현금화하여 공포에 질린 예금자에게 현금을 내어주어야 한다. 10% 시스템과 동일하게 100% 시스템에서도 증권에 의해 예금 인출이 보장된다. 그러나 *추가적*으로 미국정부의 신용에 의해 예금보장성이 강화된다. 결과적으로, 예금자가 예금을 찾지 못할까 봐 전전긍긍하는 일은 없어진다.

3. 금본위제도를 포기해야 하는가?

더도 말고 덜도 말고 이미 약화된 금본위제도의 현 상태 그대로일 거다! 금의 위상은 정확히 지금과 같을 거다. 지금과 같이 금의 가격은 정부에 의해 고정되고 금의 용도는 주로 국가 간 무역결제에 한정될 것이다.

아울러 우리는 금본위제도가 1933년 이전에 우리에게 가져다 준 여러 이익을 100% 시스템에서도 현재와 같은 수준으로 누릴 수 있다. 사실 100% 시스템에서 예전 스타일의 금본위제도가 복원된다면 제도 취지 및 의도에 맞게 더 잘 운영될 수 있을 것이다.

4. 은행은 대출에 필요한 자금을 어떻게 조달하는가?

현재처럼 (1) 은행이 원래 보유하고 있는 자본, (2) 수표발행이 불가능한 저축예금, (3) 대출 만기로 상환된 대출금 등이 주요 대출재원이 된다.

저축예금 규모가 더 증가할 것을 감안하면, 현재보다 대출재원 규모가 더 커질 가능성이 있다. 그러나 이러한 대출팽창은 저축예금 증가에 따른 정상적인 팽창에 해당하므로 반드시 유통화폐 증가로 이어지지 않는다.[3]

은행대출에 대한 새로운 제약은 오직 유익하다. 구체적으로 말하자면, 대출에 쓰일 자금이 없다면 대출이 불가능해진다. 즉, 은행은 더 이상 인플레이션과 호황을 유발하기 위하여 예금화폐를 창출하여 *과다하게* 대출할 수 없게 된다.

앞에 언급한 세 가지 대출재원(은행 자본, 저축예금, 대출상환금)에 더하여, 통화위원회가 새로운 화폐를 창조한 후 이를 은행보유 채권 매입에 사용하여 추가적인 대출재원을 은행에게 제공할 수 있다. 그렇지만 통화위원회의 추가 화폐발행능력은 물가상승을 미리 정해놓은 수준으로 억제하기 위한 요건에 제한을 받는다. 이 물가상승 상한은 적절한 물가지수를 이용하여 설정된다.

5. 은행가들은 100% 시스템 도입으로 손해를 보는가?

이와 반대다.

(a) 은행가들은 건전한 통화제도와 다시 찾아온 번영이 가져다 주는 보편적인 혜택을 공유하게 된다. 특히, 은행의 수익기반 중 하나인 저축예금 수신고는 지금보다 증가할 것이다.

(b) 은행은 지급준비금을 더 많이 보유하게 되어 기존 수익원을 상실하겠지만 이를 (서비스수수료 또는 다른 형태로) 보상받을 수 있다.

(c) 은행은 이제 예금인출사태와 은행도산의 위험으로부터 거의 완전히 해방된다.

은행가들은 1931~1933년에 유동성을 구하고자 은행으로 달려

---

3) 자세한 논의는 Ⅴ장을 참고하길 바란다.

드는 무리들에게 시달렸던 기억을 오랫동안 잊지 못할 것이다. 100% 시스템에서 은행들은 다른 은행과 독립적으로 100% 유동성을 보유하기 때문에 이런 광경은 더 이상 펼쳐지지 않는다.

6. 100% 시스템은 화폐와 은행업의 국유화를 의미하는가?
화폐의 경우 그렇고, 은행업은 그렇지 않다.

결론

100% 시스템은 급진주의와 정반대되는 제안이다. 원칙적으로, 이 제안은 과도하고 감당하기 힘들 정도로 대출을 증가시키는 현행 시스템에서 예전 금세공업자goldsmith의 보수적인 안전금고 시스템으로 돌아가자는 주장이다. 즉, 금세공업자가 자신에게 보관된 예치금을 부적절하게 대출해주기 시작하기 전으로 말이다. 고객의 은행에 대한 신뢰를 오용하는 이러한 영업행태는 시간이 지남에 따라 표준적인 관행이 되었고 오늘날 예금은행업으로 발전하였다. 공공정책의 관점에서 볼 때, 이는 여전히 오용에 해당한다. 예금은행업이 표준이 된 오늘날 이를 고객신뢰의 오용이라 할 수 없더라도 예금 및 대출 기능의 오용이라 할 수 있다.

거의 100년 전에 영국은 은행개혁을 단행함으로써 예전의 금세공업자 체제로 부분적으로 회귀한 적이 있다. 당시 은행법이 의회를 통과하면서 영란은행Bank of England은 일정 수준을 초과하여 발행한 은행권에 대해, 영란은행 이외의 발권은행은 자신이 발행한 모든 은행권에 대해 100% 지급준비금을 보유하여야만 했다.

프린스턴의 그레이엄Frank D. Graham 교수는 완전지급준비제도를 옹호하는 글을 썼는데, 이 글에서 아담스 대통령President Adams이 "사설은행이 은행권을 발행하는 것은 일반인에 대한 사기와 같다고 비난하였으

며 당시 모든 보수적 여론도 자신의 이러한 생각을 지지한다"고 말한 일
화를 언급하였다.

그렇다면 어떠한 이유로 아무런 정당한 근거 없이 정부의 특권을 계
속해서 은행에 맡겨두어야 하는가? 여기서 말하는 특권은 미국 헌법
Article I, Section 8에 명시된 내용이다. "의회는 권한을 갖는다…화폐를
발행하고 [그리고] 화폐가치를 조절하는." 사실상 당좌계좌를 취급하는
모든 은행은 화폐를 발행하고 있으며, 은행 개별적으로는 아니지만 은행
권 전체가 화폐가치를 조절 및 통제하거나 또는 이에 영향을 주고 있다.

현행 화폐제도의 지지자들도 수많은 작은 민간조폐소가 화폐 발행을
좌우하는 상황에서 현 제도가 잘 작동되어 왔다고 주장하기 어렵다. 지
금까지 화폐제도가 잘 작동해왔다면 230억 달러의 예금화폐 중 80억 달
러가 증발해버린 일은 벌어지지 않았을 것이다.

은행들은 자신들이 정부보다 더 잘 할 수 있는 대출업무를 계속하고
싶다면, 자신들이 정부보다 더 잘 할 수 없는 화폐관리업무를 정부에 돌
려주어야 한다. 은행들이 이러한 상황을 이해하고 100% 시스템이라는
새로운 제안에 "예"라고 동의한다면 이 제안에 대한 다른 심각한 반대는
없을 거다.

자유은행시대

1836년 미국에서 '제2차 미합중국은행Second Bank of the United States' 이 만기 폐쇄된 이후 1837년부터 1863년까지 은행은 연방정부의 감시를 받지 않고 은행권을 발행할 수 있었는데, 이 기간을 자유은행시대free banking period라고 한다. 이 기간에 주정부가 은행 허가를 담당하였는데, 이렇게 탄생한 은행을 주법은행state bank이라 한다. 주법은행제도는 미시간 주(州)에서 가장 먼저 도입되어 뉴욕 주, 조지아 주 등으로 퍼져나가 서부를 제외한 지역에서 성행하였다.

1860년 기준 자유은행제도 도입 현황

자료: Dwyer Jr(1996)

자유은행시대는 예금인출사태와 은행도산이 빈번하게 발생했던 시기이지만 꽤나 현대적인 은행감독체계를 갖추고 있었다. 몇 가지를 살펴보면, ⅰ) 은행 개설을 위해서 법정 최소요구자본을 주(州) 은행당국에 납입해야 했으며, ⅱ) 은행권 발행을 위해서 발행규모와 동일한 액수의 적격채권을 주 은행당국에 예치해야 했고, ⅲ) 은행권을 정화로 태환해주어야 했으며, ⅳ) 태환에 사용할 정화가 부족해질 경우 납입채권을 매각하여 태환 요구에 응해야 했으며, ⅴ)

지점 설립은 금지되었으며, vi) (일부 주의 경우) 일정 규모 이상의 인구가 거주하는 지역에서만 은행 설립이 가능했으며, vii) 은행은 최소한 1년에 1회 이상 주 은행당국에 재무보고서를 제출했고, viii) 은행은 주 은행당국의 임점검사에 응해야 했다.

중앙은행이 부재(不在)한 가운데 부분지급준비제도에 기반한 주법은행제도는 금융불안에 취약하였다. 일부 주(州)의 은행당국은 은행권 발행을 위해 납입하는 적격채권의 범위를 포괄적으로 설정하기도 하였다. 특히, 납입채권의 시장가치 대신 액면가만큼 은행권 발행을 허용하기도 하였는데, 채권의 시장가치가 하락하면 은행권 태환을 염려하는 은행권 소지자들이 은행으로 몰려가 예금인출사태가 발생하기 안성맞춤이었다. 실제로, Rolnick & Weber(1982)에 따르면 뉴욕, 인디애나, 위스콘신, 미네소타의 4개 주에서 1852년부터 1863년까지 있었던 은행도산 사례의 56.6%가 3차례 있었던 채권가격 하락기에 발생하였다고 한다.

자유은행시대는 「1863년 국법은행법National Bank Act of 1863」 시행으로 연방정부가 주법은행권 발행에 세금을 부과하면서 막을 내렸다.

자료: 현정환(2008), Dwyer Jr(1996), Rockoff(1974), Rolnick & Weber(1982)

제 II 장

법제화에 대한 개요

100% 시스템을 법령 양식에 맞게 작성한 법안이 궁금한 독자는 부록 IV을 참고하길 바란다. 여기에 헴필Robert H. Hemphill이 제안한 「1935년 은행법Bank Act of 1935」의 수정안을 수록해 놓았다. 아울러 IX장과 XI장에서 이와 관련한 추가적인 사항을 다룬다. 이번 장에서는 일반 독자를 대상으로 덜 전문적인 용어로 100% 시스템의 법제화에 대해 개괄하고자 한다.

100% 화폐 원칙principle of 100% money을 법제화하는 방안은 다양하다. 그렇지만 어떤 방안이라도 통화위원회 또는 연방준비제도이사회Federal Reserve Board의 공개시장위원회Open Market Committee처럼 통화위원회와 동일한 기능을 수행하는 기구가 필요하다. 통화위원회(또는 동일한 기능을 수행하는 기구)는 화폐발행 권한과 화폐가치 안정을 위해 법적 기준에 따라 화폐를 규제 또는 관리할 권한을 가져야 한다. 화폐가치의 안정성은 공개시장조작을 통해 확보될 수 있다. 즉, 정부채, 여타 적격채권, 금, 외환 등의 매입과 매도 그리고 금, 은, 외환의 가격 조정을 통해서 말이다.

화폐 총공급량 고정

먼저 가장 단순한 형태의 100% 지급준비제도 법령의 개요를 살펴보자. 그 다음, 단순하지는 않지만 현행 제도에 혼란을 적게 야기하도록 설계된 절충안에 대해 간략히 설명하고자 한다.

1. 통화위원회에 *새로운 화폐를 발행*하고 이를 아래 사항에 이용하도록 허가한다.
(a) 12개 지역 연방준비은행(지역 연준)으로부터 충분한 규모의 정부채(또는 다른 적격 채권)를 매입하여 각 지역 연준이 자신의 요구불 채무에 대해 실제화폐 형태로 100% 지급준비금을 보유하도록 한다.
(b) 당좌계좌 서비스를 제공하는 은행들로부터 충분한 규모의 정부채를 매입하여 은행들이 당좌계좌 잔액에 대해 실제화폐 형태로 100% 지급준비금을 보유하도록 한다.
(c) 국내 유통화폐총량이 일정 수치(예를 들어, 300억 달러)에 도달할 수 있도록 일반인으로부터 정부채를 매입한다.
2. 그 다음, 이렇게 공급된 *화폐총량이 변하지 않도록* 그대로 둔다.

화폐공급과 화폐총량 고정에 관한 이 두 가지 조항은 가장 단순한 형태의 100% 화폐계획안100% money plan의 핵심이며 예전 방식의 금본위제도보다도 자동화된 방식으로 화폐제도가 작동하도록 해준다. 새로운 화폐를 발행하고 이를 유통시킨 후 통화위원회는 화폐 발행 및 회수와 관련하여 추가적으로 할 일이 없다. 통화위원회뿐 아니라 (현재 화폐공급규모를 크게 변동시키고 있는) 상업은행과 다른 기관들도 국내 화폐공급량을 변경시킬 권한을 갖지 않는다.

위 방안은 다음 두 가지 추가적인 요건을 갖추어 실행되어야 한다.

3. 수표책화폐check-book money의 모든 대체화폐와 (저축예금에 기반한 수표 발행과 같이) 동 법을 회피하여 수표책화폐의 대체물을 발행하는 행위를 금지한다.
4. 적절한 규제 아래 당좌계좌를 취급하는 은행들이 보관 및 서비스 수수료를 고객에게 부과하는 것을 허용하여 은행들이 당좌계좌라는 수익자산을 포기하여 얻는 손실을 만회할 수 있도록 한다.

수표발행이 가능한 예금을 취급하는 모든 은행은 이러한 예금을 예금자를 위한 신탁펀드로 취급해야 함은 당연하다. 그렇지만 이를 명확하게 공표하는 것도 법적 관점에서 바람직할 수 있다. 지급준비금은 지금과 달리 은행 소유가 아니게 되며, 지급준비금 규모는 자동적으로 당좌예금 규모와 같아진다. 이 가장 단순한 형태의 100% 안(案)은 "통화관리"의 재량적 성격을 우려하는 이들에게 매력적이다.

그러나 유통화폐 총량 또는 공급이 이렇게 단순하게 ―한 번 정해진 후 줄곧― 고정되어선 아니 된다는 것이 나의 견해이다. 인구가 증가하고 경제가 성장하는 가운데 유통화폐총량이 고정되어 있으면 지속적으로 디플레이션이 발생하기 마련이다.

탄력적으로 제도를 운영하기 위해 지속적인 화폐공급 관리가 필요하다. 물론 이러한 관리에는 확실하고 미리 정해진 코스를 운전하도록 지시받은 운전사가 가진 재량보다 더 넓은 재량을 요하지 않는다.

1인당 화폐공급량 고정

예를 들어 우리가 유통화폐총량을 고정시키는 대신 1인당 유통화폐량을 고정시키기를 원한다면, 통화위원회가 인구 증감 속도에 맞춰 1인당 화폐량을 유지하기 위해 채권 및 여타 적격자산을 매입 또는 매각 (주로 매입)하도록 허가하고 이 업무를 담당케 할 수 있다.

1인당 화폐량을 고정시키고 이를 유지하기 위하여 위의 4가지 조항 중 2번째 조항("그 다음, 이렇게 공급된 *화폐총량이 변하지 않도록* 그대로 둔다.")만을 다음과 같이 변경하면 된다.

2. 그 다음, 1인당 화폐공급량이 (예를 들어, 250달러와 같이) 정해진 규모보다 작아질 때마다 이를 기준으로 복귀시키기 위해 (은행 및 일반인으로부터) 채권을 매입하고, 반대로 1인당 화폐공급량이 기준 규모보다 커질 때마다 채권을 매각한다.

구매력 고정

화폐공급량 또는 1인당 화폐공급량 대신에 달러의 구매력이 —즉 어떤 공식적인 지수로 측정한 물가수준을 고정— 일정 수준으로 유지되도록 통화량을 조절할 때도 바로 앞과 같은 절차를 그대로 적용하면 된다. 통화위원회는 다음과 같이 해야 한다.

2. 물가지수가 기준물가 이하로 내려가면 채권을 매입, 기준물가 이상으로 올라가면 채권을 매각한다.

이것은 바로 스웨덴중앙은행Riksbank이 금 가격과 환율의 적절한 조정과 관련하여 1931년 9월 이후 채택하고 있는 통화량 조절 방식이다. 스웨덴중앙은행은 성공적으로 공식 물가지수(내부생활비 지수)를 거의 일정 수준으로 유지하는 데 성공하였고, 이를 통해 물가와 양면관계에 있는 크로나Krona의 구매력도 거의 일정 수준으로 유지하고 있다. 전 세계를 휩쓴 대공황에서 스웨덴이 가장 먼저 회복하고 있는 것을 보면, 이 기준이 통화관리를 우려하는 이들이 가장 납득할 만한 기준인 거 같다.

다른 기준들

물론 우리가 추가적으로 고려해볼 수 있는 기준들은 수없이 많다(VI장 참고). 방금 살펴 본 통화관리기법이 다른 기준들에도 동일하게 적용된다. 즉, 통화위원회는 법률에 어떤 종류의 안정화 조건이 규정되더라도 이 조건을 달성하기 위해 화폐공급량을 조절하면 된다.

나는 이론적으로 1달러를 1인당 소득의 일정 비율a fixed fraction of the per capita income로 맞추는 것이 가장 최선의 기준 중 하나라는 견해를 종종 피력해왔다.

1인당 화폐소득이 1인당 유통화폐량의 3배와 거의 같다는 게 이 분야 전문가들 사이에서 통설이다. 만약 이 관계가 사실로 확인된다면, 즉 화폐와 화폐소득 간의 비율이 거의 고정되어 있거나 대호황이나 대공황이 아닌 기간에서만이라도 이 관계가 유지된다면, 1인당 소득의 일정 비율로 화폐량을 유지하는 통화관리기준은 1인당 화폐량을 일정수준으로 고정시키는 기준으로 환원되며, 통화위원회가 필요로 하는 통계는 오직 인구수라는 상당히 놀라운 결론에 도달한다.

그렇지만 우리는 아직까지 두 기준(1인당 화폐량과 1인당 소득의 비율) 사이의 관계가 어느 정도까지 안정적인지 확신하지 못한다. 그러나 1인당 화폐량 기준이 화폐문제에 대한 해결책으로 최소한 나쁘지 않다는 데는 확신한다.

당연히 통화위원회는 이용가능한 모든 기준 및 지수들을 조사연구하고 연방의회에 권고안을 보고해야 한다. 그러나 현재 상황에서 모든 것을 고려할 때, 나 자신은 생활비를 기준으로 화폐량을 조절하는 스웨덴 방식을 선호한다.

통화관리의 효율성을 한 층 높이기 위해 통화위원회는 달러가치를 관리하는 것 이외에 어떠한 다른 기능도 가져서는 안 된다.

그럼에도 불구하고, 이 책에도 언급되고 독자들도 알게 되겠지만 국내 통화량을 관리하기 위해 어떤 기준을 채택할 지의 문제와 완전지급준비제도를 채택할 지의 문제는 완전히 별개의 사안이다. 통화 안정성에 대한 기준은 이 책에서 다루는 내용과 직접적인 관련성이 없다.

화폐에 관한 문제를 크게 단순화시킬 수 있는 방법은 이를 대출은행업으로부터 완전히 분리시키는 것이다. 1844년 영란은행이 발권부서 Issue Department와 은행업무부서Banking Department로 분리된 것처럼 말이다. 그러므로 하나의 상업은행은 당좌은행Check Bank과 대출은행Loan Bank이라는 두 개의 은행으로 분리되어야 한다.

절충안

단순 안에 대해서는 이쯤 설명해두겠지만, 어떤 목적을 달성하는 데 있어서 가장 단순한 방안이 항상 최선도 아니며 정치적 관점에서 가장 실행 가능하지도 않다. 예를 들어, 현재 사용 중인 화폐를 퇴출시키는 방안은 단순성의 관점에서는 바람직하지만 현실에서는 격렬한 저항에 부딪힐 것이다. 현재 화폐로 사용되고 있는 은 예탁증서silver certificate나 이 증서의 태환 용도의 아무 쓸모없는 은화, 재무부지폐Treasury note, 그린백 greenback, 연준은행권Federal Reserve note 등이 그러하다.

운 좋게도, 우리가 사용하는 13가지[4] 유통화폐 중 어느 것도 긴급하게 폐지할 현실적인 이유가 없다. 그렇지만 이들 중 많은 화폐들이 처리 곤란하거나 필요치 않은 것은 사실이다. 오직 중요한 단 하나는 요구불 예금에 대한 통제필요성이다.

100% 안(案)에서 우리는 지급준비금으로 오직 지폐paper money만을 고려하지만, 꼭 이럴 필요가 있는 건 아니다. 회원은행은 지급준비금을 전적으로 지폐로 구성하지 않고 "신용credit" 또는 회원은행이 연방준비 은행에 예치한 요구불예금으로도 구성할 수도 있다. 단, 이때 신용과 요 구불예금으로 구성된 준비금 규모가 회원은행 고객이 회원은행에 예치한 예금 규모와 같아야 한다. 회원은행이 요구불예금으로 지급준비금의 대 부분을 보유하는 것은 마치 회원은행이 원래 자신의 금고에 실제화폐를 지급준비금으로 보관한 후 안전성의 이유로 이를 연방준비은행 금고에 재예치한 것처럼 재구성할 수 있다. 회원은행이 지급준비금을 원할 때 언제나 사용할 수 있다면 반드시 연방준비은행의 금고에 예치해둘 필요 도 없다. 아울러 사실상 조폐국Bureau of Engraving이 언제든지 지폐를 발 행할 준비만 되어 있다면, 모든 지급준비금이 지폐로 이미 발행된 상태 로 존재할 필요도 없다. 다시 말해, 재무부장관의 서명이 아직 인쇄되지

---

4) 13가지 유통화폐는 (1) 금, (2) 금 예탁증서gold certificate, (3) 은화, (4) 은 예탁증 서silver certificate, (5) 미연방지폐U.S. note 또는 그린백greenback, (6) 통화(그린백) 증서, (7) 재무부지폐Treasury note, (8) 국법은행권, (9) 연준은행권Federal Reserve note, (10) 지역연준은행권Federal Reserve Bank note, (11) 보조은화subsidiary silver, (12) 소액주화minor coin, (13) 당좌예금 등이다. 이 중 (5), (6), (7), (8), (11), (12)은 논외로 하자. 금본위제도((1)과 (2))를 유지한다면 대통령 또는 관할 당국이 금 가격을 종종 조정해야만 한다. 이와 유사한 규제가 은과 관련된 화폐인 (3)과 (4)에도 요구된다. (10)을 다루는 최선의 방법은 60년 전 (5)에 적용했던 방법을 동일하게 적용하는 것이다. 그리고 (9)에 해당하는 연준은행권이 위에서 언급한 "위원회통화"의 역할을 맡게 하고, 유통화폐량을 유지하기 위하여 이 통화의 공급 량을 조절할 수 있다. (13)에 대한 준비금을 (1)~(12)에 해당하는 12가지 지갑화 폐 중 어떤 법격화폐lawful money로 구성해도 무방하다<법격화폐 개념에 대해서 「읽을거리 7」 참고-옮긴이>.

않은 상태의 지폐도 지급준비금으로 이용될 수 있을 것이다. 캐나다에서는 은행들이 곧 실제화폐로 전환될 준비를 마친 미서명 지폐를 지급준비금으로 보유하는 게 허용되어 있다.

이런 제도에서 회원은행의 지급준비금은 아직 현금에 해당하지 않으므로 지금처럼 신용의 형태를 갖는다.

영란은행처럼

더 나아가, 모든 지급준비금을 화폐 또는 신용의 형태로 보유하지 않아도 된다. 은행가들의 반대를 줄이기 위해 은행이 지급준비금의 일부를 −실제로는 지급준비금의 대부분을− 정부채(또는 여타 적격채권)로 보유하게 할 수 있다. 그렇지만 이 채권들이 회원은행의 요구가 있을 경우 화폐 또는 연방준비은행의 신용으로 전환될 수 있는 경우에 한해서 만이다. 그리고 또한 채권 및 화폐 보유액을 합한 지급준비금 총액이 100% 시스템에서 채택된 기준 하에 요구되는 수표책화폐 총액을 초과하지 않는 경우에 한해서 만이다.

결과적으로, 요구불예금은 일부는 "현금"에, 다른 일부는 국채에 투자되는 신탁펀드가 된다. 이는 1933년 루즈벨트 대통령이 영업재개reopened 은행과 "영업제한restricted" 은행에 새로운 예금 수취를 허용하면서 요구한 조건과 같다<「읽을거리 9」 참고−옮긴이>. 대체적으로, 이 혼합형 지급준비금 제도mixed reserve system는 영국의 영란은행권 발행에 대한 법조항과 유사하다. 즉, 영란은행권에 대해 100% 지급준비금 보유 의무를 부과하면서 일부는 "현금", 다른 일부는 (일정 한도까지) 정부채로 보유할 수 있도록 허용하였다. 사실상, 1844년 채택되어 영란은행에 적용된 100% 지급준비제도는 당시 화폐제도에 가능한 한 최소한의 충격을 주도록 하여 은행의 반대를 모면하기 위한 노력과 타협의 산물이라 볼 수 있다.

1844년 영국과 같이 은행보유 국채를 지급준비금으로 인정할 경우, 대부분 은행이 이미 요구불예금에 대해 100% 지급준비금을 보유하게 되어 100% 시스템의 도입은 *현행 통화제도에 거의 충격을 주지 않을 것이다.* 오직 이들 채권의 지위에 작은 변화만 주면 된다. 다시 말해, 이들 채권이 현금으로 전환 가능하게 해주고 채권으로 보유할 수 있는 지급준비금의 상한을 설정하면 된다.

그러나 논의를 단순화하기 위해 다음 장부터는 현실에 도입 가능한 절충안을 고려하지 않고, 지급준비금이 문자 그대로 통화위원회의 채권매입으로 공급된 실제화폐로 100% 구성되는 경우를 가정하기로 한다.[5]

---

5) 이 부분이 쓰인 후 앵겔James W. Angell 교수는 자신의 100% 계획안을 제안하였다 (부록 V 참고).

와일드캣 뱅킹

와일드캣 뱅크wildcat bank는 자유은행시대에서 은행시스템의 허점을 이용하여 (은행권을 남발하여) 한 몫을 챙기려는 사기은행을 일컫는다. 이런 사기은행이 살쾡이wildcat들이 어슬렁거리는 인적이 드문 곳에 설립되어 위태로운 wildcat 방식으로 영업을 하여 와일드캣 뱅크라는 별명이 생겨났다고 한다.

와이드캣 뱅크의 은행권 남발 메커니즘은 간단하다. 「읽을거리 1」에서 본 바와 같이 일부 주(州)에서 은행은 은행권 발행 담보 용도로 납입한 채권의 (시장가치가 아닌) 액면가만큼 은행권을 발행할 수 있었다. 이러한 허점을 이용하여 은행은 시장가치가 50만 달러인 액면가 1백만 달러짜리 채권을 사서 은행당국에 납입하고 1백만 달러만큼 은행권을 발행한 다음 은행을 폐쇄하는 방법으로 50만 달러의 수익을 손쉽게 얻을 수 있다(이 경우 은행권 소지자는 은행권 액면가의 절반만을 보상받을 수 있을 뿐이다). 물론 1백만 달러에 해당하는 은행권을 발행·유통시키는 데 일정 기간이 소요되므로, 사기 성공의 관건은 이 기간에 정화로의 태환 요구가 거의 없어야 한다는 것이다. 그래서 은행권 태환을 아주 어렵게 또는 아주 위험하게 만들기 위해서 살쾡이들이 어슬렁거리는 인적이 드문 곳에 은행을 설립하였던 거다.

와일드캣 은행권 예시

자료: https://www.frbsf.org/education/teacher−resources/america−currency−exhibit/westward−expansion−2/

와일드캣 뱅킹은 자유은행시대 초창기 미시간 주(州)에서 처음으로 유행하였는데, 이는 1837년 미시간 주정부가 주법은행법을 도입한 직후 전국적으로 은행권의 태환이 일시 중단되었기 때문이다. 미시간 주에서 은행 수는 1837년 1월 9개, 12월 18개, 1838년 2월 40개로 급증하였으나, 1839년 9월에는 단 9개 은행만이 존재했다고 한다.

와일드캣 뱅킹이 자유은행시대를 상징하는 단어로 종종 언급되지만, 실제로 자유은행시대 내내 모든 주에서 와일드캣 뱅킹이 광범위하게 성행했던 건 아니다. 자료에 따르면 뉴욕, 인디애나, 위스콘신, 미네소타의 4개 주에서 1838~1863년에 영업기간이 1년 미만이고 폐업 당시 은행권을 정화로 등가교환해주지 못했던 은행 즉 와일드캣 뱅크의 비율은 6.8%에 불과하였다. 그렇지만 와일드캣 뱅크가 존재했던 건 사실이고 해당 기간에 생겨난 은행의 48%가 도산한 사실에 미루어보아 자유은행시대에 금융 불안정성이 높았던 건 확실하다. 최근 우후죽순 생긴 코인이 와이드캣 뱅킹과 상당히 닮은 측면이 많아 보인다는 생각은 나만 하는 게 아닐 거 같다.

자료: 현정환(2008), Dwyer Jr(1996), Rockoff(1974), Rolnick & Weber(1982)

제Ⅱ부

100% 시스템이 작동하는 방법

제Ⅲ장

지급준비금 문제

암스테르담은행과 100% 시스템

지금까지 두 장에 걸쳐 당좌예금에 대해 100% 지급준비금을 보유하자는 제안을 간략하게 살펴보았다. Ⅰ장은 일반인을 대상으로, Ⅱ장은 입법담당자를 대상으로 한 설명이었다.

많은 독자들은 추가적인 설명을 원할 것이다. Ⅱ부와 Ⅲ부는 이러한 목적으로 쓰여졌다. 이번 장에서는 은행업의 원리와 역사의 관점에서 지급준비금 예치 문제를 탐구한다.

근대 은행이 등장하기 시작한 시기에 100% 지급준비금 예치가 이루어졌다. 당시 100% 시스템은 금 또는 다른 귀금속을 금세공업자 또는 보관업자에게 예치하는 관행에서 비롯되었다. 예치된 금 또는 다른 귀금속은 지금으로 치면 수표와 다름없는 "은행화폐bank money"라고 불린 종이증표를 통해 이체되었다. 예치된 금 전부가 금고에 보관되어 있는 한 이러한 시스템은 이 책에서 제안하는 바와 상당히 유사한 100% 화폐시스템100% money system에 해당한다. 이런 관행은 은행이 금 예치금 일부를 대출하기 시작하면서 변하기 시작했다. 영국에서 이러한 변화는

1645년 즈음 시작되었다.

(암스테르담 시가 소유했던) 암스테르담은행도 설립 초기에는 100% 준비금을 보유하였지만 영국과 동일한 시기에 예치금의 일부를 대출하기 시작하였다. 작고한 하버드대학교의 던바Charles F. Dunbar 교수는 그의 저서에 이렇게 기술하였다.

"암스테르담은행은 분명히 예금은행으로 설계되었지, 대출업무를 취급하도록 설계되지 않았다. 암스테르담은행은 무자본으로 설립되었고 설립 근거인 시 조례에도 대출에 관한 업무가 명시되어 있지 않아 일반인들은 암스테르담은행이 예치받은 정화specie를 전액 보관할 거라고 여겼다."[1]

대출기능은 서서히 그리고 은밀히 생겨났다. 대출기능은 어떠한 공식 문서에 의해 부여된 적이 없기 때문에 오용에 해당한다. 던바 교수는 그의 저서에 이렇게 기술했다.

"사람들이 암스테르담은행의 실제 업무범위에 관해 무지했던 걸 보면 암스테르담은행의 거래와 영업상태가 얼마나 완벽하게 비밀에 부쳐졌는지를 잘 알 수 있다."[2]

"암스테르담은행이 존속한 마지막 세기에 이 은행이 은행화폐 발행규모만큼 지급준비금을 보유하고 있는지에 대해 의문이 제기되었지만, 암스테르담은행은 시가 소유한 은행이었기에 이런 의문은 심각하지 않게 치부되곤 하였다."[3]

"1790~1791년 암스테르담은행이 폐쇄되기 이전에 은행 안전성에 대해 심각한 조짐이나 경보가 제기된 적은 없다."[4]

그리고 암스테르담은행은 "182년의 역사"를 뒤로 하고 폐쇄되었다.

---

1) 찰스 던바Charles F. Dunbar의 저서인 『The Theory and History of Banking』 (Putnam, New York, 1901)의 103쪽을 참고하길 바란다.
2) 앞의 책, 110쪽
3) 앞의 책, 112쪽
4) 앞의 책, 113쪽

암스테르담은행이 시정부에 대출을 해주고 이 대출금을 시정부가 예치한 채권으로 대체해준 것이 드러났고 이러한 관행은 일반인들 몰래 "거의 150년 동안" 이루어졌다.

"암스테르담은행의 기이한 의사결정 및 업무 구조 탓에 몇 세대에 걸친 긴 기간 동안 이러한 잘못된 비밀을 감출 수 있었고 일반 사람들은 의심조차 하지 못했던 것이다. 암스테르담은행은 초기에 충직한 경영진을 갖추고 대단한 효용을 가져다주었으며 실패가 불가능한 영업체계를 갖추었지만 실제 영업상태에 대한 정보 미공개, 경영진의 무책임 등으로 말미암아 결국 신뢰를 상실하고 파멸에 이르게 된 것이다."[5]

우리의 논의와 관련하여, 암스테르담은행을 망가뜨린 오용과 (자본주의 문명을 거의 망가뜨린) 예금을 대출하는 오늘날 대출방식의 유일한 차이점은 후자는 모든 사람의 동의하에 감추지 않고 드러내놓고 행해졌으며 지급준비금 등 규제에 의해 안전할 거라 여겨졌다는 점이다. 「1934년 글래스 은행법Glass Banking Act of 1934」, 「1935년 은행법Omnibus Banking Act of 1935」 등 방대한 은행 법률을 탐독한 사람을 손에 꼽을 수 있듯이, 은행에 대한 법규제는 극도로 복잡하다. 은행 법규제는 일반적으로 은행이 지급준비금을 100% 보유하지 않아서 생기는 은행시스템의 취약점을 해결하기 위한 노력의 일환이다. 그러므로 대부분의 규제는 100% 시스템이 도입되면 불필요해진다.

지급준비금의 열 배에 달하는 대출

현행 10% 시스템에서 현금은 한 번만 대출되는 것이 아니라 여러 번 반복해서 대출된다. 다음 예는 이 과정이 어떻게 일어나는 지를 간략히 보여주며, 이 과정에 따라 예금과 대출 사이에 친밀한 관계가 형성된다.

---

5) 앞의 책, 116쪽

이 관계는 암스테르담은행을 파멸에 이르게 한 관계보다 더욱 친밀한 관계에 해당한다.

6월 1일 현금 1백만 달러를 자본금으로 하는 어떤 은행이 설립되고 이 은행이 해당 지역의 유일한 은행이라 가정하자. 이제 이 은행은 영업 첫날부터 대출업무를 개시한다. 첫 고객에게 1만 달러를 빌려주고 약속어음을 받는다. 은행창구에서 대출금으로 1만 달러를 건네받은 고객은 그 자리에서 다시 이를 전액 "예금"한다. 다른 대출고객들도 대출받는 즉시 대출금을 전액 예금한다고 하자. 그러면 첫 영업일 마감 시점에 이 은행은 1백만 달러를 모두 대출하고 다시 예치 받게 된다.

지금까지 이 은행은 자본금만을 대출하였고 이를 다시 예치 받았다. 고객들은 이렇게 예치한 돈을 *자신들이 소유한* 화폐라고 생각한다. 그리고 법률적으로는 아니지만 실제로 이는 은행이 아닌 고객들이 소유한다. 왜냐하면 고객들의 1백만 달러 예금은 100% 지급준비금으로 보호받고 있기 때문이다.

이 가상의 은행은 1백만 달러의 예금(은행 입장에서 예금자에 대한 부채)과 2백만 달러(예치된 1백만 달러 현금과 1백만 달러의 약속어음)의 자산을 보유한다.

은행 자산에 속하는 이 현금이 예금자의 소유라면, 약속어음은 은행의 소유가 되어야만 한다. *법적으로 따지면* 은행에 예치된 1백만 달러 현금과 1백만 달러어치의 약속어음 모두 은행의 소유이지만, 전자는 *사실상* 예금자의 소유라 하는 것이 정확하다. 이 현금은 사실 은행에 신탁된 것이라 생각할 수 있다.

예금자는 자신의 예금 잔액을 근거로 수표를 발행하여 식료품과 같은 생필품을 구매할 수 있고 예금계좌에 기반한 계좌이체를 통해 타인에게 송금할 수도 있다. 지금까지의 상황은 암스테르담은행이 비밀스럽게 속임수를 부리기 전의 영업 상황과 거의 유사하다.

다음날인 6월 2일에도 어제와 같은 일들이 발생한다고 가정하자. 즉,

은행은 어제 고객이 예금한 1백만 달러의 현금 전부를 새로운 고객들에게 대출한다. 그리고 오늘의 차입자들도 어제와 마찬가지로 대출받은 자금을 즉시 은행에 *예금*으로 *전액 입금*한다. 이 날 영업마감 시점에 은행 부채는 (고객의 예금통장에 현금이라 기재된) 2백만 달러이며, 은행 자산은 현금 1백만 달러와 약속어음 2백만 달러를 합한 3백만 달러이다.

이제 위험이 발생한다. 예금 규모는 2백만 달러이지만, 은행 자산 중 *현금*은 1백만 달러 밖에 되지 않는다. 이 은행은 암스테르담은행이 은밀히 행한 바와 같이 현금을 약속어음으로 대체한 것이다. 이제 예금의 절반은 현금이 아닌 약속어음으로 지급 준비된다. 그렇지만 예금자의 입장에서 2백만 달러의 예금은 현금으로 인출 가능해야 한다. 예금자들의 통장에 기재된 예금액은 총 2백만 달러이며, 예금자들은 이를 "은행에 예치한 현금"이라 부른다. 예금자들은 수표 발행을 통해 2백만 달러를 실제 자기 주머니에 소지한 현금처럼 유통시킨다.

이제 이 은행은 더 이상 단순하게 예금보관인의 역할만을 수행하지 않는다. 이제 자신이 소유하지 않은 현금을 예금자에게 제공해야 하는 보다 심각한 책임을 지게 된다. 어떤 물건을 미리 외상으로 판 상인과 입장이 유사하다. 예금자들은 경영진이 선량하다고 믿고 (운이 좋으면) 미리 사놓은 상품인 현금을 인출할 수 있다. 이미 언급한 바와 같이, 법적으로 1백만 달러 현금의 소유권은 다른 자산과 마찬가지로 은행에게 있다. 예금자가 2백만 달러에 해당하는 "은행에 예치한 현금"을 소유한다는 말은 허구이다. 현금은 은행에 신탁된 것도 아니며 은행 금고에 있지도 않다. 예금자들은 자신들이 예금을 소유한다고 생각하며 예금통장에도 그렇게 적혀있긴 하지만 2백만 달러의 현금을 실제 소유하지 않는다. 예금자들이 진짜로 소유하는 것은 2백만 달러에 해당하는 현금을 인출할 수 있는 권리이다.

두 번째 그룹에 속한 예금자들이 실제화폐가 아닌 예금화폐를 근거로 수표를 발행하여 상거래에 예금화폐를 유통시키면, 이 은행은 1백만 달러의 유통화폐를 사실상 (예금자들에게 인출요구 시 현금을 제공한다는 공허한 약속에 의해) 제조한 것이다. 예금화폐 1달러는 예금자의 인출요구 시 1달러 현금을 제공한다는 약속에 지나지 않는다. 예금자에게 *즉시* 현금을 제공한다는 이 약속은 차입자가 은행에 *언젠가* 대출금을 상환한다는 약속에 의존한다.

6월 3일, 이 은행이 다시 금고에 있는 1백만 달러를 대출하고 차입자들은 이를 다시 은행에 예금한다.

물론 현금은 은행창구에서 실제로 차입자에게 전달된 후 입금되어지는 것이 아니라 그냥 은행금고 안에 모셔져 있다. 실제로 벌어진 일은 차입자들이 대출금을 은행에 고스란히 예치하여 그들의 예금통장에 "예금"이라고 기록된 것, 차입자 개개인은 자신의 예금잔고를 한도로 수표를 발행해도 아무런 염려가 없다고 생각하는 것이다.

6월 4일, 1백만 달러가 다시 대출되고 예금된다. 6월 5일, 1백만 달러가 다시 대출되고 예금된다. 이런 과정이 6월 10일까지 반복된다. 6월 10일, 예금 잔액은 1천만 달러가 되지만 은행이 보유한 현금은 1백만 달러(약속어음은 1천만 달러)에 불과한 상황이 벌어진다. 이제 이 은행이 대출과 예금의 반복 과정을 스스로 멈추지 않으면 법적 제재가 가해진다. 왜냐하면 이 은행의 지급준비율이 법적 최저한도인 10%에 도달하였기 때문이다.[6]

---

6) 엄밀히 말해, 이 예시는 다른 예금은행(A)이 이미 영업 중인 지역에 새로 진입한 은행(B)에는 완벽하게 적용되지 않는다. 새로운 은행(B)에서 1백만 달러를 대출받은 차입자가 수표를 발행하여 이를 지급용도로 사용하면 대출금액 전부가 이 은행(B)에 예금되지 않는다. 그리고 대출금 일부가 다른 은행(A)에 입금되면 해당 금액은 대출해준 은행(B)의 금고에서 입금받은 은행(A)의 금고로 옮겨져야 한다. 이렇게 한 은행에서 다른 은행으로 지급준비금이 이동하는 현상 때문에 (본문에서 강조한) 동일 화폐가 여러 번 재대출된다는 사실이 감춰져버린다.
오직 하나의 은행만을 고려할 때 이 예시에서 설명한 중복 대출의 효과가 자명해진

미국의 법정 필요지급준비율은 10%로 균일하지 않지만, 편의상 현행 지급준비제도를 앞서 언급한 바와 같이 "10% 시스템"이라고 부르기로 한다.

현금 아닌 "현금"

대부분의 예금은 방금 설명한 바와 같이 대출에 의해 창조된다. 때때로 차입자가 대출금을 은행창구에서 실제 인출해 가기도 하며, 예금자가 예를 들어 임금지불 등의 목적으로 예금을 실제 인출하기도 하며, 현금 장사를 하는 상공인들이 자신의 현금수입을 은행에 예치하기도 하지만, 이렇게 은행창구를 통해 유입 및 유출되는 현금 규모는 크지 않다. 통상적으로 그리고 대부분의 경우에, 당좌예금은 앞서 본 가상의 예시와 같이 대출을 통해 만들어진다. 달리 말하면, 예금자가 보유한 예금 중 90% 정도가 은행의 도움을 받아 자신의 약속에 의해 만들어지는 것이다.

은행 자산은 대출(약속어음)과 현금뿐 아니라 채권과 같은 "투자자산"을 포함한다. 투자자산에도 앞서 대출에 적용된 원리를 그대로 적용 가능하다. 다시 말해, 은행은 실제 현금을 지급하지 않고 단지 투자회사에 예금계좌를 개설해주는 형태로, 즉 "신용을 제공함으로써" 투자회사로부터 채권을 매입할 수 있다. 이런 방식은 앞서 본 대출 제공을 통해 예금계좌를 개설하는 방식과 동일하다. 결과적으로, 은행의 투자자산 증가규모 만큼 당좌예금이 증가하고, 이는 대출 증가규모만큼 당좌예금 규모가 증가하는 것과 동일하다. 물론 은행의 투자자산이 감소할 때 이 감소분

다. 그러나 어떤 지역에 은행이 다수 존재하는 경우에도 한 지역 내 은행 전체 관점에서 중복대출의 예를 이해할 수 있다. 한 은행에서 다른 은행으로의 현금 이동 현상은 추가대출이 가능한 은행이 예금을 수취한 은행으로 바뀔 뿐이다.

은행 전체 관점에서 잘 들어맞는 것이 개별 은행을 대상으로 할 때 잘 들어맞지 않는 이런 역설적인 현상을 현재 아이오아대학Iowa University의 학과장을 맡고 있는 체스터 필립스Chester Phillips가 처음으로 명확하게 지적하였다.

만큼 예금도 감소하고, 대출금이 감소할 때 해당 감소분만큼 예금도 감소한다.

대출(그리고 투자자산)은 Ⅴ장의 주제이다. 이번 장의 주된 관심사는 "은행에 예치해둔 현금" 또는 수표책화폐라 일컫는 당좌예금이고, 예금화폐는 "현금"처럼 취급받지만 실제로는 현금이 아니다.

이미 언급했듯이, 예금자는 자신의 "예금"을 "은행에 예치해둔 현금"이라 부른다. 그러나 이렇게 부르는 유일한 근거는 예금자가 자신이 원할 경우 "자신의" 현금을 인출할 수 있다는 믿음밖에 없다. 그리고 실제로 예금자는 그렇게 할 수 있다. 단, 본인 이외에 너무 많은 사람들이 동시에 예금을 인출하지 않을 경우 또는 다른 사람들이 충분한 현금을 예금하는 경우에만 가능하다. 은행이 예금인출 요구에 응하여 예금자에게 현금을 제공할 수 있는 한, 1천만 달러의 예금은 수표를 통해 명랑하게 유통될 수 있다. 마치 충분한 현금에 의해 예금이 실제 지급준비되어 있는 것처럼 말이다. 수표 지급인과 수취인이 동일한 은행을 이용하는 경우 수표 정산은 실제 금고에 보관된 현금을 꺼낼 필요도 없이 단순히 지급인과 수취인의 예금잔액 변동을 통해 이루어진다. 그리고 수표 지급인과 수취인이 다른 은행을 이용하는 경우 청산소는 두 은행 간에 발생한 대량의 수표 거래를 한꺼번에 차액정산하는 과정을 통해 각 은행의 순수취액 또는 순지급액을 확정한다.

결과적으로, 수표 지급인과 수취인이 동일한 은행을 이용하는지 여부와 상관없이 실제 수표정산에 필요한 현금규모는 상당히 작다. 화창한 날이든 궂은 날이든 상관없이 말이다.

그러므로 대규모로 현금이 인출되지 않는 (화창한 날에 해당하는) 경우 우리 예시에 등장하는 은행은 기적을 행할 수 있다. 1백만 달러를 10배로 증가시킨 것 말이다. 바꿔 말하면, 이 은행이 유통화폐 규모를 팽창시킨 것 말이다. 이 은행은 약속어음 또는 부채로부터 9백만 달러를 제조하였다. 이 "화폐"는 "신용", "신용통화", "예금통화", "은행에 예치된 현금", "내가 은행에 예치한 화폐", "요구불예금", "수표발행가능 예금", "당좌예금" 등 다양한 이름으로 불리지만 모든 이름은 동일한 의미를 갖는다. 나는 I장에서 이를 "수표책화폐check-book money"라고 불렀다.

10% 시스템에서는 수표책화폐의 오직 10%만이 화폐로 이루어진 진정한 예금이라 할 수 있으며, 나머지 90%는 일종의 교묘한 속임수에 의해 만들어진 현금 대용물에 불과하다. (앞 예시의) 은행고객은 은행이 가지고 있는 화폐를 대출받아 이를 예금했다고 생각한다. 이 사람은 그가 예금한 "화폐"가 사실은 자신의 대출금 즉 자신의 부채에서 생겨난 것임을 제대로 인식하지 못한다. 그는 은행이 화폐를 제조하는 데 일조하였고, 이와 같은 은행의 화폐 제조는 그와 은행뿐 아니라 국가 전체에 영향을 미친다. 자신이 가지고 있는 금을 금화로 만들면 국가 전체에 영향을 미치는 것처럼 말이다.

"수표책화폐" 파괴하기

상업은행은 수표책화폐라는 준(準) 화폐를 만들어 낼 수 있는 것처럼 단순히 위에 설명한 과정을 반대 방향으로 진행하여 이를 파괴할 수도 있다. 6월 1일에 1만 달러를 차입한 고객을 예로 들어보자. 이 사람이 차입금을 직원 월급, 재료 및 장비 구입 등에 사용한 후 9월 1일에 1만 달러 이상의 수익을 얻고 이를 은행에 (대부분 수표의 형태로) 예금한다고 하자. 이로써 이 사람은 1만 달러의 약속어음을 갚고, 유통화폐가 1만 달러만큼 감소하게 된다. 왜냐하면 이 사람의 예금통장에서 1만 달러가 인출되고 이로 인해 다른 누군가의 예금 잔고가 증가하지 않기 때문이다. 따라서 예금이 1만 달러 줄어든 만큼 대출잔액도 감소한다.

다시 말해서, 수표책화폐가 대출에 의해 제조되는 것처럼 대출금이

상환되면 이는 감소한다. 이 두 가지 경우 모두 화폐량에 영향을 미친다.

이것이 바로 은행이 사실상 민간조폐소라는 주장의 근거다. 그렇지만 연방준비제도 이사회 부총재Vice-Governor을 지낸 에드문 플랫Edmun Platt 은 대출이 일어나기 위해 은행과 더불어 차입자가 개입된다는 사실을 일 깨워준다.[7] 그는 "차입자들이 신뢰 부족이나 다른 이유로 은행에서 대출 을 받을 수 없거나 대출받기를 꺼린다면 은행은 예금화폐를 창조할 수 없 다"고 말했다. 이는 정말 맞는 말이지만, 보다 더 불행한 것은 우리의 유 통화폐가 14,500개의 민간조폐소뿐 아니라 수백만 명에 달하는 차입자 개개인으로부터도 영향 받는다는 사실이다. 에드문 플랫은 "예금자들이 지역사회의 화폐량을 주도적으로 변화시킬 수 있다는 건 대단히 불행하 다"는 영국 경제학자 케인즈의 말을 인용하여 이런 상황을 설명하였다.

그러나 요점은 바로 10% 시스템으로 인해 은행과 차입자라는 대출 거래당사자들이 유통화폐량을 늘리거나 줄일 수 있는 권한을 갖게 되었 다는 것이다. 이러한 권한은 의도하지 않은 것이며, 비정상적이며, 유통 화폐량 증감과 무관한 다른 상거래 및 금융거래에 국가 차원에서 영향을 미친다.

적은 현금만을 준비하는 은행

만약 대출거래가 은행과 개인 간이 아니라 개인과 개인 간에 일어난 다면 유통화폐량을 늘리는 건 불가능하다. 대출자가 자신이 갖고 있지 않은 것을 대출할 수 없다는 단순한 이유 때문이다. 어떤 사람이 10달러 를 대출해주려고 할 때 이만큼의 현금을 보유하고 있어야만 한다. 그리 고 10달러를 대출해주면, 더 이상 이 돈을 수중에 갖고 있을 수 없다. 이 사람은 10달러를 10명의 다른 사람들에게 연속적으로 대출해주고 차입

---

7) New York Herald Tribune, January 2, 1935.

자들에게 너희가 이 대출금을 쓰고 싶을 때 내어주겠다고 약속을 함으로써 이 돈을 자신이 갖고 있을 수 없다. 그러나 이 사람이 상업은행으로 변신하면 (그리고 이 은행이 자신의 영업지역에서 유일한 은행이라면) 그는 방금 언급한 바를 행할 수 있게 된다. 이 사람은 10명의 차입자들로부터 총액이 10만 달러에 해당하는 약속어음을 받는다. 그리고 그는 한꺼번에 1만 달러 이상의 수표를 현금으로 바꿔달라는 요구가 없을 거라는 행운을 믿고, 차입자들이 10만 달러(이 중 9만 달러는 가상화폐에 해당)를 한도로 수표를 발행하게 할 수 있다.

오직 상업은행과 신탁회사만이 대출을 통해 만들어낸 예금화폐를 대출할 수 있다. 저축은행은 이러한 예금화폐를 창출하지 못한다. 단지 예치받은 자금을 대출해줄 뿐이다.

그리고 동일한 원리에 의해 개인 간 대출거래에서 차입자가 대출자금을 상환할 때 유통화폐량은 감소하지 않는다. 저축은행의 경우도 마찬가지이다.

그럼 은행 자신에게 가장 위험한 요소는 무엇인가?

상업은행과 신탁회사는 소규모 현금만을 보유한 채 엄청난 규모의 그리고 그 규모가 변하는 "신용" 또는 수표책화폐를 항상 짊어지고 있기 때문에 이들은 자신들이 커다란 건초 뭉치를 조그만 수레로 실어 나르는 어려움에 처해있다는 것을 안다. 잘 닦인 평탄한 길에서는 아무 일이 없겠지만 우둘투둘 자갈길에서는 그렇지 못할 수 있다.

10% 시스템에 내재된 결함

은행가가 "보수적인" 시각에서 고객들에게 차입금을 쌓아두지 마라, 차입금에 의존해서 기업을 경영하지 마라, 차입금으로 투기하지 마라, 공매도하지 마라 등의 조언을 하는 건 아이러니하다.

폭넓은 경험을 통해 100% 지급준비제도를 지지하게 된 어떤 은행가는 나에게 이런 말을 한 적이 있다. "상업은행과 같은 대차대조표를 가진 회사를 운영하는 기업가는 아마 없을 겁니다. 만약 어떤 기업가가 회사를 이렇게 운영하려고 한다면 어떠한 상업은행도 그에게 단 한 푼도 대출해주지 않을 거예요. 내 얘기를 믿지 못한다면 상업은행에 가서 실험해보세요. 사업가인 척 은행에 가서, 보유현금 대비 요구불부채demand liabilities가 10배에 달하고 대부분 자산이 현금화 및 유동화가 어려운 기업에게 얼마를 대출해줄 수 있냐고 물어보세요."

은행들은 화창한 날씨에 혹은 영국과 캐나다의 경우 궂은 날씨에도 자신들이 난파되는 것을 피할 수 있을지라도, 이는 오직 일반인들에게 고통을 안겨줘야만 가능하다. 즉, 유통화폐량을 축소해야만 한다. 은행은 자신의 영업방식과 유사하게 적은 자본금으로 외부차입을 통해 회사를 경영하는 기업가에게 대출을 거부할 수 있지만, 은행의 영업행태는 이 기업의 차입경영행태보다 정당화될 순 없다. 또한 은행의 위험한 대출관행을 용인하는 우리들도 정당화될 수 없다. 위태롭게 적은 지급준비금은 은행시스템 전체를 위태롭게 만든다. 유통화폐량 팽창 및 수축을 통해 10% 시스템은 무고한 사람들을 포함한 우리 모두에게 해를 끼친다. 100% 시스템을 지지하는 시카고대학교의 경제학자들은 그들이 작성한 보고서에 "어떤 악의적인 천재가 경기 및 고용 변동에서 비롯되는 고통을 가중시키려할 때 지금 같은 형태의 예금은행제도보다 더 좋은 방법을 찾기 어려울 거다"라고 표현하였다.

부족한 지급준비금, 그리고 이로부터 파생되는 당좌예금과 대출 간 연결 관계는 현행 은행시스템의 중대한 결함이다. 이러한 결함과 이로부터 초래되는 치명적 결과는 아래 네 가지 문장으로 요약되며, Ⅶ장에서 이에 대해 자세히 살펴볼 것이다.

(1) 10% 시스템은 수표책화폐와 대출 (그리고 투자자산) 간에 연결고리를 형성한다.

(2) 10% 시스템과 수표책화폐와 대출 간 연결고리는 예금인출사태와 은행도산으로 귀결된다.

(3) 10% 시스템과 수표책화폐와 대출 간 고리는 은행대출 (그리고 투자자산)의 증감을 통해 우리가 주로 사용하는 "수표책화폐" 규모를 변하게 만든다.

(4) 은행 대출과 "수표책화폐"의 변동은 대호황과 대공황을 야기한다.

위 네 가지 문장을 종합하면, 우리가 최근에 경험한 바와 같이 10% 시스템이 최악의 경제 재난을 악화시키는 주범이다.

해결책으로서의 연방준비제도

연방준비제도는 미국의 10% 시스템이 갖는 결함의 (전부가 아닌) 일부를 해결하기 위하여 1914년 설립되었다. 연방준비제도는 12개 구역으로 나뉘며, 각 구역에는 하나의 중앙은행(연방준비은행)과 소위 "회원은행"으로 부르는 상업은행이 존재한다. 회원은행은 자신이 속한 구역에서 일반 고객을 대상으로 예금 및 대출 서비스를 제공하며, 연방준비은행은 자기 구역 내 회원은행에게 예금 및 대출 서비스를 제공한다. 그리고 회원은행이 연방준비은행에 예치한 예금이 회원은행의 지급준비금에 해당한다. 즉, 오늘날 우리가 거래하는 은행들은 그들 자체적으로 현금준비금cash reserves을 전혀 보유하지 않는다! 이들은 자신이 맡긴 예금을 인출 요구할 때 현금으로 인출해주겠다는 연방준비은행의 약속에 해당하는 신용준비금credit reserves만을 보유할 뿐이다.

법정 필요지급준비금은 영업지역에 따라 회원은행 예금수취잔액의 최소 7%, 10%, 13% 등으로 차등화 되어 있다. 또한 법에 따라 연방준비은행은 회원은행으로부터 예치받은 지급준비금의 35%를 보유해야 한다. 그리고 법에 따라 연방준비은행이 보유하는 지급준비금은 현금, 법률용어로 "법격화폐lawful money"의 형태를 가져야 한다. 그러므로 소도시에서 영업하는 은행이 10만 달러의 당좌예금을 보유하는 경우 이의 7%에 해당하는 7,000달러를 연방준비은행에 예치해야 한다. 그리고 연방준비은행은 예치받은 7,000달러의 35%에 해당하는 2,450달러를 실제 현금으로 지급준비해야 한다. 결과적으로 10만 달러의 당좌예금은 단지 2.45%에 해당하는 현금으로 지급준비된다. 요컨대, 소도시 은행의 당좌예금에 대한 현금준비금은 당좌예금의 2.5% 수준(7%의 35%)에 불과하다. 이와 유사하게 중도시의 경우 10만 달러 당좌예금에 대해 은행은 1만 달러의 지급준비금을 연방준비은행에 예치해야 하고, 연방준비은행은 이의 35%에 해당하는 3,500달러(10만 달러의 3.5%)만을 현금준비금으로 보유한다. 대도시의 경우 현금준비금은 13%의 35%, 즉 4.5%이다. 다시 말해, 10만 달러 당좌예금을 4,500달러의 현금으로 지급준비한다.

그러므로 우리가 이 책에서 "10%" 시스템이라 부르는 미국의 당좌예금제도는 문자 그대로의 10% 시스템보다 훨씬 더 심각하다. 「연방준비법」에 근거한 지급준비제도는 실제로 2.5%, 3.5%, 4.5% 시스템인 것이다! 이는 연방준비제도가 설립되기 이전보다 못하다. 연방준비제도는 은행의 지급준비금을 중앙은행에 집중하여 보다 안전하게 관리하자는 생각에서 탄생하였다. 그러나 지급준비요건을 완화함으로써 안전성이라는 요소는 퇴색되었다. 애틀랜타 연방준비은행의 헴필Hemphill<이 책의 서문 작성─옮긴이>을 포함한 일부 은행가들은 지급준비요건 완화를 반대하였다. 헴필은 지급준비요건을 강화하는 방향으로 지급준비제도를 변화시키려 하였다.

그림 1 | 10% 시스템의 역피라미드형 지급준비금 예치구조

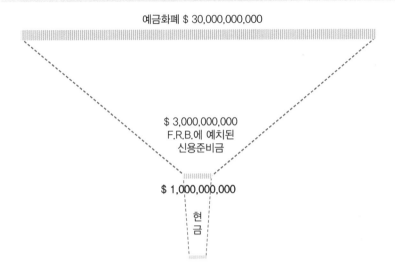

예금화폐 $ 30,000,000,000

$ 3,000,000,000
F.R.B.에 예치된
신용준비금

$ 1,000,000,000

현
금

　회원은행은 "재할인rediscounting"을 통해 지급준비금 일부를 만들어
낼 수 있다. 즉, 회원은행은 고객의 어음을 할인한 후 연방준비은행으로
부터 이를 재할인받을 수 있다. 아울러 회원은행은 보유 중인 채권을 연
방준비은행에 매도하여 수취한 자금을 연방준비은행에 예치함으로써 자
신의 지급준비금을 늘릴 수 있다.

　한편, 연방준비은행은 이러한 거래를 직접 실행하거나 거래에 영향을
미침으로써 회원은행의 지급준비금 증감을 *유도*할 수 있다. 즉, 연방준비
은행은 (1) 재할인율을 인상 또는 인하하거나 (2) 회원은행이 보유한 채
권을 매입하거나 회원은행에게 채권을 매각할 수 있다. 두 번째 장치를
"공개시장조작open market operation"이라 한다.

　위 두 가지 장치는 10% 시스템의 위험 ―예금인출사태 및 은행도산
위험과 인플레이션 및 디플레이션 위험― 을 관리하기 위하여 활용된다.

　그렇지만 우리는 연방준비제도가 도입된 이후 전보다 더 심각한 은행

도산사태와 더 심각한 인플레이션과 디플레이션을 경험하였다! 이전에는 1920년에 발생한 것과 같은 갑작스럽고 급격한 디플레이션을 상상조차 할 수 없었다. 그리고 이로부터 10년 후에 발생한 경험은 보다 더 심각하였다.

단지 대출 종류를 규제함으로써 연방준비제도를 개혁 또는 "복원"하려는 최근의 시도는 문제의 핵심을 파악하지 못한 처사다. 대출 종류 허가방식의 규제는 큰 효과를 거둘 수 없다. 문제의 핵심은 불충분한 지급준비금이다.

근본적 문제는 미국의 은행들이 소액의 현금만을 보유한 채 은행업을 영위한다는 데 있다.

지급준비금의 시소게임의 기록

은행제도의 역사는 지급준비금의 시소see-saw 게임으로 파악할 수 있다. 오용, 해결책, 회피의 단계가 순환 반복되어왔다. 은행가 개개인은 "유휴" 지급준비금을 줄여 이윤을 늘리려는 유혹에 빠진다. 그러면 해결책으로 필요 지급준비금을 상향하거나 준비금 제도를 강화하는 법제도가 생겨난다. 은행가는 새로운 안전장치를 우회하는 방법을 찾아냄으로써 뭔가 새로운 형태의 오용 단계로 넘어간다.

예를 들어, 수세기 전에 근대은행이 형성될 당시 금세공업자와 초기 예금은행은 지급준비금을 100% 보유하였다. 1세기 전 은행가들은 "유휴" 금gold을 활용하기 위하여 "자유"은행업 또는 와일드캣 뱅킹으로 "진전"을 이루었다<「읽을거리 2」 참고 - 옮긴이>. 미국에서는 주법은행이 은행권을 발행하고 이를 태환할 정화를 충분히 보유하지 않는 방식으로 이루어졌다. 주법은행의 은행권 남발 문제는 주법은행권state bank note 발행에 세금을 부과하거나 주법은행권을 태환성이 강화된 국법은행권

national bank note으로 대체하는 방식으로 해결되었다. 이후 표면적으로 정부의 채무에 해당하는 연준은행권Federal Reserve note이 추가되었다.

영국에서는 (비록 남발의 정도는 덜 했지만) 은행권 남발 문제가 보다 더 바람직한 방향으로 해결되었다. 1844년 위대한 정치가인 ―은행가이며 경제학자인 리카도Ricardo[8)]가 제시했던 권고를 따른― 로버트 필 경Sir Robert Peel에 의해 영란은행은 적어도 부분적이나마 100% 지급준비제도로 복귀하게 되었다.

첫 번째 오용은 지폐의 금 태환성에 대한 것이고, 그 다음 오용은 예금의 법격화폐lawful money로의 교환<법격화폐 개념에 대해서는 「읽을거리 7」참고―옮긴이>과 관련된다. 그러나 오용이 야기하는 문제점은 거의 항상 동일하다. 은행이 지급준비금을 적게 보유하여 유통화폐량의 팽창과 수축을 야기한다는 거다.

불충분한 지급준비금은 항상 위험하다.

수표책화폐가 은행권에 적용되는 준비금 규제를 회피하다

영국에서 *은행권*에 대한 준비금 부족 문제가 1844년 해결되자마자 *예금*에 대한 준비금 부족 문제가 발생하였다. 로버트 필 경이 은행권에 대한 준비금 부족 문제를 해결할 당시, 당좌예금은 아직 문젯거리가 아니었다. 당시 당좌예금 규모는 미미하였다. 그러나 당좌예금은 은행권 남발이 문제를 일으켰던 바와 동일한 방식으로 빠르게 골칫거리로 부상하였다.

은행은 더 이상 태환가능 한도 이상으로 은행권을 마구 찍어 대출할 수 없게 되었지만, 현금으로의 교환가능성이 불충분한 *예금* 또는 수표책화폐를 고객에게 제공할 수 있게 된 것이다. 그리고 이 준(準) 화폐quasi-money

---

8) Works, p.499

는 예전에 마구 발행된 은행권이 화폐로서 유통되었듯이 수표라는 형태로 화폐로서 유통되었다.

은행은 본능적으로 당좌예금을 은행권 발행 규제를 우회하는 수단으로 이용하게 되었고, 근대 예금의 유해성이 예전에 은행권이 초래하였던 유해성을 대체하게 된 것이다. "와일드캣 뱅킹"이라는 모욕적인 오명을 얻었던 무분별한 은행권 남발보다 무분별한 당좌예금 창조가 공공정책 관점에서 더욱 유해하다.

예금의 유해성은 암암리에 커져왔다. 왜냐하면 사람들이 당좌예금을 처음 접할 때, 당좌예금과 상당히 유사한 은행권이 아니라 (유통화폐로 이용되지 않는) 정기"예금"과 저축"예금"과 유사하다고 받아들였기 때문이다. 수표는 "법격화폐"나 법정화폐가 아니다. 상거래나 금전거래에서 수취인이 수표 지급을 허락할 때만 수표는 지급수단으로 이용될 수 있다. 이 점에서 수표는 모든 사람들이 지급수단으로 이용하는 국법은행권과 다르다.

그리고 (예금이 소지화폐가 아니라는) 이 점이 큰 문제다. 왜냐하면 수표발행을 통해서만 화폐로 기능할 수 있는 은행예금의 화폐로써의 지위를 감춰버리기 때문이다. 일반적인 예금자는 그가 "은행에 예치해둔 현금"을 보유한다고 생각하지만, 은행은 이 예금자가 말하는 "현금"이 사실은 예금자에 대한 은행의 부채인 "신용"이라는 걸 안다. 결과적으로 사람들은 "현금"을 화폐와 같이 그리고 "현금"을 신용과 같이 아무렇게나 대하게 되었다. 분간이 안되는 것이다. 이런 이유로 오직 극수소의 사람들만이 80억 달러의 수표책화폐가 파괴된 것이 지금 이 공황의 주된 원인이라는 걸 깨달은 것이다.

당좌예금이 사실상 화폐라는 것을 좀 더 충분히 그리고 좀 더 빨리 알아차렸다면 그때부터 적절하게 관리했었을 것이다. 그렇지만 연방준비제도가 설립된 이후에도, 더구나 지급준비금을 보다 효과적으로 관리하기 위한 목적으로 연방준비제도가 설립되었음에도 불구하고, 예금에 대한 지급준비금을 규제하는 문제는 상대적으로 도외시되었다. 그 결과, 「연방준비법」은 *은행권*에 대해서는 40%의 지급준비금(모두 금화 또는 금 예탁증서 형태로 보유)을 보유하도록 하고, 요구불*예금*에 대해서는 오직 2.5%, 3.5%, 4.5%의 지급준비금을 금화도 아니라 단지 "법격화폐"로 지급준비토록 하였다.

현행 지급준비제도의 문제점

오늘날 (당좌예금이라는) 준(準) 화폐는 주요 유통화폐로 여겨지는 반면, 은행권은 중요하지 않은 이를테면 한낱 잔돈에 불과하다고 여겨진다. 뉴욕 연방준비은행의 1933년도 연차보고서(18~19쪽)는 다음과 같이 기술한다.

"… 미국의 화폐공급에서 통화의 중요성은 1930년 이전 50년이 넘는 기간 동안 줄곧 감소하여 온 반면, 은행예금의 지급수단으로써의 중요성은 지속적으로 커져왔다. 1873년과 1874년, 통화발행량은 대략 미국 내 모든 상업은행이 보유한 총 예금액과 유사한 수준이었다. 예금대비 통화 비율이 1880년에는 50% 미만, 1910년에는 25% 미만, 1930년에는 10% 수준으로 하락하였다. 그 이후 이 비율은 18% 수준으로 상승하였는데, 이는 대공황 발생으로 사람들이 안전자산인 현금을 더 많이 보유하였고 1930~1933년 동안 은행예금이 빠르게 축소되었기 때문이다."[9]

당좌예금에 관한 상세통계는 알드리치 위원회Aldrich Commission<「읽을거리 6」 참고>가 나의 제안에 따라 통화감독청이 공표하지 않고 보관만 해두던 것을 어렵사리 찾아내기 전까지 이용가능하지도 않았다. 이때가 바로 내가 "교환방정식equation of exchange"이란 걸 작성하기 위해 이 통계가 필요했던 1910년이었다.[10] 이때부터 (일부 모호하기는 하지만) 이러한

---

9) 그렇지만 여기서 언급한 비율들은 당좌예금이 아니라 총예금을 기반으로 산출되어서 다소 예금의 상대적 중요성을 과장하는 측면이 있다는 점을 언급해둔다.

통계가 정기적으로 공표되었다. 그렇지만, 불과 몇 년 전 연방준비이사회 의장은 당좌예금 통계의 중요성은 말할 것도 없고 이런 통계가 존재하는 지 조차도 몰랐다고 실토하였다.

우리는 "통화" 또는 지갑화폐를 규제하고 추이를 파악하는 데 대단히 신중하였지만, 수표책화폐를 규제하거나 파악하는 데 정말 무신경했던 것이다!

예금은 지폐보다 지급준비금을 더 요구한다

수표책화폐는 정말로 지갑화폐보다 더 큰 규모의 지급준비금을 필요로 한다. 이는 예금 규모가 현금 발행량의 6배 내지 7배에 달하고 수표책화폐는 소지화폐가 아니기 때문이다. 두 화폐의 특성을 감안하면 2.5%, 3.5%, 4.5% 등 예금에 대한 필요지준율과 40%에 달하는 연준은행권에 대한 필요지준율은 서로 바뀌어야 한다. 이는 무엇보다도, 현실에서 연준은행권을 태환해야 할 필요성보다 예금을 현금으로 교환해야 할 필요성이 더 크기 때문이다. 연준은행권은 일상 대면거래에서 유통될 수 있는 진정한 화폐로서 연준은행권의 태환은 단지 이를 다른 종류의 현금통화로 바꾸어주는 것을 의미한다. 그러나 예금은 현금이 아니어서 대면거래에서 사용할 수 없다. 월급 수표를 "현금으로 바꾸듯이" 매일 매일 사람들은 상거래에서 받은 수표를 현금화해야 한다.

따라서 예금에 대한 지급준비율로 2.5% 또는 4.5%가 충분하다면, 연준은행권에 대한 지급준비율은 1% 또는 2%이면 충분하다. 또는 연준은행권에 대한 지급준비율이 40%는 되어야 한다면, 예금에 대한 지급준비율은 이보다 더 높아야 할 것이다. 지폐와 예금에 대한 지급준비율이 다른 이유는 화폐금융 역사에서 찾을 수 있다. "와일드캣 뱅킹"으로 대변되

---

10) 『The Purchasing Power of Money』(Macmillan, New York, 1911)

는 은행권 남발은 장기간 고질적으로 지속되었고, 부작용에 대한 경험이 컸던 만큼 현재 은행은 함부로 지폐를 발행하지 못하게 되었다. 그러나 은행이 비교적 최근에 와서야 취급하게 된 예금에 관해서는 이렇다 할 역사적 경험이 없다. 그래서 은행들은 예전에 은행권을 남발했듯이 오늘날 예금을 남발하고 있는 것이며, 그 논리적 결과는 현재의 대공황이다.

그러나 예금통화에 대해 100% 지급준비가 필요한 주된 이유는 현 10% 시스템에서는 화폐량의 변동성이 클 수밖에 없다는 데서 찾을 수 있다. 이는 은행권에는 적용되지 않는 얘기다. 시중에 유통 중인 은행권이 태환되더라도 이 은행권은 계속 존재하며 은행은 이를 다시 유통시킬 수 있다. 그러나 수표책화폐는 현금으로 교환되고 나면 더 이상 존재하지 않게 되며 은행이 다시 대출을 하거나 투자자산을 매입할 때까지 재발행되지 않는다. 100% 시스템이 도입되면 화폐는 대출에 의존하지 않게 된다. 이것이 100% 시스템이 주는 본질적인 장점이다. 사실 내가 100% 시스템을 연구하게 된 것도 화폐의 대출에 대한 비의존성을 탐구하면서부터이다. 어떤 하원의원이 나에게 이렇게 질문하였다. "당신은 은행에 대한 부채를 교환하지 않는 다른 적절한 화폐시스템을 찾을 수 없습니까?"

지금까지, 오늘날 우리가 직면해 있는 은행예금에 대한 지준 문제가 과거 은행권에 대한 지준 문제보다 훨씬 심각한 이유를 설명하였다.

1934년 6월 28일 캐나다에서 도입된 법률은 현 은행시스템이 안고 있는 ─수표책화폐와 지갑화폐 간의 상호교환성을 확보하여─ 지급준비금 문제를 해결하기 위한 몇몇 노력 중 하나이다. 이 법률은 캐나다의 모든 은행이 영업지점에 자행권의 초과발행분을 긴급 예금인출에 대응하는 자금으로 보관하도록 규정한다. 이것이 100% 시스템은 아니지만 지급준비를 강화하는 방향으로 일보 전진한 시도라 평가할 수 있다. 아울러 이법은 은행이 일정 한도를 초과하여 은행권을 발행할 경우 초과 발행분에 대해 정부화폐로 100% 준비금을 보유하도록 규정한다. 이는 과거 영란은행에게 100% 준비금을 보유하도록 한 영국의 사례와 유사하며 이 책에서 제안하는 바와 보다 더 가깝다.

우리는 지금까지 충분한 지급준비금과 불충분한 지급준비금 간의 오랜 시소게임을 살펴보았다. 지금 현재 지급준비금의 불충분성은 최악이다. 이미 부분적으로 공감대를 얻고 있는 우리의 100% 원칙100% principle이 완전한 공감대를 얻는다면 이 시소게임을 완벽하게 끝낼 수 있다.

국법은행시대: 은행권과 지급준비제도

미 정부와 의회는 그린백 발행 이후 주마다 다른 은행제도의 통일성을 꾀하기 위해 국법은행(은행허가: 20년 만기)을 설립하는 「1863년 국법은행법 National Banking Act of 1863」을 1863년 2월 25일 제정하였다.

국법은행은 은행권을 발행하기 위해 재무부에 국채를 담보로 예치해야 했으며, 은행권 발행규모는 담보증권 '시장가치'의 90%로 제한되었다. 국법은행권의 과도한 발행을 막기 위해 국법은행권 시중 유통량은 3억 달러로 제한되었다. 그리고 주법은행권 추가 발행 억제 및 퇴장 유도 목적으로 「1863년 국법은행법」은 주법은행권 발행에 2%의 세금을 부과하였다. 이런 조치로 주법은행권 유통량은 1863년 2.38억 달러에서 이듬해 1.79억 달러로 축소되었으나 이에 만족하지 않은 의회는 「1865년 국법은행법」에서 주법은행권 발행세를 10%로 인상하였다. 이에 따라 주법은행권 유통량은 1867년 4백만 달러로 축소되었다. 이 빈 자리를 당연히 국법은행권이 메웠는데, 국법은행권 유통량은 1864년 6,700만 달러에서 1868년 2.9억 달러로 크게 확대되었으며, 유통량이 법정 상한선(3억 달러)에 이르자 1869년 국법은행 신규 허가가 중단되기도 하였으나 지속적인 은행권 수요로 1870년 7월 법정 상한선이 3.54달러로 상향조정되었다. 국법은행권은 관세, 정부채에 대한 이자 지급, 그린백의 태환 등을 제외한 모든 거래에 통용되어 그린백과 더불어 보편적인 화폐로 자리 잡았다. 1878년 은화 및 은 예탁증서 발행, 1879년 소액 국법은행권 발행 중지, 1880년대 재정 흑자 등으로 유통량이 위축되었다가, 1900년 은행권 발행규모를 담보증권 시장가치의 100%로 완화하는 조치가 시행되자 국법은행권 발행이 증가하였다.

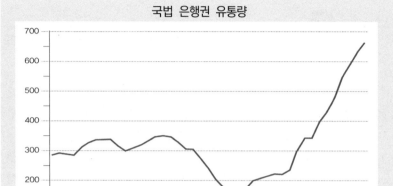

국법 은행권 유통량

자료: Champ & Thomson(2006), Gorton & Zhang(2021)

한편, 국법은행시대의 지급준비제도는 피라미드형 3층 구조를 이루었다. 뉴욕, 시카고, 세인트루이스 등 3개 대도시(최초 뉴욕만 해당)는 중앙지준거점도시central reserve city라는 상층부, 중도시(최초 18개에서 47개로 증가)는 지준거점도시reserve city라는 중층부, 지방도시 및 마을은 하층부에 위치하였다. 중앙지준거점도시와 지준거점도시에서 영업하는 은행은 예금 및 자행권의 25%를 지급준비금으로 보유해야 했으며, 지준거점도시 은행은 중앙지준거점도시 은행에 지급준비금의 절반을 예치할 수 있었다. 하층부 은행의 지급준비율은 15%였으며 지급준비금의 60%를 (중앙)지준거점도시 은행에 예치할 수 있었다. 일반적으로 타은행이 예치한 지급준비금에 2%의 이자를 지급하는 것이 당시 관행이어서 하층부와 중층부에 속하는 은행들은 상위층에 속하는 은행에 지급준비금을 더 많이 예치하려 하였다. 결국 지급준비금의 대부분이 중앙지준거점도시와 지준거점도시에 집중되었는데, 이러한 지준구조는 뉴욕을 비롯한 대도시 은행들이 흔들리면 은행시스템 전체가 흔들리는 구조적 취약성을 야기하였다.

피라미드	은행 소재지	법정 지급준비율
상층부	중앙지준거점도시	예금 및 은행권 유통량의 25%
중층부	지준거점도시	예금 및 은행권 유통량의 25% (지준의 1/2을 중앙지준도시 소재 은행에 예치)
하층부	지방도시	예금 및 은행권 유통량의 15% (지준의 3/5를 중앙지준도시 및 지준도시 소재 은행에 예치)

한편, 「1874년 6월 20일 제정법Act of June 20, 1874」은 국법은행권 발행량의 5%에 해당하는 태환준비금을 재무부에 예탁하도록 하여, 국법은행권에 대한 준비금과 예금에 대한 준비금이 분리되었다.

자료: 현정환(2008), Carlson & Wheelock(2018), Champ(2007), Champ &
Thomson(2006)

제IV장

예금에 대해 100% 시스템이 작동하는 방법

들어가는 말

현대 은행은 네 가지 주요 업무를 수행한다. 첫째, 외환 환전업으로 대표되는 *화폐교환* 업무, 둘째, *은행권* 발행, 셋째, 예금자에게 수표를 통한 지급서비스를 제공하는 *당좌예금* 취급, 넷째, *차입과 대출* 그리고 투자 등이다. 미국의 많은 은행들이 네 가지 업무를 모두 취급하는 가운데 투자은행 및 저축은행, 신탁회사 등은 특정 업무에 주력하기도 한다. "상업"은행들은 단기대출과 당좌예금에 주력한다.

화폐교환 업무는 100% 시스템 도입으로 크게 영향 받지 않을 게 분명하므로 이에 대한 논의는 불필요해 보인다. *은행권* 발행 업무에 대해 생각해보면, 100% 시스템은 예금에 적용되는 바와 같이 은행권 발행에도 적용될 수 있다.[11]

당좌예금 업무는 이번 장의 주제이고, 대출은 다음 장의 주제이다. 100% 시스템에서 당좌예금 업무는 너무 단순하여 쉽게 이해할 수 있어 은행업에 관한 특별한 재능을 필요로 하지 않는다. 기존 은행에 부서 또는 자회사 형태로 독립된 "당좌은행Check Bank"을 새롭게 설치하고, 여

---

11) IX장을 참고하길 바란다.

기서 수표발행 용도의 화폐를 보관케 하면 된다. 이와 같이 하나의 상업 은행을 '당좌은행Check Bank 또는 부서'와 '대출 및 투자 은행Loan-and-Investment Bank 또는 부서'로 분리하는 것이다.

물론 대출부서도 예금자처럼 여유자금을 당좌은행(부서)에 맡길 수 있으며 이를 현금으로 인출하거나 수표발행을 통해 이체할 수 있다.

통화위원회가 100% 수준까지 당좌예금에 대한 지급준비금을 준비하는 프로세스는 이미 설명한 바와 같다. 은행의 비현금 자산 일부를 매입하고 통화위원회의 장부상 신용으로 이를 지불하면 된다.

연방준비은행은 회원은행을 대상으로 은행서비스를 제공하므로 통화위원회는 연방준비은행을 통해서 이를 가장 잘 처리할 수 있을 거다. 이미 서술한 바와 같이, 통화위원회는 동일한 방식을 통해 연방준비은행이 100% 지급준비금을 갖추게 할 수 있다.

지금부터 설명의 단순화를 위해 연방준비제도에 속하지 않는 은행은 논의에서 제외한다(또한 재무부가 발행한 통화와 재무부 소유 화폐 및 은행예금도 논외로 한다).

100% 시스템 도입 후 첫째 날

100% 시스템으로 이행하면 우리의 은행시스템은 어떤 모습을 가질까? 은행시스템은 3단계 또는 3층 구조로 이루어져 있다. 맨 아래에는 수천 개의 회원은행, 중간에는 12개 연방준비은행, 그리고 최상위에는 통화위원회가 위치한다.

편의상 100% 시스템이 갑자기 한밤중에 도입된다고 가정하자. 날이 밝은 후 대출금, 예금, 시중에 유통 중인 화폐총량은 전날과 동일하다. 아울러 자산의 규모도 동일하다. 그러나 3단계에 속하는 각 부문이 보유하는 비현금자산의 규모는 전날과 달라진다. 전날 연방준비은행과 회원은행이 보유하던 비현금자산의 일부를 통화위원회가 보유하게 되며, 연방준비은행은 회원은행이 보유하던 비현금자산의 일부를 보유하게 된다.

결과적으로 비현금자산이 은행 구조 상부로 한 단계 또는 두 단계 이동하는 것이다. 그리고 한 단계 이동이든 두 단계 이동이든지 간에, 비현금자산과 예금 사이에 화폐(현금)라는 항목이 끼어들고 이 현금은 100% 지급준비를 뒷받침하기 위해 필요한 항목이다(새롭게 등장한 이 화폐라는 항목은 자산과 동시에 부채라는 성격을 갖는다. 이를 보유하는 은행에게는 자산이며, 통화위원회에게는 부채다).

대차대조표를 이용한 예

대차대조표에 익숙한 독자는 아래에 제시된 가상의 대차대조표에 흥미를 가질 거 같다. 지금부터는 100% 시스템 도입으로 하룻밤 사이에 대차대조표의 각 항목이 어떻게 영향을 받았는지 설명하겠다. 부채는 그대로인 가운데 자산이 변한다.

표 I | 12개 연방준비은행 결합대차대조표의 예시*

(단위: 10억 달러)

자산				부채	
항목	이행 전	증감분	이행 후	항목	이행 전후
금고 안 법격화폐	5	+1	6	회원은행이 예치한 예금	3
국채	3	-1	2	연준은행권 (연방준비은행이 발행한 유통화폐량)	3
기타	1	0	1	자본 및 기타	3
합계	9	0	9	합계	9

* 이익손실에 대한 변제 효과는 고려하지 않음

[표 Ⅰ]은 12개 연방준비은행에 관한 대차대조표이다. 부채의 첫 번째 및 두 번째 항목인 예금과 은행권은 (두 항목 모두 연방준비은행이 발행하였기 때문에) 이행 전이나 이행 후에나 화폐에 해당한다. (이 가상의 예에서) 두 항목의 총액은 60억 달러이며, 시중에 유통 중인 이 60억 달러의 신용을 뒷받침하는 (자산 쪽을 보라) 현금은 (100% 시스템 이행 *전에*) 50억 달러였다. 12개 연방준비은행의 지급준비율을 100%로 끌어올리기 위하여 추가적으로 10억 달러가 필요하다. 연방준비은행은 통화위원회에 자신이 보유하는 국채 10억 달러를 매각함으로써 이 10억 달러를 확보할 수 있다. 그러므로 100% 시스템으로 이행한 후 단지 자산의 첫 번째 항목에 "+1", 두 번째 항목에 "−1"을 함으로써 연방준비은행의 모든 예금과 은행권은 100% 현금으로 지급준비된다.

다음 [표 Ⅱ]는 회원은행이 어떻게 영향을 받는지를 보여준다.

표 Ⅱ │ 회원은행 결합대차대조표의 예시

(단위: 10억 달러)

자산				부채	
항목	이행 전	증감분	이행 후	항목	이행 전후
금고 내 화폐	1	+12	13	당좌예금	15
(연방준비은행에 예치한) 지급준비금	3		3	국법은행권	1
	4		16	회원은행이 발행한 유통화폐량	16
국채	10	−10	0		
대출	20	−2	18	정기예금	21
기타	10		10	자본 등	7
합계	44	0	44	합계	44

(자산 쪽을 보면) 통화위원회는 회원은행으로부터 국채 100억 달러를 매입하고 20억 달러에 해당하는 대출채권을 재할인하는 방식으로 총 120억 달러의 현금을 회원은행에 제공한다. 그 결과, 회원은행이 보유하는 "현금"(자산의 첫 번째와 두 번째 항목의 합)이 40억 달러에서 160억 달러로 증가한다. 이 액수는 시중에, 즉 은행 외부에서 유통 중이며 회원은행이 발행한 유통화폐(당좌예금과 국법은행권) 규모와 일치한다. ([표 I]를 보면 연준은행권Federal Reserve note이 30억 달러 발행되어 있어서 유통화폐 총량은 190억 달러이다.)

[표 II]에서 자산과 부채의 처음 두 항목은 시중 유통화폐가 160억 달러이며, (100% 시스템으로 이행 후) 준비금이 160억 달러로 증가했음을 보여준다. 그리고 자산 및 부채의 처음 두 항목은 은행의 수표부서의 대차대조표가 되며, 그 아래의 두 항목은 대출부서의 대차대조표가 된다.

아래 표는 통화위원회의 대차대조표이다.

표 III | 통화위원회 결합대차대조표의 예시

(단위: 10억 달러)

자산		부채	
국채[1]	11	위원회통화[3]	13
대출[2]	2		
합계	13	합계	13

1) [표 I](자산)의 "−1"과 [표 II](자산)의 "−10"에 상응
2) [표 II](자산)의 "−2"에 상응
3) [표 I](자산)의 "+1"과 [표 II](자산)의 "+12"에 상응

가장 중요한 숫자

앞의 표들에서 *시중* 유통화폐 총량12)은 190억 달러이다. 이는 130억 달러의 위원회통화Commission Currency를 (연방준비은행에 10억 달러를, 회원은행에 120억 달러를) 공급한 것과 무관하게 100% 시스템으로 이행하기 전부터 이러했다. 190억 달러는 연준은행권 30억 달러([표 I]의 부채항목), 국법은행권 10억 달러([표 II]의 부채항목), 그리고 당좌예금 150억 달러([표 II]의 부채항목) 등 3개 항목으로 구성된다.

이번 장에서 가장 중요한 이 세 가지 숫자를 아래 표와 같이 나타낼 수 있다.

표 Ⅳ | 유통화폐 구성내역

(단위: 10억 달러)

	이행 전	이행 후
연준은행권	3	3
국법은행권	1	1
소계	4	4
수표책화폐	15	15
총계	19	19

앞의 가상 예에서 기록한 바와 같이, 국내 유통 중인 지갑화폐 총량은 (이행 "전"이나 이행 "후"나) 40억 달러이다. 그리고 (이행 전후 모두) 수표책화폐 규모는 150억 달러이다. 그러나 100% 시스템으로 이행 "후" 수표책 "화폐"는 이행 "전"과 매우 다른 지위를 갖는다. 부분적으로는 화폐이지만 사실상 지급 요구 시 화폐로 교환되는 약속에 불과하였던 수표책화폐

---

12) 회원은행이 연방준비은행에 예치한 예금은 은행 간 항목이므로 여기에 포함되지 않는다.

가 이제 온전한 화폐가 "되어" 화폐라는 단어에서 " "를 생략하는 편이 낫다.

이 예에서 130억 달러의 위원회통화가 공급되었지만 은행 외부에서 유통되고 있는 화폐 규모는 1달러도 증가하지 않았음을 분명히 알 수 있다. 통화위원회는 은행시스템이 항상, 특히 예금인출 요구가 쇄도하는 경우에도, 순조롭게 작동되도록 새롭고 필수적인 장치를 은행시스템에 장착한 것이다.

이 장치를 추가하기 이전에, 은행이 보유한 현금은 연방준비은행이 보유한 50억 달러([표 I]의 자산부문)와 회원은행이 보유한 10억 달러([표 II]의 자산부문)를 합한 60억 달러에 불과하였다. 60억 달러라는 불충분한 준비금이 통화위원회가 회원은행과 연방준비은행에 각각 120억 달러와 10억 달러의 위원회통화를 공급함으로써 이제 190억 달러로 100% 수준으로 증액된 것이다.

이행 전 60억 달러의 준비금이나 이행 후 190억 달러의 준비금도 유통화폐에 속하지 않고 단지 유통화폐의 *상환에 대비*한 용도 또는 화폐가 유통될 수 있게 하는 용도로 은행 내에 보관되어 있다. 이행 전에는 단지 60억 달러의 현금준비금(연방준비은행과 회원은행이 각각 50억 달러와 10억 달러 보관)만으로 은행 밖에서 유통되는 190억 달러를 뒷받침하였지만, 이행 후에는 유통화폐 190억 달러에 대해 190억 달러가 지급준비된다.

첫째 날 이후 예금 영업

이행 후 첫째 날에 대해서는 이 정도로 설명을 마치도록 한다.

첫째 날 이후 은행의 대출과 예금 업무는 분리되어 두 개의 개별 은행(또는 하나의 은행 내 개별 부서)이 각자의 업무만을 전담한다. 새로운 당좌은행 check bank 또는 수표부서가 생겨나는 거다. 대출부서는 자신이 소유하는 현금을 수표부서에 예금하고, 일반 예금고객처럼 수표 발행을 통해 이를 이체한다. 일반 예금고객에게는 모든 것이 이행 전과 정확히 동일하다. 수표를 발행하고 수취하고, 수취한 수표를 현금화하고, 수표나 현금을 예금부서에 예치하는 것 모두 전과 동일하다. 그렇지만 예금자나 은행은 더 이상 유통화폐 총량을 증가시키거나 감소시킬 수 없다. 이제 유통화폐는 전부 실제화폐로 구성되어 더 이상 가상적인 성격을 갖지 않는다.

스미스Smith가 발행한 그 어떤 수표도 오롯이 은행금고에 보관 중인 스미스의 예금에 근거하여 발행되지 다른 누군가의 금전에 조금이라도 근거하여 발행되지 않는다. 이와 마찬가지로 존스Jones가 스미스에게 수표를 발행한다는 것은 은행금고에 있는 존스의 예금 중 수표발행액 만큼을 스미스에게 이전하는 것과 같다. 스미스가 존스로부터 받은 수표를 예금하면, 은행은 수표발행액에 해당하는 현금의 소유권을 존스에서 스미스로 변경한다. 스미스가 당좌예금 일부를 현금화하는 행위는 그가 은행금고에 보관 중이던 자기소유의 현금을 자신의 호주머니나 서랍 안에 넣어두는 것에 해당한다. 마지막으로, 그가 현금을 예금하는 행위는 자신의 호주머니나 서랍에 보관 중이던 현금을 수표발행 목적으로 은행금고에 맡겨두는 것에 해당한다.

수표책화폐와 지갑화폐 간의 상호 교환은 단지 화폐를 보관하는 장소를 변경하는 것에 지나지 않으며 국내 화폐총량에 전혀 영향을 미치지 않는다. 예를 들기 위해 다시 [표 Ⅳ]로 돌아가 보자. 한꺼번에 100억 달러의 예금이 현금으로 -위원회통화로- 교환될 때, 유통화폐 중 지갑화폐 규모는 100억 달러(40억 → 140억) 만큼 증가한다. 그렇지만, 수표책화폐 규모도 동일하게 100억 달러(150억 → 50억) 만큼 감소한다. (은행 밖에서) 유통되는 화폐총량은 190억 달러(40+150 → 140+50) 그대로이다. 은행의 대출 영업이나 고객에 의해서 유통화폐 총량은 변하지 않는다. 오직 통화위원회만이 이를 변동시킬 수 있다. 예금의 현금으로의 교환 또는 고객의 예금인출로 인해 은행의 지급준비 상태는 약화되지 않는다. 지급준비금은 항상 예금의 100% 수준을 유지한다. 지급준비금과 당좌예금 규모가 완전 연동되는 것이다. 따라서 100억 달러의 당좌예금 인출은 당좌예금 규모를 실제화폐로 전액 준비되는 150억 달러에서 실제화폐로 전액 준비되는 50억 달러로 변동시킬 따름이다.

10% 시스템에서의 화폐 인출

지금까지 살펴본 100% 시스템의 세상은 지급준비금을 불충분하게 적립하는 10% 시스템과 확연히 다르다. 10% 시스템에서는 은행과 은행 고객의 행동에 따라 지급준비율이 달라지며 이에 따라 유통화폐 총량이 변한다는 중대한 결과를 초래한다. 왜냐하면 (부채에 해당하는) 예금의 변동은 (자산에 해당하는) 대출의 변동을 수반하기 때문이다.

이 마지막 문장을 이미 여러 번 강조했지만 상당히 중요하기 때문에 앞의 예시 표의 숫자를 이용하여 살펴보고자 한다. 원한다면 직접 이제부터 하는 분석의 각 단계마다 대차대조표를 작성해볼 수 있다.

먼저, 처음 두 표를 통해 10% 시스템에서 한꺼번에 100억 달러를 현금으로 인출하는 것이 불가능함을 쉽게 알 수 있다. 왜냐하면 은행들이 이만큼의 현금을 갖고 있지 않기 때문이다. 이제 10억 달러씩 현금 인출이 매일 발생한다고 가정하자. 그리고 이런 현금인출의 결과는 대차대조표의 차변과 대변에 동일하게 반영된다.

처음 10억 달러는 쉽게 인출될 수 있다. 회원은행들은 금고에 보관 중인 10억 달러의 현금을 고객에게 내어주고도([표 II]) 연방준비은행에 30억 달러의 준비금을 보유하고 있다. 연방준비은행은 50억 달러를 *자신의* 금고에 보관하고 있어서 손쉽게 회원은행 소유의 예금을 내줄 수 있다([표 I] 참고).

회원은행은 30억 달러의 현금을 보유하고 있지만 140억 달러([표 II] 부채의 150억에서 방금 인출된 10억을 차감한 값)의 당좌예금이란 부채를 안고 있다. 시중에 유통 중인 실제화폐(현금)의 총액은 이전보다 10억 달러 증가하여 이제 50억 달러가 되었다(이전에는 40억 달러, [표 IV] 참고).

그렇지만 유통화폐 총량은 그대로이다(190=140+50). 대출규모도 변할 필요가 없다.

이렇게 유통화폐 총량이 100% 시스템에서와 마찬가지로 10% 시스템에서도 변하지 않았지만, 약간의 옥에 티가 있다. 바로 지급준비율이 감소한 것이다.[13]

---

13) 지급준비율이 어떻게 변하는지를 숫자를 통해 알고 싶어 하는 독자들을 위하여 숫자를 이용한 상세한 설명을 여기에 덧붙인다.

100% 시스템에서는 앞서본 바와 같이 지급준비율은 100%이다. 예를 들어, 회원은행은 10억 달러 인출 전 150억 예금에 대해 150억의 지급준비금을 보유하고 인출 후 140억 예금에 대해 140억의 지급준비금을 보유하므로 회원은행의 지급준비율은 예금인출 전후 100%로 동일하다.

반면, 10% 시스템에서 지급준비율은 인출 이전에는 4 대 15(27%), 인출 이후에는 3 대 14(21%)이다.

두 시스템에서 이러한 차이를 가져오는 수학적 이유는 분명하다. 값이 같은 양변 (15와 15)에서 동일한 숫자를 차감하면 두 변의 비율은 변하지 않지만, 양변의 값 (4와 15)이 다른데 동일 숫자를 차감하면 두 변의 비율이 변하기 때문이다.

이제 10억 달러가 추가 인출되어도 시중 유통화폐량은 영향을 받지 않는다. 이는 그대로 190억 달러(이제 화폐 60억 달러와 예금 130억 달러)이다. 그러나 (이미 3 대 14로 하락한) 지급준비율은 이제 2 대 13(15%)로 하락한다.

세 번째 10억 달러 인출은 유통화폐 총량 변화 없이 지급준비율을 1 대 12로 하락시킨다. 그러나 1 대 12라는 비율(약 8%)은 법정 최소지급준비율인 10%에 미달한다. 그러나 이렇다 할지라도, 은행은 지급준비율을 10% 이상으로 회복시킬 수 있다. 왜냐하면 연방준비은행이 "공개시장조작"을 통해 회원은행이 보유하는 10억 달러의 채권을 매입할 수 있기 때문이다(이 경우 연방준비은행은 자신이 보유한 현금으로 채권을 매입하기 때문에 연방준비은행의 지급준비금이 축소된다). 회원은행의 지급준비금은 이제 다시 20억 달러가 된다. 물론 예금은 120억 달러 그대로이다. 지급준비율은 2 대 12(17%)가 된다. 유통화폐 총량은 190억 달러(화폐 70억, 예금 120억) 그대로이다.

회원은행의 지급준비금이 법정 하한선인 10%에 근접함에 따라 연방 준비은행은 회원은행의 자산을 매입하는 방법으로 회원은행의 지급준비율을 높여줄 수 있다. 이렇게 하면 연방준비은행 자신의 지급준비금이 소진된다. 연방준비은행의 자산매입을 통한 현금 공급은 자신의 지급준비율이 35%로 하락할 때까지 계속된다.

이제 회원은행이 추가적으로 현금을 확보할 수 있는 곳은 일반대중 the public 밖에 없다. 그러나 이 모든 곤경은 일반대중이 은행으로부터 현금을 인출하길 원해서 발생한 것이다! 이제 은행과 일반대중 간에 현금 쟁탈전이 시작된다.

은행들은 차입자에게 대출상환을 요구하거나, 만기가 도래하는 대출의 갱신을 거부하거나, 일반대중에게 금융자산을 매각하는 방식으로 현

회원은행은 이제 추가 확보한 현금으로 또 다른 10억 달러의 예금인출에 응할 수 있게 된다. 그러면 유통화폐 총량은 그대로인 채 시중 *현금*이 10억 달러만큼 증가한다. 그리고 예금인출로 회원은행의 지급준비금 규모는 다시 10억 달러로 감소하고, 예금규모도 110억 달러로 감소하고, 지급준비율은 1 대 11(9%)로 하락한다. 시중 유통화폐 총량은 190억(화폐 80억, 예금 110억)이다.

지급준비율(1 대 11)은 다시 법정 지급준비율을 충족시킬 수 없는 수준으로 낮아졌다. 이를 시정하기 위하여 다시 연방준비은행은 은행보유 채권 10억 달러를 공개시장조작을 통해 매입할 수 있다. 그러면 회원은행의 예금은 110억 달러로 그대로인 채 현금보유고는 20억 달러로 증가하고 지급준비율은 2 대 11(18%)로 상승한다. 그러나 연방준비은행이 자신이 보유한 현금을 매번 10억 달러씩 채권 매입에 소진하면 이제 자신의 지급준비율, 즉 연방준비은행의 예금부채 대비 현금보유액의 비율이 위태롭게 된다.

이제 연방준비은행이 더 이상 공개시장조작을 통해 회원은행에 현금을 공급하지 않기로 결정한다고 하자. 회원은행은 자신이 가지고 있는 10억 달러의 현금으로 예금인출에 응할 수 있을 것이다. 그러면 이제 회원은행의 현금보유액은 10억 달러가 된다. 예금은 100억 달러이므로 지급준비율은 1 대 10(10%)이 된다. 시중 유통화폐는 190억 달러(화폐 90억, 예금 100) 그대로이다. 그렇지만 이제 회원은행은 더 이상 예금인출에 응할 수 없는 상황에 놓인다. 은행이 여유 현금보유분을 모두 소진했기 때문이다. 만약 회원은행이 예금인출 요구에 응한다면 자신의 지급준비율이 10%에 미달하게 되고, 앞서 언급한 바와 같이 연방준비은행은 자신의 지급준비율을 유지하기 위하여 더 이상 이 회원은행을 도와줄 수 없다.

금을 확보할 수 있다. 은행들은 예금고객의 현금수요에 응하기 위하여 현금을 필요로 하는 것이다. 그러므로 은행이 고객에게 현금을 지급하더라도 *민간의 현금보유량은 1달러도 증가하지 않는다.* 왜냐하면 은행이 고객들에게 지급하는 현금은 이들로부터 나온 것이기 때문이다. 쉽게 얘기하면, 은행은 피터Peter에게서 현금을 뺏어 폴Paul에게 지급하는 거다. 그렇지만 은행이 예금을 현금으로 지급함에 따라 예금규모가 감소하고, 따라서 유통화폐 총량은 예금 감소분만큼 줄어든다.

은행이 일반대중에 속하는 고객에게 현금을 지급하기 위해 그들로부터 현금을 조달하기 시작한 시점부터 디플레이션이 발생한다. 만약 은행이 예금인출 요구에 응하기 위해 일반대중에 비현금자산을 매각하여 10억 달러를 확보한다면, 예금규모는 100억 달러에서 90억 달러로 10억 달러 만큼 감소하며 현금 규모는 90억 달러 그대로이다. 즉, 수표책화폐는 10억 달러 만큼 감소하고 지갑화폐는 그대로여서 유통화폐 총액은 190억 달러에서 180억 달러로 10억 달러만큼 축소된다. 결과적으로, 지급준비금은 10억 달러, 예금은 90억 달러, 지급준비율은 1 대 9(11%), 민간 유통화폐는 180억(현금 90억, 예금 90억)이 된다.

표를 통한 예시

이제 앞서 살펴본 10억 단위 현금인출이 유통화폐와 지급준비율에 영향을 주는 일련의 과정을 표를 통해 살펴보자. [표 Ⅴ]는 앞에서 중단했던 후속 단계를 포함한다.

이 표는 1929년 이후 미국에서 발생했던 것과 같은 디플레이션을 보여준다.

[표 Ⅵ]는 100% 시스템에서 예금인출에 따른 화폐량의 변화를 보여주는데, 여기서는 디플레이션을 찾아볼 수 없으며, 은행이 고객에게 현금

(단위: 10억 달러)

	현금 대 예금 (지급준비율)	유통화폐		
		현금	예금통화	합계
최초 10억 인출	3 대 14 (21%)	5	14	19
추가 10억 인출	2 대 13 (15%)	6	13	19
추가 10억 인출	1 대 12 (8%)	7	12	19
연준의 10억 지원	2 대 12 (17%)	7	12	19
추가 10억 인출	1 대 11 (9%)	8	11	19
연준의 10억 지원	2 대 11 (18%)	8	11	19
추가 10억 인출	1 대 10 (10%)	9	10	19
대출회수 & 추가 10억 인출	1 대 9 (11%)	9	9	18
대출회수 & 추가 10억 인출	1 대 8 (12%)	9	8	17
대출회수 & 추가 10억 인출	1 대 7 (14%)	9	7	16
대출회수 & 추가 10억 인출	1 대 6 (17%)	9	6	15

을 제공하기 위해 일반대중으로부터 현금을 조달하거나 연방준비은행에 도움을 구하는 모습도 발견할 수 없다.

두 개의 표를 제시하는 이유는 부분(10%) 지급준비제도에서 (처음에 지급준비율이 하락한 후) 일정 상황에 도달하면 화폐수축 현상이 발생하지만 100% 시스템에서는 이런 일이 발생하지 않는다는 몹시 중요한 사실을 한 치의 의혹 없이 보여주기 위해서다. 그 어떤 교란요인이 발생하더라도 유통화폐 규모는 190억 그대로이다. 예를 들어, 과잉생산, 과잉대출, 농산물 가격과 공산품 가격 간 불균형, 과잉확신, 은행경영악화, 은행도산이 발생하더라도 말이다. 그 어떤 일이 발생하더라도, 230억 달러의 예금화폐 중 80억 달러가 파괴되어 부의 창출과 교환이 방해받고 오랜 기간 실업과 파산이 지속되었던 최근의 비극은 더 이상 발생하지 않는다. 한마디로, 10% 지급준비제도는 우리 화폐제도의 느슨한 나사에 해당한다.

표 VI | 100% 시스템에서 예금인출의 영향

(단위: 10억 달러)

	현금 대 예금 (지급준비율)	유통화폐		
		현금	예금통화	합계
최초 10억 인출	14 대 14 (100%)	5	14	19
추가 10억 인출	13 대 13 (100%)	6	13	19
추가 10억 인출	12 대 12 (100%)	7	12	19
추가 10억 인출	11 대 11 (100%)	8	11	19
추가 10억 인출	10 대 10 (100%)	9	10	19
추가 10억 인출	9 대 9 (100%)	10	9	19
추가 10억 인출	8 대 8 (100%)	11	8	19
추가 10억 인출	7 대 7 (100%)	12	7	19
추가 10억 인출	6 대 6 (100%)	13	6	19
추가 10억 인출	5 대 5 (100%)	14	5	19
추가 10억 인출	4 대 4 (100%)	15	4	19
추가 10억 인출	3 대 3 (100%)	16	3	19
추가 10억 인출	2 대 2 (100%)	17	2	19
추가 10억 인출	1 대 1 (100%)	18	1	19
추가 10억 인출	0 대 0 (100%)	19	0	19

현금 쟁탈전

10% 시스템에서는 디플레이션(즉 화폐수축 현상)이 한 번 시작되면 쉽게 멈추지 않는 경향이 있다. 시중 유통화폐는 예금규모 축소로 인해 190억에서 180억으로, 180억에서 170억으로, 170억에서 160억으로 계속해서 쪼그라든다. 그리고 은행과 일반대중 간 현금 쟁탈전으로 유통화폐 축소는 가속화된다.

이 쟁탈전에서 은행은 단지 고객 예금인출 요구를 충족할 정도의 속도로 현금을 확보하는 데 만족하지 않는다. 대부분 경우 이들은 현재의 난국을 돌파하기 위해, "더 많은 유동성"을 쌓아두기 위해, 더 빠른 속도로 현금을 확보하려든다. 이들은 고객보호 차원에서 현금을 확보한다고 자연스럽게 말할 거다. 이는 부분적으로 맞는 말이다. 그렇지만, 은행이 현금을 확보하는 주된 동기는 자기 생존이다. *유통화폐를 희생시켜가면서* 자신의 현금준비금을 증가시키는 것이 본질이다. 말하자면, 이 시기에 은행은 일반대중에게 적과 같은 존재다.

은행은 단순히 "피터에게서 현금을 뺏어 폴에게 지급"하는 게 아니다. 은행은 피터에게서 10달러를 뺏어 평균적으로 폴에게 1달러만 지급한다. 즉, 사람들이 현금을 1달러 얻을 때마다 10달러의 예금이 사라지는데, 이는 Ⅲ장에서 설명한 바와 같이 1달러당 10배의 대출이 이루어졌기 때문이다.

은행도 어쩔 도리가 없긴 하다. 불황기에 사람들이 개별 은행을 비난하는 행위는 꽤나 잘못된 일이다. 잘못된 것은 은행*제도* −10% 시스템−이다. 10% 시스템에서 *은행은 화폐가 창조되어야 할 불경기에 이를 파괴하고 화폐가 파괴되어야 할 호경기에 이를 창조하는 구조를 가지기 때문이다.*

Ⅱ장에서 1929년~1933년 사이에 시중 현금규모가 약 10억 달러 증가하고 예금화폐 규모가 80억 달러 감소한 사실을 언급했다. 그러나 화폐량 축소라는 형태의 디플레이션만 있는 게 아니다. 유통화폐 규모 축소와 더불어, 현금 쟁탈전은 화폐유통속도를 낮춘다. 이는 또 다른 형태의 디플레이션이다. 우리가 화폐퇴장hoarding이라 부르는 현상이 나타나면 유통속도는 영에 가깝게 느려진다. 화폐퇴장은 하나의 독립된 형태의 디플레이션이 아니라 주로 현금 쟁탈전에 의해 *유발*된다. 현금 쟁탈전이 발생하지 않는다면, 화폐를 쓰지 않고 잠겨둘 유인은 매우 작다.

Ⅶ장에서 이러한 2중 −화폐 규모 및 유통속도(화폐퇴장 포함)에서 비롯되는− 디플레이션의 심각한 결과를 다룬다.

10% 시스템에서의 화폐 예금

우리는 지금까지 10% 시스템과 100% 시스템에서 당좌예금 *인출* 효과가 얼마나 확연히 다른지를 살펴보았다. 하나의 시스템은 디플레이션을 수반하고 다른 시스템은 그렇지 않았다.

당좌계좌에 화폐를 *예치*하여 나타나는 효과도 두 시스템에서 크게 다르다. 하나의 시스템은 인플레이션을 수반하고, 다른 시스템은 그렇지 않다.

100% 시스템에서 현금을 당좌계좌에 예치하는 건 순전히 보관상 편리성과 안전성 때문이다. 말하자면, 예금은 단지 호주머니에서 현금을 꺼내 당좌계좌에 넣어두는 행위에 지나지 않는다. 이에 따라 유통화폐량은 변하지 않는다.

그렇지만 10% 시스템에서 현금 예치는 다이너마이트와 같다. 현금 예치의 파급효과는 주로 대출시장 상황에 달려있다. 어떠한 이유로 은행이 대출을 할 수 없거나 대출을 꺼려서 예치받은 현금을 당분간 금고에 넣어둔다면, 유통화폐 규모가 증가하는 대신 은행 지급준비율이 상승한다.

그렇지만 이 은행이 상당 규모의 초과지급준비금을 보유하고 있다면 유휴자금을 대출하여 이윤을 얻고자하는 유혹에 빠질 가능성이 크다. 이렇게 되면 대출 (또는 자산투자) 규모가 확대되고, 이와 함께 당좌예금 규모도 증가할 것이다. 이는 곧 인플레이션을 의미하며, 유통화폐 규모 확대로 발생하는 인플레이션과 더불어 화폐유통속도 상승이 또 다른 인플레이션을 유발한다. 이러한 2중 −화폐 규모 및 유통속도에서 비롯되는− 인플레이션의 심각한 결과도 Ⅶ장에서 다룰 것이다.

전반적인 상황은 현금인출과 정반대다. 그리고 인플레이션 상황이 어떻게 발생하고 전개되는지를 구체적인 숫자와 표를 통해 살펴볼 가치가 있다.

10% 시스템은 한번은 이쪽으로 다음번은 저쪽으로 왔다 갔다 하는

일종의 "경기순환"을 유발하는 구조적 특성을 갖는다. 경기순환은 초과 지급준비금이 늘어나고 줄어드는 특성에서 비롯된다. 어떤 친구는 이를 다음과 같이 표현하였다. "10% 시스템은 호황을 더욱 호황으로 만들고 불황을 더욱 불황으로 만든다." 이 오락가락하는 변동에서 벗어나는 확실한 방법은 늘고 줄고 하는 여지를 제거하는 것, 요컨대 지급준비율을 10%에서 100%로 올려 은행이 모든 예치자금을 보유하게 하는 것이다.

남북전쟁과 그린백

1861년 4월 남북전쟁이 발발하자 미재무부는 전시자금을 마련하고자 대량의 국채를 발행하여 주요 도시은행들에 반강제적으로 매각하였는데, 이에 따라 은행들의 정화 보유고가 고갈되고 국채 가격이 하락하였다. 은행들은 은행권에 대한 신뢰도가 저하되어 대규모 태환사태가 발생할 것을 우려하였고, 급기야 12월 30일 뉴욕 소재 은행들이 금 태환을 중단하였다. 이 소식이 알려지자 다른 도시의 은행들도 금 태환을 중단하기에 이르러 금융시스템이 극도로 불안해졌다. 혼란을 잠재우고 전시재정을 마련하고자 체이스Salmon Chase 재무부장관 주도로 1862년 2월 25일 「법정화폐법Legal Tender Act」이 제정되었는데, 이 법에 따라 재무부는 1억 5천만 달러 한도로 법정화폐를 발행할수 있게 되었다. 이 법정화폐의 정식 명칭은 미연방지폐U.S. note였는데, 지폐 뒷면이 위조방지를 위해 초록색으로 인쇄되어 '그린백greenback'이란 별명으로 불리게 되었다.

그린백은 전시화폐로 발행되었지만 1879년 1월 금 태환이 재개되기까지 그린백이 본위화폐 역할을 하여 1862~1879년의 기간을 그린백 시대greenback period라고도 한다. 흥미로운 점은 당시 그린백과 금화는 완전 대체재가 아니었다는 점이다. 외국과의 교역에서는 여전히 금화가 결제통화 역할을 하였고, 관세는 그린백이 아니라 금화로 납부되어야 했다. 일부 서부 지역에서는 금화가 계속 유통되었고 은행들도 금과 그린백을 구별하여 예금계좌를 개설해주었다고 한다. 더구나 금이 갖는 안전자산 특성 때문에 금에 대한 투기적 및 예비적 수요가 존재했다. 당시 사람들은 남북전쟁이 끝나면 정부가 정화본위제로 회귀할 것을 굳게 믿고 있어서 '금과 등가교환이 될 것으로 예상되는 그린백'과 '금'을 동일시하지 않아 그린백은 도입 후 곧 가치 절하되었다. 이런 연유로 금과 그린백을 교환하는 거래소가 곳곳에 생겨났는데, 1862년 1월 13일에는 뉴욕증권거래소New York Stock Exchange에도 정식 시장이 개설되었다. 그리고 이런 거래소들은 1879년 1월 금 태환이 재개될 때까지 운영되었다고 한다.

남북전쟁 당시 그린백의 금 가격(금과의 교환비율)

자료: Willard et al.(1995)

그린백과 금의 교환비율은 당연히 그린백과 금의 상대적 수요와 공급에 따라 결정되었겠지만, 남북전쟁 중에는 전황에도 영향을 받았다고 한다. 전쟁이 장기화되거나 전후 복구비용이 증가할 것으로 예상되는 사건이 발생하면 사람들이 그린백의 금 태환 가능성이 낮아질 거라 예상하여 그린백 가치가 하락하곤 하였다. 1863년 7월 게티스버그 전투Battle of Gettysburg에서 북부군 Union이 승리하자 그린백 가치가 상승하였고, 북부군의 승리가 명확해졌던 전쟁 막바지에도 그린백 가치가 상승하였다.

금 태환 재개를 얼마 남기지 않은 1878년 5월 그린백의 추가적인 퇴장이 금지되고 그린백 유통량을 3.47억 달러로 고정하는 조치가 내려졌는데, 이 조치는 「블랜드-앨리슨 법Bland-Allision Act」과 함께 국법은행권의 확장을 막는 의도를 담고 있었다고 한다.

자료: Calomiris(1992), Champ(2007), Friedman & Schwartz(1963), Willard et al.(1995), Kindahl(1961)

제 Ⅴ 장

대출에 대해 100% 시스템이 작동하는 방법

우리는 지금까지 100% 시스템에서의 예금에 대해, 그리고 이것이 10% 시스템에서와 어떻게 다른지를 살펴보았다. 지금까지는 100% 시스템에서의 대출에 대해서는 크게 다루지 않았다.

대출 제공과 상환의 세부 과정은 지금과 상당히 유사할 것이다. 차입자는 대출을 받기 위해 약속어음을 은행의 대출부서에 제출하고 수표부서로부터 대출통장과 수표책을 받는다. 대출금을 상환할 때는 대출부서에 차입금액을 기입한 수표를 건네주고 약속어음을 돌려받은 후 어음을 취소한다. 대출부서가 차입자로부터 받은 수표를 자기 계좌에 예치하면 해당 금액이 차입자 계좌에서 대출부서 계좌로 명의 변경되는 형식으로 이체된다.

여기서 중요한 질문 하나가 있다. 100% 시스템 이행 후에 은행은 대출자금을 어떻게 조달하는가, 즉 대출부서는 대출자금을 어디서 마련하는가? 이미 지적한 바와 같이, 대출자금 원천은 (1) 대출은행Loan Bank의 자본금, (2) 저축예금, (3) 차입자의 대출상환금 등이다. 그렇지만 이 세 가지 경로를 통해 신축적으로 충분한 대출자금을 조달할 수 있을까? 한마디로, 은행이 더 이상 대출에 쓸 화폐를 만들어낼 수 없다면 대출자금

공급은 필연적으로 감소하거나 여하튼 기업대출 수요를 충족시키기엔 부족하지 않을까?

이에 대한 답은 "아니요"이다. 이미 제시한 바와 같이 국내 대출규모는 (1) 필연적으로 축소되지 않으며, (2) 적당한 수준으로 확대될 수 있다. 그리고 대출 확대는 수표책화폐 규모의 확대와는 관계없이 가능하다. 이제 이것이 어떻게 가능한지 살펴보자.

100% 시스템은 은행대출 규모를 축소시키지 않는다

위 두 가지 요점 중 첫 번째에 대해 말하자면, 대출규모를 현 수준으로 유지하기 위해 화폐를 제조할 필요가 없다. 매일매일 새로이 대출되는 자금 규모는 (10% 시스템에서 화창한 날씨에서처럼) 기존 대출의 상환 규모와 동일하다.

새로운 시스템이 도입될 당시 대출규모는 10% 시스템 마지막 날 영업종료 시점의 대출규모와 같음을 기억해 두자.

숫자를 이용한 예를 들기 위해 100% 시스템 이행 다음날 유통화폐 총량이 190억 달러(이 중 150억 달러는 당좌예금)이며 은행대출 규모는 200억 달러라고 가정하자. 이제 어떻게 대출규모가 200억 달러에서 변함없이 유지되는지를 살펴보자.

기존대출이 상환되고 상환자금이 신규 대출되는 자금흐름은 동일한 은행 내에서는 매우 간단하다. 그렇지만 여기서는 100% 시스템에서 대출이 이루어지는 전반적 과정을 보여주기 위해 가장 직접적이지 않은 자금흐름을 예로 들기로 한다.

약속어음 200억 중 20억을 통화위원회가 (재할인을 통해) 매입하여 보유 중이라 가정하자. 이제 이 20억의 대출이 어떻게 대출액의 변동 없이 유지되는 지를 살펴보자.

스미스Smith는 코네티컷 주(州) 뉴헤이븐 시 소재 은행의 대출부서에 1만 달러의 대출을 신청한다. 뉴헤이븐 은행은 스미스의 대출신청을 승인한다. 그런데 뉴헤이븐 은행은 이미 자본금을 모두 대출해준 상태라 관할 지역연준인 보스턴 연방준비은행에서 대출자금을 조달해야 한다. 그래서 뉴헤이븐 은행은 보스턴 연준에 스미스의 약속어음을 재할인해달라고 요청한다. 보스턴 연준은 다시 통화위원회에 자신이 받은 스미스의 약속어음을 재할인해달라고 요청한다. 통화위원회는 수중에 있는 자금을 보스턴 연준에 보내고, 보스턴 연준은 이를 다시 뉴헤이븐 은행에 보낸다. 그럼 뉴헤이븐 은행은 이 대출자금을 자신의 수표부서에 예치하고 스미스 앞으로 대출액수가 적힌 수표를 발행하는 방식으로 대출을 실시한다.

그럼 통화위원회는 이 자금을 어디서 마련한 것일까? 통화위원회는 화폐를 새로 찍어 대출자금을 마련하기 보다는 100% 시스템 도입 당시 자신이 인수했던 대출채권이 상환되어 대출가능 자금을 이미 갖고 있다고 하자.

통화위원회가 상환 받은 대출 중에는 캘리포니아 주(州) 오클랜드에 사는 존스Jones로부터 상환받은 1만 달러도 포함되어 있다. 즉, 존스는 대출 만기가 도래하자 오클랜드 은행에 대출을 상환하였고, 오클랜드 은행은 (자신에게 재할인해줬던) 샌프란시스코 연방준비은행에, 샌프란시스코 연준은 (자신에게 재할인해줬던) 통화위원회에 이를 상환하였다(통화위원회는 100% 시스템 도입 당시 이 대출을 인수하였던 것이다).

이와 같이 오클랜드에 사는 존스가 대출을 상환함으로써 여기서 가정하고 있는 긴 경로를 통해 뉴헤이븐의 스미스가 차입할 수 있는 자금이 마련된 것이다. 이 자금은 존스에서 출발하여 오클랜드 은행 → 샌프란시스코 연준 → 통화위원회 → 보스턴 연준 → 뉴헤이븐 은행을 거쳐 스미스에게 전달된다.

통화위원회는 기존 대출의 상환자금을 신규 대출자금으로 활용함으로써 자신의 대출 제공액을 20억으로 유지할 수 있다.

통화위원회가 아니라 연방준비은행과 회원은행이 제공한 나머지 180억의 대출도 동일한 방식을 통해, 즉 대출상환 자금을 신규 대출에 활용하는 방식을 통해, 현재 규모로 유지될 수 있다.

이와 같이 대출상환자금을 신규 대출자금으로 활용할 수 있기 때문에 기존 대출규모(200억)를 유지하기 위한 충분한 자금을 확보하는 데는 아무런 어려움이 없다.

물론 기존 대출규모를 유지하기 위해, 1만 달러를 대출받고자 하는 스미스에게 존스로부터 상환받은 1만 달러를 대출해준 것처럼 건건이 상환액과 신규대출액이 같아야 할 필요는 없다. 대출상환 총액과 신규대출 총액이 같기만 하면 된다.

우리의 현행(10%) 시스템에서도 신규대출의 대부분은 대출만기 연장 또는 기존대출 상환자금으로 이루어진다.

현행(10%) 시스템에서 대출상환 규모와 신규대출 규모가 적절히 같아지기를 운에 맡기고 은행들이 둘 간의 균형관계를 망가트리도록 내버려 둘 수 있다. 은행들은 동시다발적으로 대출활동을 거의 멈출 수도 있는데, 이러한 상황은 기업들이 대출자금을 필요치 않아서가 아니라 앞 장에서 본 바와 같이 은행들이 불충분한 지급준비금을 강화하기 위해 대출을 중단하는 경우에 해당한다.

100% 시스템에서는 이렇게 대출시장이 방해받거나 현금 쟁탈전이 발생하지 않는다. 이러한 이유만 보더라도 100% 시스템이 대출수요에 맞게 자금을 공급하는데 (그리고 은행에게 보다 큰 수익을 가져다주는데) 10% 시스템보다 더 우수하다. *100% 시스템이 아니라 10% 시스템에서 자주 대출가능자금 붕괴현상collapse of loanable funds이 발생한다.*

지름길

지금까지 우리는 통화위원회가 대출 상환자금을 신규 차입자에게 대출해주는 방법에 대해 살펴보았다. 그러나 현실에서 통화위원회가 이 같은 방식으로 대출중개 역할을 할 필요는 거의 없다. 이미 기술했듯이, 단지 가장 직접적이지 않은 자금흐름을 보여주려는 목적으로 은행의 대출 가능자금 조달 및 대출과정을 설명하는데 통화위원회를 포함시킨 거였다. 그렇지만 현실에서는 통화위원회가 대출에 있어서 실제로 이런 중요한 활약을 보여주지는 않을 거다. 그리고 앞의 예처럼 대출이 이루어진다 하더라도 통화위원회의 역할은 머지않아 거의 사라질 것이다. 은행들은 신규 대출을 제공하기 위해 통화위원회로부터 재할인 받지 않으려 하는 경향을 보일 것이기 때문이다. 이러한 경향은 존스에서 스미스로 이어지는 대출과정에 개입되는 단계를 단축하려는 의도에서 생긴다. 대출자금이 다섯 개 은행을 거쳐 발생하는 비용을 절약하기 위하여 은행들은 자금 조달 및 대출 경로를 단축하는 방법을 찾게 될 거란 말이다.

첫째, 통화위원회를 중개기관으로 거치지 않으려는 경향이 생겨날 거다. 샌프란시스코 연준과 보스턴 연준이 상호 협력하기로 마음만 먹으면 전화나 다른 수단을 통해 둘 중 누가 대출가능자금을 더 많이 보유하고 있는지 또는 상대방에게 대출수요가 있는지를 쉽게 파악할 수 있다. 이러한 직거래가 대부분 거래에서 가능하여 대출중개자로서 통화위원회가 필요한 경우는 그리 많지 않게 된다.

추가적인 경로 단축도 가능하다. 회원은행들이 특히 하나의 연방준비 지역Federal Reserve District에 있는 은행들끼리 서로 협력관계를 만들어 가능한 한 경로를 단축시켜 연방준비은행의 중개로 발생하는 비용을 제거할 수 있다.

예를 들어보자. 통화위원회는 대출상환자금을 뉴헤이븐의 스미스의 어음을 재할인하는 데 사용하지 않고 보스턴 연준이 보유 중인 채권을 매입하는 데 사용할 수 있다. 채권 매도로 확보한 자금을 보스턴 연준은 스미스의 어음을 재할인하는 데 사용할 수 있다. 그러면 스미스의 어음은 워싱턴이 아니라 보스턴까지만 이동하면 된다.

만약 보스턴 연준이 동일한 방식으로 뉴헤이븐 은행 소유 채권을 매입하면 뉴헤이븐 은행이 직접 스미스에게 대출할 수 있게 되고, 어음 재할인 횟수를 1회 절약할 수 있다. 은행들이 더 많은 직거래 경로를 알아가게 됨에 따라 이러한 경로단축은 점진적으로 일어날 것이다. 통화위원회는 점차 "공개시장"조작거래에서 약속어음 대신 국채나 다른 증권을 매입하는 방향으로 나아갈 거고, 재할인 같은 은행업무는 가능한 한 연방준비은행이나 회원은행이 맡게 될 것이다.

차입자들은 여러 방법을 통해 현재처럼 최소 대출중개비용을 지불하고 대출기관을 찾을 수 있다. 마침내, 차입과 대출의 대부분은 한 은행의 고객그룹 내에서 이뤄지게 될 공산이 크며, 그럼 은행은 자신의 고객들에 대한 유일한 대출 중개기관이 된다. 여윳돈이 있는 사람은 저축예금 또는 정기예금 계좌에 이를 "예치"(우리가 알고 있는 바와 같이 *당좌수표 발행 특권을 부여받지 않고* 은행에 대출을 해주는 것과 같다)하고 은행은 이를 차입자에게 대출해준다.

결국, 통화위원회는 약속어음을 재할인할 기회를 별로 갖지 않게 된다. 통화위원회에 재할인 업무를 허용한다면, 이는 은행들이 대출수요에 충분한 규모로 또는 충분히 재빠르게 응하지 못할 경우를 대비한 안전판으로 주로 활용될 것이다.

대출시장의 수요와 공급의 적절성을 살피는 일은 통화위원회의 업무가 될 것이며, 시장 안정성을 확보하기 위해 (채권 등) 자산을 매각 또는 매입해야 할 경우도 발생할 수 있다.

100% 시스템 도입 초기에는 일시적으로 상당한 규모의 대출이 은행

들에서 통화위원회로 이동할 수도 있겠지만, 시간이 지남에 따라 이러한 이동은 사라질 것이다. 현실에서는, 도입 초기에도 어떤 대출이 비자발적으로 이동하는 일은 없을 것이다. 갑작스런 대출 확대 또는 축소가 사라지는 것 말고는 대출업무는 지금과 거의 유사할 거다.

사실은 통화위원회에 어떠한 재할인 업무도 맡길 필요가 없다. 더 나아가 연방준비은행도 재할인 업무를 맡지 않아도 된다고 말할 수 있다. 은행이 어음을 재할인해줄 은행을 스스로 찾아나서는 옛날 방식으로 회귀할 수도 있겠다. 나는 통화위원회에 어떠한 재할인 권한도 부여하지 않는 방식을 선호한다. 정부채권 매입과 매각만으로도 동일한 목적을 상당히 달성할 수 있다는 게 나의 생각이다.

100% 시스템에서 당좌예금 확대와 무관하게 은행대출규모 확대하기

지금까지 100% 시스템 도입으로 대출규모가 축소되지 않는다는 첫 번째 요점에 대해 충분히 설명하였다. 이제 대출규모 확대가 가능하다는 두 번째 요점을 살펴볼 차례다. 지금까지 우리는 대출을 마치 화폐적 문제처럼 다루었다. 그러나 대출은 보통 저축을 자금원천으로 하기 때문에 대출성장은 저축성장에 의존해야지 지금처럼 지나친 통화팽창으로 촉진되거나 통화수축으로 저해되어선 안된다.

기업의 매출이 생산보다 클 수 있듯이 당연히 대출규모는 화폐규모보다 클 수 있다. 기업이 제품을 누구에게 팔지 협상할 수 있듯이 은행도 화폐를 누구에게 대출할 지를 여러 고객과 협상할 수 있다. 심지어 대출금은 이 대출자금이 원래 저축되었던 은행으로 다시 저축되어 재대출될 수도 있다. 대출이 은행이 만들어낸 화폐가 아니라 진짜 화폐로 이루어지는 한 100% 시스템의 원리를 위반하지 않는다.

10% 시스템과 100% 시스템 모두에서 대출자금의 주요 원천은 새로

발행된 화폐가 아니라 저축이다. 그리고 100% 시스템에서 저축의 성장은 호황이나 불황에 영향을 받지 않기 때문에 대출자금 원천에서 저축이 차지하는 비중은 더욱 커질 거라 예상된다.

두 가지 종류의 예금이 있다. 첫째는 수표발행 특권이 없는 저축예금(과 정기예금)이고, 둘째는 수표발행 특권이 있는 요구불예금이다. 저축예금은 이자수익 목적으로 저축계좌에 예치된다. 이렇게 예치된 화폐는 이자수익 목적으로 은행에 대출된 것이고, 은행은 저축예금고객에게 지급할 이자를 벌기 위해서 저축된 자금을 모기지 등에 재대출한다. 화폐는 은행 금고에 그대로 보관되는 것이 아니라 계속해서 순환한다. 저축예금자는 일종의 투자자이며, 그가 가입한 저축예금은 그가 은행으로부터 구입한 투자상품이다. 이제 은행은 예치받은 돈으로 존스의 모기지를 구입하고, 존스는 이 돈을 집을 짓는 데 사용한다. 이렇게 화폐는 계속 순환한다.

은행의 저축"예금"은 은행의 "대출 및 투자"와 상당히 많은 점에서 유사하다. 대출은 저축을 자금원천으로 하는데, 저축규모가 확대됨에 따라 유통화폐규모에 영향을 주지 않으면서 대출 규모도 확대될 수 있다.

이런 예금-대출 프로세스가 두 번째 종류의 예금 −요구불예금 또는 당좌예금− 에 의해 방해받는 지 여부를 제외하면 100% 시스템에서나 10% 시스템에서나 이 프로세스는 동일하다. 이것이 사실상 100% 시스템 도입으로 근본적으로 바뀌는 사항에 해당한다. 현재의 "10% 시스템"에서 은행은 예금자가 마치 돈을 예금하지 않은 것처럼 계속 사용할 수 있도록 수표발행특권을 예금자에게 부여한다. 이 와중에 은행은 고객예금을− 단기 채권에 위태롭게 투자하는 등의 방식으로− 운용한다. 즉, 현재 시스템에서 요구불예금이나 정기예금 둘 중 *하나가* 증가하면 대출도 증가한다. 그렇지만 요구불예금 증가는 *수표책화폐도* 함께 증가한다는 패널티를 수반한다.

100% 시스템에서 시중자금이 정기예금으로 저축되면 지금과 마찬가

지로 대출로 이어진다. 그러나 *요구불예금*은 이와 다르게 작용한다. 즉, 당좌계좌에 예치된 자금은 그대로 계좌에 머물고 대출되지 않는다. 유통화폐는 당좌예금 증가에 따라 확대되지 않고 단지 재배분될 뿐이다. 저축 증가로 대출은 확대되지만 유통화폐는 대출이나 저축이 증가해도 확대되지 않는다. 새로운 대출자금은 저축에서 나오지, 더 이상 난데없이 생겨나지 않는다. 다시 말해, 더 이상 당좌예금을 중복 사용double use할 수 없다.

요컨대, 100% 시스템에서 은행은 단지 일반인처럼 자신의 저축금이나 다른 사람들의 저축금만을 대출할 수 있을 뿐이다. 이는 은행이 예금자의 돈을 대출해주고 이 예금자가 화폐로 사용할 수 있는 돈을 계속 가지고 있다고 생각하게 만드는 "묘안"을 누군가가 생각해내어 은행대출업이 왜곡되기 이전에 은행이 수행한 초기 대출방식 그대로이다.

그러므로 100% 시스템에서 대출부서의 주요 역할은 저축자와 차입자 사이의 중개인 역할이다. 금리는 저축자의 자금공급과 차입자의 자금수요에 따라 결정될 것이다. 이는 기업경기가 대출수급에 따라 조정되어 생산량 및 기업 수의 증가속도가 여러 차례 지금보다 빨라지거나 느려진다는 걸 의미한다. 100% 시스템이 도입되면 불황의 횟수가 줄어들고 심각한 불황이 발생하지 않게 되어 장기 증가속도는 지금보다 빨라지고 꾸준해질 것이다.

오랜 기간 동안 이와 같은 방식에 따라 정기 및 저축 예금이 100억 달러 만큼 증가하였고 이 와중에 총 당좌예금과 국법은행권의 규모는 160억 달러 그대로라고 가정해보자.

회원은행 입장에서의 결과는 [표 Ⅶ]와 같다.

[표 Ⅶ]에서 볼 수 있듯이 대출 증가로 두 개 항목이 (100억 달러만큼) 증가하였다(물론 실제에서는 모든 항목이 여러 가지 이유로 계속해서 변동한다).

100억 달러의 신규 대출과 관련해서, 회원은행의 대출과 (대출이 증가한

(단위: 10억 달러)

자산	전	변동	후
현금(시재금 또는 연방준비은행에 예치한 준비금)	16		16
국채	0		0
대출	18	+10	28
기타	10		10
합계	44		54
부채	전	변동	후
당좌예금 및 국법은행권	16		16
정기예금	21	+10	31
기타	7		7
합계	44		54

은행의) 정기예금 모두 100억 달러 만큼 증가하였지만 유통화폐 규모는 그
대로이다. (회원은행과 관련된) 유통화폐는 160억 달러 그대로다.

한편, 대출 규모는 저축예금의 해지 및 출금 등으로 감소할 수 있다.
이 경우에도 당좌예금 또는 유통화폐 규모는 조금도 영향받지 않는다.

결론

지금까지 논의의 주요 결론은 유통화폐를 조금도 증가시키지 않으면
서 (1) 100% 시스템에서 기존대출을 신규대출로 대체하는 방식으로 은
행대출 규모는 줄지 않고 유지될 수 있으며, (2) 100% 시스템 도입으로
달라지는 유일한 점은 은행 대출(과 투자자산)이 *당좌*예금이 아닌 *정기*예금
에 상응하여 변한다는 것이다. 이는 회계담당자의 관점에서 상당히 경미

한 변화에 불과하다. 그렇지만 이는 두 시스템을 구분 짓는 매우 본질적이며 핵심적인 차이점이다. 왜냐하면 수표발행과 무관한 정기예금은 우리가 상거래에서 이용하는 교환의 매개체, 즉 화폐의 일부가 아니기 때문이다.

이 책은 주로 은행의 수표책화폐 창출에 대해 불평하는 형태로 쓰여졌는데, 이번 장에서 나는 은행이 예금화폐를 창출하지 않는다면 이런 불평은 제기되지 않을 거라는 걸 보여주는 데 주력하였다. 사실, 은행은 화폐총량의 두 배 또는 세 배되는 화폐를 매년 창출하고 (그리고 파괴하지만), 불황과 호황을 제외하면 은행이 창출하는 화폐량과 파괴하는 화폐량은 거의 비슷하다. 모든 것을 감안할 때 은행의 화폐 창출 및 파괴의 순효과net effect는 크지 않다.

게다가 인플레이션 시기에 발생하는 비정상적인 신용창출은 디플레이션 시기의 비정상적인 신용축소에 의해 거의 상쇄되어 장기 신용 순증가분은 그리 크지 않다.

현재 수표책화폐의 총량은 몇 년 전에 비해 상당히 증가하였는데, 이는 신용창출로 순화폐량이 매년 조금씩 증가하였기 때문이다. 나는 경제성장에 상응하는 화폐공급 확대의 중요성을 부정하지 않는다. 단, 통화위원회가 적법한 권한을 부여받아 달러가치를 참고하여 화폐량을 조절한다면 말이다. 여기서 핵심은 100% 시스템이 물가수준 통제 기능을 갖추지 않더라도 물가에 변덕스런 영향을 미치는 현재의 10% 시스템보다 우수하다는 것이다. 만약 통화 규모가 한 번 정해진 후 고정된다면, 통화위원회 같은 건 필요 없게 된다.

그렇지만, 우리는 현 시스템의 결점을 제거하는 것 이상을 원한다. 우리는 화폐공급량을 고정시켜서는 얻을 수 없는 물가 안정성이라는 추가 혜택을 원한다. 사실, 경제규모가 확대되는 상황에서 화폐공급량이 고정되어 있으면 (화폐유통속도가 변하지 않는다면) 물가수준은 점차 하락한다. 그러므로 통화위원회에 수표책화폐를 포함한 통화를 관리할 권한을 부여해야 한다는 게 나의 견해이다.

다음 장에서 이 주제를 다룬다.

은 지지운동silver agitation과 은 예탁증서

　미국은 건국 초기 복본위제도를 채택하였지만 은화 주조가 수지타산에 맞지 않게 되자 1834년 이후 사실상 금본위제도가 정착되었다. 그리고 1873년 2월 12일 제정된 「화폐주조법Coinage Act of 1873」은 본위은화standard silver dollar의 주조를 금지하여 공식적으로 은화를 폐화시켰다. 그렇지만 이 법이 제정되고 얼마 지나지 않아 네바다 주(州)에서 캄스톡 은맥Comstock Lode of Nevada이 발견되면서 은 산출량이 증가하고 은 가격은 하락하였다. 이런 상황에서 당연히 은 채굴업자들을 비롯한 은 지지론자들은 은화 주조 재개 필요성을 강력히 주장하였는데, 이것이 '은 지지운동silver agitation'의 서막이다.

　은 지지론자들의 정치적 세력화로 1878년 2월 「블랜드-앨리슨 법Bland-Allision Act of 1878」이 제정되었는데, 이 법에 따라 ⅰ) 재무부는 매달 2백만~4백만 달러 상당의 은을 시장가격으로 구입하여 은 달러를 발행하게 되었고, ⅱ) 은화(은 달러) 소지자는 재무부에 은화를 예치하고 은 예탁증서를 발급받을 수 있게 되었다. 이 법에 따라 재무부는 총 2.91억 온스의 은을 구입하였으며, 1881년까지 2.9천만 달러의 은화가 유통되었다고 한다.

　은 예탁증서는 발행 초기에 유통 확산에 어려움을 겪었다. 그 첫 번째 이유는 은 예탁증서가 $10 이상의 고액권($10, $20, $50, $100, $500, $1,000)으로만 발행되었기 때문이다. 그래서 1879년 6월 기준, 3,600만 달러의 은 예탁증서 발행량 중 오직 8백만 달러만이 시중에 유통되었다고 한다. 1886년 은 예탁증서 소액권($1, $2, $5) 발행이 허용되면서 일상거래에서 은 예탁증서 사용이 크게 증가하였다(소액권은 국법은행권 사용을 줄이고 은 예탁증서 사용을 늘리려는 의도로 도입되었다. 사전 작업으로 1879년 $1와 $2의 국법은행권 발행이 금지되었으며, 1882년 소액 국법은행권 회수 조치가 시행되었다).

　두 번째 이유는 은 달러(은화)는 법정통화로 간주되었으나 은 예탁증서는 그렇지 못했다는 거다. 이에 은 예탁증서의 지위에 의문이 제기되었다. 「블랜드-앨리슨 법」은 은 예탁증서가 관세, 세금 등 모든 공적 채무 납부에 사용될 수 있다고 명시하였지만, 관건은 은행이 은 예탁증서를 지급준비금으로 예치할 수 있냐, 즉 은 예탁증서가 법격화폐lawful money이냐 였다. 발행 초기에 은 예탁증서는 지준 적격통화로 간주되지 않아 국법은행은 고객이 은 예탁증서를 예금하면 이를 즉시 예금인출 용도로 쓰거나 태환하였다. 「1882년 7월 12일 제정법Act of July 12, 1882」에 따라 은 예탁증서가 지급준비자산으로 인정받으면서 국법은행은 이를 지준으로 보유하게 되었고 은 예탁증서 발행량은 증가하게 되었다.

은 지지운동은 1890년대에도 지속되었는데, 1889년과 1890년 주요 서부 주(州)들이 합류하면서 정치적 세력이 강화되었다. 이에 따라 「1890년 은 구매법Sherman Silver Purchase Act of 1890」이 제정되었는데, 이 법은 재무부가 매달 시장가격으로 450만 온스의 은을 구입하는 것을 주요 내용으로 하였다. 이 법에서 요구하는 한 달 은 구매량은 미국 내 은광 전체 생산량과 거의 맞먹는 수준이었고, 재무부의 은 구매량은 두 배 이상으로 증가하였다고 한다.

그렇지만 1893년 3월 재임에 성공한 클리브랜드Grover Cleveland 대통령이 「은 구매법」에 반대하는 입장을 명확히 하였고, 「1893년 11월 1일 제정법Act of November 1, 1893」을 제정하여 「은 구매법」을 폐지시켰다. 그리고 1896년 대선에서 민주당, 인민당, 국민은화당의 대통령 후보로 나선 브라이언William Jennings Bryan이 패배하면서, 그리고 남아프리카에서 대규모 금광이 발견되고, 획기적 금 추출방법인 청화법이 발명되어 금 생산이 증가하면서 은 지지운동은 자취를 감췄다.

자료: Friedman & Schwartz(1963), Champ(2007), Champ & Thomson(2006)

100% 시스템에서의 화폐관리 방법

안정화의 기준

지금까지 다룬 대부분의 예와 논의에서는 통화위원회가 화폐공급량을 조정하지 않는다고 가정하였다. 물론 화폐공급량을 영구적으로 고정하는 것도 틀림없이 가능한 일이겠지만, 이렇게 되면 통화위원회는 더이상 필요가 없게 되며 물가수준은 지속해서 하락하게 된다.

이미 언급했듯이, 이론적으로 100% 시스템은 특정 통화정책과 완전히 독립적이다. 이 시스템이 안정화정책과 결합될 필요가 없듯이, 어떤 디플레이션 정책이나 인플레이션 정책과도 결합될 필요가 없다. 100% 계획안 지지자의 일부는 나와는 달리 화폐가치 안정에 찬성하지 않으며, 화폐가치 안정에 동의하는 자들 일부는 100% 계획안을 지지하지 않는다.

안정화정책stabilization policy을 100% 계획안과 *결합*한다면 어떤 안정성 기준criterion of stability을 선택할 수 있을까?

나는 스웨덴이 채택하고 있는 생활물가지수index of the cost of living를 제안하고 싶다.[14] 이 기준을 선택하는 이유 중 하나는 생활비의 상승

---

14) 그렇지만 통화위원회는 향후 제도 개선을 위해 다른 기준도 연구할 권한을 가져야 한다. 다른 기준에는 도매물가지수, 칼 스나이더Carl Snyder의 "일반지수General

또는 하락이 모든 사람에게 동일한 영향을 미치기 때문이다. 반면, 도매물가지수의 상승 또는 하락은 어떤 도매상품을 생산하느냐에 따라 사람들에게 다른 의미를 지닌다. 현대 사회에서 각 개인은 다양한 상품을 소비하지만 오직 소수의 상품만을 생산한다.

스웨덴의 생활물가 기준은 과거에 시도되었던 금본위제도, 은본위제도 등 그 어떤 기준보다도 상당히 우수할 것이므로 우리는 이를 도입한 후에 인내심을 갖고 어떤 개선사항이 나타나길 기다리기만 하면 된다. 그렇지만, 수십 년 후나 몇 세대를 거치면 통계기법 향상 및 연구결과 축적 등으로 통화관리 기준에 대한 개선이 이루어질 수 있다. 마치, 지난 수백 년간 길이의 척도measure of length가 많은 단계를 거쳐 개선된 것처럼 말이다. 예를 들어 (1) 족장의 허리둘레, (2) 헨리 1세King Henry 1의 팔뚝의 둘레, (3) 런던타워Tower of London의 철근의 길이, (4) 지구의 극과 적도 사이 사분면의 특정 비율, (5) 온도가 변하지 않는 금고 안 유리상자에 넣은 "인바invar"라고 하는 특수금속에 금으로 만든 두 개의 플

Index", 고정된 화폐공급량, 화폐(M)와 유통속도(V)의 곱(MV)의 고정된 값($\overline{MV}$), MV를 거래량으로 나눈 값(MV÷T), 1인당 화폐량, 1인당 MV, 연간 M 또는 MV의 고정된 증가율, 연간 도매물가 하락율의 고정된 값, 고정된 평균임금수준, 국민소득 또는 1인당 소득의 일정 비율 등이 있다. 나는 이 마지막 지수를 생활물가보다 이론적으로 선호한다. 그렇지만 이 소득기준은 충분할 정도로 정확한 통계자료가 축적되지 않아 현실에서 이용 불가능하다. 이 지수의 한 가지 장점은, 1인당 평균 소득이 증가하거나 감소할 때 근로소득자들 또는 비교적 고정된 소득을 얻는 자들이 화폐소득의 증가를 위해 싸우지 않고도 실질부와 실질소득의 증가분을 자동적으로 공유할 수 있다는 것이다. 그렇지만, 이러한 장점은 생활물가지수를 선택해도 일정 부분 누릴 수 있다. 그리고 생활물가지수는 스나이더Snyder의 "일반"지수와도 상당 부분 일맥상통한다. 사실, 다양한 권위자들이 선호하는 거의 모든 기준들은 일반적으로 일치한다. 가장 이상적인 기준은 채무계약당사자들의 합리적 예상을 충족하는 기준이다. 그리고 계약당사자들의 합리적 예상이 충족된다면 본질적으로 대출계약에서 공평성justice이 가장 우선시된다. 더욱이 채무에 관하여 가장 만족할 만한 결과를 가져다주는 기준은 아마도 이윤이나 고용에 대해서도 거의 가장 만족스런 결과를 가져다줄 거다.

러그를 꽂아 난 자국의 중심 간의 거리 등으로 길이 척도가 발전한 것처럼 말이다. 요즘에는 스펙트럼의 특정 점에서의 빛의 파장이 이용된다는 얘기가 들린다.

통화위원회는 공식 기준지표를 이용하여 화폐의 흐름flow of money을 통제할 수 있다. 이는 10% 시스템과 극명한 대조를 이룬다. 왜냐하면 주지하는 바와 같이 10% 시스템은 은행가들이 제대로 된 기준이 아니라 폭도들이 지배하는 것 마냥 화폐를 창출하고 파괴하도록 만든다. 이 은행가들이 참고하는 기준이란 것은 필요 지급준비율, 변화하는 금gold 수급상황, 그리고 여타 요인들에 의해 오락가락 한다. 그리고 불경기에서 이 기준은 은행가들의 맹목적이고 각자도생식 자기생존 본능에 좌우되며, 이들은 달러화의 가치, 사회후생, 심지어는 은행권 전체의 후생에 미치는 영향 따위에는 신경쓰지 않는다.

리플레이션

장기적으로, 통화위원회의 화폐관리는 기술한 바와 같이 달러가치를 안정시키는 방향으로 이루어져야 한다. 그러나 만약 100% 시스템이 예를 들어 1933년의 디플레이션처럼 심각한 디플레이션을 겪은 직후에 채택된다면 첫 번째 목표는 (미리) 법에 명시된 수준으로 물가수준을 *상승*시키거나 달러화의 가치를 낮추는 것이 될 가능성이 크다.

이상적으로, 법에 명시된 수준이란 평균적으로 채무잔액을 축소시키거나, 기업 및 산업을 정상 생산능력 수준 또는 이와 유사한 수준으로 회복시켜 실업자의 대부분을 흡수하거나, 가격구조의 불균형을 최소화하는 수준이 되어야 한다. 이 세 가지 기준 중 어느 것을 선택해도 무방하며 이들은 제법 유사하다.

이렇게 물가를 일정 수준으로 회복시키는 물가상승을 리플레이션

reflation이라 한다. 말하자면, 리플레이션은 최근 빠르고 급격하게 진행된 디플레이션을 감안할 때 정당화될 수 있는 물가상승 정도라 정의할 수 있겠다.[15)

3단계 작업

통화위원회에 물가수준 회복을 의미하는 리플레이션과 안정화가 법적 책무로 부여된다면, 통화위원회는 세 단계를 거쳐 이를 추진할 수 있다.

첫 번째 단계는 이미 지적한 바와 같이 통화위원회가 위원회통화 Commission Currency를 발행하여 은행소유 채권을 매입함으로써 100% 시스템을 *설치*하는 것이다. 이렇게 위원회통화는 지급준비금 용도로 최초 발행된다.

두 번째 단계는 통화위원회가 은행을 비롯한 채권보유자들로부터 추가적으로 채권을 매입하는 과정이다. 이때 채권매입 규모는 미리 정해진 수준으로 *물가를 회복*시킬 만큼 충분해야 한다. 이 단계에서 발행된 위원회통화는 지급준비금 용도로 발행되지 않는다.

세 번째 단계는 스웨덴이 1931년 이래 상당히 성공적으로 하고 있는 것처럼 통화위원회가 달러가치를 미리 정해진 수준으로 안정화시키는 작업이다. 안정화에 해당하는 이 세 번째 단계는 채권 매입과 매도를 계속 번갈아하는 작업을 요한다. 그렇지만 미국경제와 미국의 기업부문이 성장할 것이기 때문에 주어진 물가수준을 유지하기 위하여 지속적으로 더 많은 화폐가 필요할 거고, 장기적 관점에서 채권 매입이 채권 매도보다 우위를 차지하게 될 것이다.

---

15) 논리적으로 리플레이션이라는 용어는 상승과 하락이라는 두 방향 모두에 적용된다. 그러므로 상황이 1920년과 같다면 물가수준이 일정 정도 하락하는 방향으로 리플레이션이 발생해야 한다.

표준통계회사Standard Statistics Company<이 회사가 1941년 Poor's Publishing과 합병하여 만들어진 회사가 Standard & Poor's-옮긴이>의 루터 블레이크Luther Blake 회장은 실용적 관점에서 흥미로운 제안을 하였다. 그는 (1)과 (2)의 순서를 바꾸거나 두 절차를 혼합하여 통화위원회가 실물화폐를 이용하여 채권을 (공공은행 또는 다른 채권 보유자로부터) 매입하는 방법을 권했다. 채권매입은 자동적으로 은행을 중심으로 이루어질 것이고 이에 따라 은행에 현금이 집중적으로 공급된다. 이렇게 하여 은행이 실물화폐를 많이 보유하게 되면 그 다음 점진적으로 지급준비금 요건을 상향조정하자는 것이다.

지금까지 개괄한 (1) 100% 시스템 도입을 위한 채권매입, (2) 물가수준 회복을 위한 채권매입, (3) 안정화를 위한 채권 매입과 매도 등의 3단계 프로그램에서 마지막 두 단계인 물가회복과 안정화 사이에는 오직 정도의 차이만 존재한다. 100% 시스템 도입 초기에 물가수준을 대규모 수정하는 작업인 물가회복이 통화관리를 구성하는 일련의 반복적인 물가수준 조정 작업 중 단지 가장 먼저 이루어지며 조정강도가 가장 크다는 차이점만 존재할 뿐이다.

제도 시행 후 화폐관리는 자동차 운전과 유사하다. 화폐자동차money car가 도로에서 벗어나 디플레이션이라는 도랑에 빠져있는 상황에서 가장 먼저 할 일은 물가회복을 통해 차를 도로 위로 올려놓는 것이며 이는 상당히 중요한 작업에 해당한다. 안정화는 목적지로 가기 위해 자동차를 운전하면서 지속적으로 요구되는 사소한 조정에 해당한다.

유통속도 조절

우리는 100% 시스템에서 예금 증감 없이도 대출이 증가하거나 감소할 수 있음을 보았다. 결과적으로, 과다부채나 다른 요인에 의해 더 이상 유통화폐 규모가 확대되거나 축소되지 않게 된다.

유통화폐 규모는 이제 교란요인에서 자유롭게 되었지만 화폐유통속도는 다양한 예상치 못한 교란요인에 여전히 영향 받는다. 예를 들어 과잉부채와 투기의 시간이 지나간 후 손절투매현상이 발생할 수 있는데 이 경우 화폐퇴장hoarding이 발생한다. 말하자면 유통속도가 느려지는 것이다.

그렇지만 유통속도 저하가 물가수준에 미치는 영향은 유통화폐 규모가 교란요인의 영향을 함께 받는 상황에 비하면 상당히 작다. 그리고 유통속도 저하가 물가수준에 미치는 영향은 아마도 유통화폐 규모를 적절히 확대하여 상쇄할 수 있다.

마지막으로 언급하고 싶은 것은, 화폐유통속도에 관한 최신 연구이자 가장 뛰어난 연구에 따르면 정상적인 평상시에 유통속도는 거의 변하지 않으며 호황과 불황에도 투기거래가 일어나는 시기를 제외하면 유통속도는 상당히 안정적이다.

그럼에도 불구하고 통화위원회에 화폐퇴장 및 화폐방출dis-hoarding 그리고 화폐유통속도에 영향을 미칠 수 있는 권한을 부여한다면, 비록 통화위원회가 이 같은 권한을 사용할 필요가 있게 되는 경우가 발생하지 않는다 할지라도 통화위원회의 효율성은 강화될 것이다.16)

---

16) 어빙 피셔의 『Stamp Scrip』(Adelphi Co, New York, 1933)을 참고하길 바란다. 아직까지 연구할 만한 경험이 거의 없긴 하지만, 화폐퇴장이 극심하였던 대공황 시절에 긴급화폐로 쓰였던 *기한부* 인지대체화폐*dated* stamp scrip의 경험이 있기는 하다. 이 대용화폐는 매주 정해진 날 소지인이 수수료에 해당하는 인지세를 내야만 다음번에 화폐로 사용할 수 있는 방식으로 발행되어, 이를 수취한 사람들은 인지세를 내지 않기 위해 이를 빨리빨리 써버려 이 대용화폐의 유통속도는 현저히 가속화되었다<보다 자세한 설명은 「읽을거리 10」을 참고-옮긴이>. 인지세 *변경*에 대한 경험은 없다. 인지대체화폐stamp scrip의 발행목적은 여타 긴급통화 발행과 마찬가지로, 유통속도(V) 상승이 아니라 거래량(T) 증가라는 말을 덧붙이고자 한다.

상대적으로 화폐관리가 어려운 10% 시스템

물가회복과 안정화가 100% 시스템에서 가능한 것처럼 현행 10% 시스템에서도 가능하다.

(안정화에 관한) 명백한 증거는 스웨덴이다. 1931년부터 스웨덴은 재할인율 조정과 공개시장조작을 통해 생활물가지수를 1.75% 이내, 통상 1% 이내로 안정적으로 관리하고 있다.[17] 그렇지만, 미국과 달리 스웨덴은 은행시스템이 통일적이고 통화관리가 훨씬 수월하다는 점을 말해두고 싶다. 다른 국가들도 스웨덴처럼 10% 시스템에서 안정화 정책을 성공적으로 수행할 수 있을지 모르며, 스웨덴이 일시적이 아니라 앞으로도 계속 안정적으로 물가를 관리해나갈 수도 있다. 그렇다 하더라도 100% 시스템은 10% 시스템이 결여하는 여러 장점들을 가지며, 그 중 하나가 정부재정상 이점이다. 한편, 100% 시스템은 은행들에게 어떠한 불이익도 초래하지 않는다.

10% 시스템이 그대로 용인되더라도, 이는 화폐가 제대로 "관리"된다는 조건에서만 그래야 한다. 다시 말해, 화폐만 제대로 관리된다면 현재의 지독한 폐해는 대부분 시정될 수 있다. 마치 이런 폐해가 100% 시스템 도입만으로 대부분 시정될 수 있는 것처럼 말이다. 나에게 서신으로 의견을 제공해준 많은 사람들은 이 두 가지 중 하나에는 수긍하는 편이다. 두 가지 중 한 가지만으로도 기적 같은 효과를 낳을 수 있지만, 나는 두 가지 모두를 도모하는 것이 가장 이상적이라 생각한다.

요컨대 우리는 다음과 같이 말할 수 있다.

1. (어떠한 안정화 장치 없이) 10% 시스템만 운영하는 것은 과거의 경험

---

17) 어빙 피셔의 『Stable Money, a History of the Movement』(Adelphi Co, 1934)를 참고하길 바란다.

에서 알 수 있듯이 미래에 처참한 결과를 야기할 거다.

2. (어떠한 안정화 장치 없이) 100% 시스템 자체만으로도 꽤 괜찮게 운영될 수도 있다.

3. 안정화 장치를 가미한 10% 시스템은 스웨덴의 사례에서 볼 수 있듯이 상당히 잘 운영될 수 있다.

4. 안정화 장치를 가미한 100% 시스템은 정부재정상 이점을 막론하고도 모든 방안 중 가장 잘 운영될 수 있다.

위 네 가지 방안을 비교하면, (1) 나쁨, (2) 좋음, (3) 더 좋음, (4) 최선이라고 평할 수 있다.

네 번째 방안의 우월성은 초기 조정과정인 물가회복과정에서 특히 두드러진다. 최근 겪은 불황에서 분명히 알 수 있듯이 말이다. 즉, 연방준비은행이 공개시장조작을 통해 채권을 매입하여 물가회복을 꾀하였지만, 결과는 연방준비은행이 원치 않게 국채를 "쌓아두게" 된 것, 그리고 회원은행이 "과잉" 준비금을 보유하게 된 것뿐이었다. 은행이 과잉 유동성을 보유하게 된 이유는 (은행이 대출을 꺼려) 이를 공급하지 않았고 (기업들도 자금을 빌리려 하지 않아) 공급할 수도 없었기 때문이다.

후버 대통령President Hoover과 루즈벨트 대통령President Roosevelt의 채권 매입조치가 만약 100% 시스템에서 행해졌다면 즉각적으로 효과를 발휘하여 시중 유통화폐 *규모*를 증가시켰겠지만 10% 시스템에서 시행되어 장기간 채권 매입효과가 거의 나타나지 않았다. 몇 년 동안 *모두가* 필요로 하는 유통화폐가 시중에 공급되도록 *다른 누군가가 은행에 가서 빚을 내기만을 기다리는* 상황이 벌어졌고, 마침내 정부가 나서 직접 은행으로부터 대출받기에 이르렀다.

유통화폐가 민간금융부채의 부산물이 되는 시스템을 계속 유지하는 한, 우리는 위와 같은 상황에 종종 직면하게 될 거다. 아무도 빚을 내기를 원치 않는, 우리 대부분이 화폐를 필요로 하여 누군가가 대출을 받아 친절하게 우리에게 화폐를 유통시켜주기를 희망하는 그런 상황 말이다. 수많은 대출 권유와 광고 그리고 저금리에도 불구하고 소수만이 대출에 응할 걸 우리는 경험을 통해 알고 있다.

이러한 상황은 말에게 물을 마시게 할 수 없으면서 물가에 데려가는 상황에 비유된다. 말을 달리게 하기 위해 말을 질질 끌고 가는 꼴이다. 또는 자동차 비유로 되돌아가서, 10% 시스템과 100% 시스템간의 격차는 조타장치가 헐겁게 느슨해진 부분slack에 비유할 수 있다. 10% 시스템에서 운전대를 조금 돌리면 자동차는 회전하지 않는다. 그래서 운전대를 더 많이 돌리면 차는 갑자기 급회전한다. 그럼 급회전된 것을 시정하기 위하여 반대 방향으로 운전대를 돌리면 이제 차가 반대 방향으로 엄청나게 급회전한다. 헐거워진 조타장치는 화폐자동차를 디플레이션 도랑에서 빠져나오게 하기 위해 인플레이션 도랑에 빠지게 하고, 인플레이션 도랑에서 빠져나오게 하기 위해 다시 디플레이션 도랑에 빠지게 하는 과정이 반복되는 "경기변동"에서 벗어나지 못하게 한다.

전반적인 상황을 이해하는 것이 매우 중요하기에 한 가지 비유를 더 들도록 하겠다. 망원경의 원통이 서로 연결되어 있는 것처럼 10% 시스템에서 지급준비금과 예금은 연결되어 있다. 물리망원경이 세 가지 이동식 원통sliding cylinders으로 구성되는 것처럼 화폐망원경money telescope도 일반 사람들, 회원은행, 연방준비은행으로 구성된다. 지급준비금과 예금의 "망원경 작동telescoping"은 대출 제공과 회수를 통해 이루어진다.

- 회원은행이 사람들에게 신용에 해당하는 대출을 제공하면 사람들의 예금이 증가한다.
- 회원은행이 사람들에게 신용으로 제공했던 대출을 회수하면 사람들의 예금이 감소한다.
- 회원은행이 연방준비은행에서 신용에 해당하는 대출을 받으면

회원은행의 지급준비금은 증가한다.

- 회원은행이 연방준비은행에서 신용으로 제공받았던 대출금을 상환하면 회원은행의 지급준비금은 감소한다.

위의 네 가지 화폐망원경 작동원리를 보면 우리는 연방준비은행이 회원은행에 대출을 해주면 회원은행의 지급준비금이 법정 필요수준보다 높아져 회원은행이 사람들에게 추가로 대출해줄 *여력이 생긴다는 걸* 알 수 있다. 만약 회원은행이 필요준비금을 초과하는 여유준비금을 모두 *대출해주고* 연방준비은행도 자신이 보유하고 있는 여유준비금을 회원은행에 모두 대출해주어 화폐망원경이 최대한 늘어나면, 사람들은 "과잉대출"을 받게 되고 예금규모는 늘어날 수 있는 최대 한도로 확대된다. 이는 거의 믿기 힘들 정도의 인플레이션을 의미한다. 이제 신용 인플레이션credit inflation의 공포가 도사리게 된다.

반대로, 회원은행이 연방준비은행에 대출금을 상환하고 자신이 제공했던 대출금을 모두 회수하면 망원경의 길이는 짧아지고, 이 결과로 거의 믿기 어려울 정도의 디플레이션이 발생한다. 독자들은 망원경을 최대로 늘렸을 때 길이가 가장 줄였을 때 길이의 30배란 걸 스스로 계산할 수 있을 것이다(47쪽 그림 참고).

이렇게 망원경을 인플레이션으로 늘렸다가 디플레이션으로 줄였다가 하는 반복과정에서 우리를 구출해줄 수 있는 건 은행가들의 (공조체제 없이 개별적으로 행하는) 신중한 판단이다. 그렇지만 은행가들의 신중함은 가끔 파멸적인 망원경 놀이에서 우리를 구출하는 데 충분치 않다. 은행가들이 망원경을 찰깍 소리가 날 때까지 최대한으로 늘렸다 줄였다 하지 않는 건 사실이다. 은행가들은 찰깍 소리가 나기 전에 망원경 길이를 그만 늘리거나 줄이기 위해 미리 힘 조절을 하지만 이러한 은행가들의 노력은 느리기도 하며 불분명하다.

100% 시스템에서 이러한 망원경 "놀이"는 없다. 길이를 함부로 조절

하지 못하게 법적 기준에 의해 고정나사가 장착되어 있고 통화위원회만이 이 나사를 조정하여 망원경 길이를 조절할 수 있다.

요컨대 10% 지급준비제도에서 할인율 인상 또는 인하의 효과는 "쓸데없는 행동"이라는 거다. 이로 인한 변화는 오직 은행시스템 내부 구성 요소에 해당하는 지급준비금에서 나타나지, 시중 유통화폐나 물가수준에서 나타나지 않는다. 물가수준에 대한 효과는 오직 지급준비금 확대 또는 축소로 은행의 대출 및 자산투자가 변하고 이에 따라 예금규모가 영향을 받은 후에야 우리가 느낄 수 있다. 그리고 이러한 단계를 거쳐 실제 효과가 나타나기까지 일정 시간이 소요된다. 특히 은행이 부족한 지급준비금으로 공포에 처해있는 경우에는 더욱 그렇다. 방금 논의에 적용되는 원리들을 IV장의 표들이 잘 설명해준다.

관리하기 쉬운 100% 시스템

100% 시스템에서는 방금 본 "느슨해진 부분"이 없어 화폐량을 손쉽게 통제할 수 있다. 먼저 통화위원회는 매일 정확한 화폐유통량, 화폐 발행액 및 환수액을 점검한다. 이제 수많은 은행이 제멋대로 대출을 통해 만들어낸 예금화폐 규모를 짐작하지 않아도 된다.

물가 추이를 보고 물가가 하락세를 보이면 기존 화폐공급규모가 부족하다고 판단하여 즉각적으로 화폐를 추가 발행할 수 있다. 그리고 화폐가 너무 많이 풀렸다고 판단되면 유통 중인 화폐 일부를 동일한 신속성으로 회수하면 된다. 화폐규모 조정 정도는 지금보다 작을 것이며 안정화 조치는 보다 정밀해질 것이다.

이제 이 요점들을 보다 정교하게 설명하고자 한다. 통화위원회가 은행보유 채권을 매입하여 화폐를 공급할 때 은행은 10% 시스템에서처럼 더 많은 유동성을 확보하기 위해 이를 대출 및 투자를 통해 시중에 공급하지 않고 준비금으로 비축하는 행태를 보이지 않는다. 왜냐하면 은행은 이미 100% 수준으로 지급준비금을 보유하고 있기 때문에 이보다 더 많은 유동성을 확보할 현실적 동기가 없기 때문이다. 은행이 통화위원회에 채권을 매각할 때는 매각대금을 대출하거나 투자하여 수익을 창출하기 위함일 거다. 만약 은행이 (1933년과 1934년에 자금을 빌려줄 곳을 찾지 못하겠다고 불평했던 것처럼) 건전한 자금운용처를 찾지 못할 때에는 채권을 매각하지 않을 것이고 통화위원회는 다른 경로를 통해 화폐를 시중에 공급시킬 수 있다. 화폐를 가장 필요로 하는 곳으로 말이다.

비축 목적의 화폐수요가 때때로 존재한다는 걸 인정하더라도, 통화위원회는 머뭇거리지 않을 것이다. 은행과 달리 통화위원회는 의회로부터 부여받은 법적 책무를 달성하기 위해 물가수준과 달러 구매력이 회복될 때까지 계속해서 채권을 매입하여 통화량을 확대할 거다.

이 목표를 달성하기 위해 어느 정도의 화폐를 공급해야 하는지는 문제가 되지 않는다. 통화위원회가 이 목표를 달성하기 위해 대출을 할 때 기업가들이 대출을 받기 원하는지 원하지 않는지는 고려사항이 되지 않는다. 통화위원회가 채권 매입시 채권 금리의 높고 낮음도 고려사항이 아니다. 요컨대, 화폐가 시중에 유통되도록 화폐공급을 확대하려는 통화위원회를 그 무엇도 막을 수 없다. 반대로, 화폐규모 축소가 필요할 때 시중 유통화폐량을 줄이려는 통화위원회를 그 무엇도 막을 수 없다.

여기서 강조하고자 하는 두 시스템 간 주요 차이점은 100% 시스템에서는 불황기에 지급준비금을 확충하려고 시간을 낭비하지 않아도 된다. 10% 지급준비금은 물이 단지 10%만 차있는 욕조와 같다. 100% 지급준비금은 물이 완전히 차있는 욕조와 같아서 조금만 물을 더 부어도 욕조는 *반드시* 넘치게 되어 있다. 그러므로 경제가 심각한 불황에 빠졌을 때 100% 시스템에서는 더 빨리 불황에서 빠져나올 수 있으며, (Ⅶ장에서 자세히 설명하겠지만) 100% 시스템의 가장 중요한 장점은 애초에 그렇게 심각한 불황을 겪지 않는다는 것이다.

통화위원회는 공식지수를 호황과 불황을 방지하는데 활용한다. 공식지수(생활물가지수)뿐 아니라 도매물가, 기본상품물가, 가격민감도가 큰 상품들, 농산물, 비농산물, 공산품, 소비재, 원자재, 완성품, 주식, 채권, 생산, 소비, 상거래규모(국제무역 포함), 재고, 부도율, 부채규모, 고용, 실업, 금리 등 다양한 지표의 동향을 살핌으로써 물가수준 변동위험을 감지한다. 이런 지표들이 주는 정보는 통화위원회가 최선의 결과를 얻기 위해 언제 어느 방향으로 화폐량을 조정해야 하는 지를 판단하는 데 소중한 신호 역할을 한다.

100% 시스템에서 국가경제와 기업은 더 이상 호황과 불황의 큰 충격을 받지 않으므로 경제성장의 *평균* 속도는 지금보다 훨씬 더 빠르게 된다. 이렇게 하여 추가적으로 얻어질 번영을 은행들도 같이 누릴 것이다. 은행산업도 궁극적으로 현재보다 더욱 확대될 거라 예상할 수 있다.

국가경제의 성장은 저축과 투자의 성장에 크게 좌우되며 이 두 가지(저축과 투자) 사이에 지금보다 더 밀접한 관계가 형성될 거다. 왜냐하면 둘 간의 관계는 지금과 달리 훼손되지 않을 것이기 때문이다. 지금은, 호황기에는 저축에 근거하지 않은 대출에 의해, 불황기에는 투자 대신 화폐를 단지 비축해두어 증가하는 저축에 의해 둘 간의 관계가 훼손된다.

매입 및 매각 대상

그럼 통화위원회는 어떤 자산을 매입 또는 매각해야 하는가? 이미 언급한 바와 같이, 오직 가끔 필요할 때 또는 연방준비은행의 요청이 있을 때 약속어음을 재할인 등으로 매입할 수 있다. 그렇지만 가능하면 약속어음을 매입하지 않고 필요하다면 국채나 다른 적격채권을 매입해야 한다. 사실, 이미 언급했듯이 약속어음을 통화위원회의 증권매매 대상으로 허용하지 않는 게 바람직하다. 증권매매 대상에 관해서, 오직 연방준비은행이 매입 또는 매각할 수 있도록 허용된 증권만을 통화위원회가 취급하도록 법으로 제한할 필요가 있다.

물론 이론적으로 통화위원회는 어떤 자산이든 매입하고 매각할 수 있으며 이를 통해 동일한 안정화 효과를 달성할 수 있다. 그렇지만 어떤 자산을 매매하느냐에 따라 개별 가격에 미치는 상대적 효과(특히, 즉각적 또는 직접적 효과)가 달라진다. 금리에 미치는 효과도 마찬가지다. 아울러 어떤 자산이라도 무분별하게 매매할 수 있게 허용하는 방안은 현실에서 반대에 부딪칠 뻔하다.

통상 이상적인 매매대상은 아마도 단기 연방정부증권, 외환, 귀금속 등일 거다.

100% 시스템과 대전쟁

안정화 달성과 관련하여 어떠한 화폐제도도 극복할 수 없는 장애물이 있는데, 바로 대전쟁great war이다. 충분히 큰 전쟁이 발발하여 재정압박이 심해지면, 정부는 거의 틀림없이 인플레이션에 의지하려 할 거다. 화폐가치의 안정성 유지와 "국가존립" 중 하나를 고르라고 하면 후자가 선택될 것이며 그래야 한다.

여기서 논하는 안정화 시스템stabilization system도 예외는 아니다. 대전쟁으로 안정화 시스템이 붕괴되는 과정은 대략 다음과 같다.

먼저, 재무부는 전쟁비용을 조달하기 위해 세금을 최대한 거둬들이고 국채를 발행가능한도만큼 발행한다. 이 두 가지 조치에 따라 재무부는 국민들로부터 화폐를 흡수한다. 재무부는 이렇게 얻은 화폐를 탄약구입, 군인월급 지급, 식량 조달, 여타 전쟁비용에 충당한다. 지금까지는 통화위원회가 화폐총량을 변경시킬 필요가 없어 보인다. 여기서 기억해야 할 것은, 은행이 채권을 매입하여도 10% 시스템에서처럼 새로운 화폐가 창조되지 않는다는 것이다. 다시 말해, 은행의 채권 매입 시 은행이 정부에 지급하는 화폐는 은행이 창조한 신용화폐가 아니다. 100% 시스템에서 은행은 화폐를 창조할 힘을 상실했기 때문이다. 은행이 채권매입대금으로 지급한 화폐는 원래 존재하던 화폐다.

전쟁이 충분히 확대되면 이제 정부가 더 이상 조세수입을 늘리지 못하거나 낮은 가격이 −즉, 높은 금리가− 아니면 추가 국채발행이 불가능해지는 시기가 온다. 그리고 조금 더 지나면 낮은 가격으로도 국채를 발행할 수 없게 된다. 그러면 연방의회는 재무부가 통화를 발행(또는 통화위원회가 신규 화폐 발행을 통해 국채를 매입)할 수 있는 법안을 발의하고 앞으로 닥칠 *물가상승에는 아랑곳하지 않고* 이를 통과시킬 거다. 머지않아 인플레이션이 발생하고 물가안정은 중단된다.

그렇지만 어찌되었든 이렇게 해서 발생한 물가상승 또는 물가안정의 중단은 부지불식간에 발생한 것이 아니라 의회가 의도적으로 선택한 필요악 성격을 가진 결정의 결과이다.

그 후에 전쟁은 늘 그렇듯이 인플레이션에 의해 치러지며, 말하자면 비교적 소득이 "고정되어 있는" 계층을 희생시켜가며 치러진다. 1차 세계대전에서 겪은 바와 같이, 이 계층이 벌어들이는 임금, 급여 또는 이자 및 임대 소득대비 생활비가 높게 상승하였는데, 이는 사실상 소득세율이 50% 또는 그 이상으로 인상되는 것과 다름없다.

인플레이션 조세는 세금이라는 명시적인 이름으로 부과되지 않는 간접 조세에 해당한다. 그래서 사람들은 이것이 세금인지 또는 정부에 의해서 유발되는 것인지도 오직 희미하게 알아차릴 뿐이다. 현대 대전 modern great war은 막대한 비용이 소요되기 때문에 정부는 이런 은밀한 방식을 동원해야만 전쟁비용을 충당할 수 있다.

그렇지만 여기서 제안하는 시스템에서 사람들은 무엇이 일어나고 있는지를 최소한 보다 더 명확히 이해할 수 있다. 이러한 이해력은 사람들이 전쟁의 경제적 의미를 보다 더 잘 인식하게 하여 궁극적으로 세상을 더 좋게 만든다. 부wealth를 파괴하는 1차적 효과를 차치하더라도, 전쟁은 인플레이션 그리고 인플레이션 이후에 닥칠 디플레이션을 의미한다. 이런 인플레이션과 디플레이션은 우리에게 파멸을 가져다주진 않겠지만 낭비에 해당한다.

(어떤 신문기사에 따르면) 일리노이대학교의 디킨슨Frank G. Dickinson 교수는 1차 세계대전으로 인한 생산성 감소로 미국이 입은 전후 피해비용이 2,000억 달러가 넘는다고 추정하였다.

요약

1. 100% 시스템에서 상세한 규칙에 따라 화폐관리가 이루어질 수도 있고 이루어지지 않을 수도 있다.
2. 만약 화폐관리가 이루어지지 않더라도 달러가치는 지금보다 덜 변덕스러울 거다.
3. 만약 화폐관리가 이루어진다면 달러가치는 다른 어떤 수단을 사용하는 것보다 훨씬 더 안정적이게 된다.
4. 통화위원회가 화폐관리를 담당하게 되면 100% 시스템 설치, 물가회복, 통화가치 안정이라는 일련의 3단계 작업을 실행한다.
5. 통화위원회가 이러한 권한을 행사하지 않을 지라도 화폐퇴장과 유통속도를 조절하는 일반적인 권한을 갖는 건 당연하다.
6. 10% 시스템은 상당히 불안정하여 이 시스템에서는 물가관리가 어려우며, 최근에 겪은 바와 같이 물가회복은 특히 어렵다.
7. 화폐관리가 100% 시스템에서 훨씬 용이하고 정확하게 이루어진다.
8. 통화위원회는 공개시장조작에서 민간대출과 관련되는 증권 취급을 최소화하고 단기 국채를 가능한 한 많이 취급해야 한다.
9. 대전쟁이 발발하면 어떠한 안정화 시스템도 붕괴할 수 있다.

알드리치 위원회: 연준 탄생의 초석

1907년 금융위기는 미국 건국 이래 대공황 이전에 발생한 가장 고약한 금융위기였는데, 이를 계기로 화폐 및 은행 시스템의 안정성을 강화하고자 1908년 5월 30일 「알드리치-브릴랜드법Aldrich-Vreeland Act」이 제정되었다. 이 법은 화폐공급이 탄력적으로 이루어지도록 자본상태가 양호한 10개 이상의 국법은행들이 자발적으로 전국통화조합national currency association을 구성하여 재무부가 인정하는 적격채권을 담보로 담보가치의 75%만큼 긴급통화를 발행할 수 있게 하였다.

아울러 이 법은 국가통화위원회National Monetary Commission를 설치하여 보다 근본적인 통화제도 안정성 강화방안을 마련하도록 하였는데, 이 위원회는 공화당 소속 알드리치Nelson W. Aldrich 상원의원이 위원장을 맡아 알드리치 위원회로 더 잘 알려져 있다. 알드리치는 위원회를 두 그룹으로 나눠 한 그룹은 미국에 남아 미국 은행제도를 연구토록 하고 자신을 필두로 한 다른 그룹은 유럽으로 건너가 중앙은행제도의 실제 운영을 체험·연구하도록 했다. 알드리치는 원래 중앙은행제도에 부정적인 의견을 갖고 있었지만 유럽 순회를 통해 중앙은행제도 도입 필요성을 절감하였고 미국으로 돌아와 중앙은행제도 설립을 골자로 하는 은행개혁법안 마련에 몰두하였다. 방대한 자료를 분석하고 전문가들의 의견을 수렴하는데 시간이 지연되어 개혁법안은 1912년 1월에서야 의회에 제출되었는데, 이때의 정치상황은 이전과 다르게 변해있었다. 1911년 총선에서 민주당이 승리했던 것이다.

민주당 의원들은 공화당 의원인 알드리치의 법안을 수용하지 않고 자체적으로 개혁법안 마련 작업에 착수하였는데, 이렇게 해서 마련된 법안이 「1913년 연방준비법」의 초안인 글래스-오웬 법안Glass-Owen Federal Reserve bill이다. 제1차 및 제2차 미합중국은행의 허가 연장에 반대하였고 알드리치 개혁법안을 받아들이지 않는 등 전통적으로 중앙집중적 은행제도에 반감을 가졌던 민주당이 연방준비제도를 설립하자는 안을 자체적으로 만들었다는 건 상당히 아이러니하다. 알드리치 위원회를 계기로 중앙은행제도 도입 필요성에 대한 공감과 여론이 형성되었던 것이 이런 태도 변화에 영향을 미친 것도 사실이지만 알드리치 위원회에 참여하였던 월버그Paul Warburg의 역할이 컸다고 한다.

독일 출신 금융인인 월버그는 중앙은행제도에 익숙하여 알드리치 위원회에서 큰 활약을 하였고 알드리치가 중앙은행제도 도입 찬성 입장으로 선회하도록 영향을 미친 인물이다. 그는 알드리치 위원회 해산 후에도 글래스Carter Glass 의원을 비롯한 민주당 인사들과 교류하면서 법안 작성에 영향을 미쳤으며 민주당 집권으로 은행개혁이 좌초되는 것을 방지하기 위해 설립된 '은행건전성 향상을 위한 범국민연합National Citizens League for the Promotion of Sound Banking' 결성에도 기여하였다.

월버그는 초대 연방준비이사회 위원(1914~1918년)과 연방준비제도 자문위원회 위원 및 의장(1921~1926년)을 역임하였는데, 민주당 윌슨 대통령은 월버그의 은행제도에 대한 지식과 식견을 높이 사 민주당의 반대를 무릅쓰고 이민 1세대이며 공화당계인 그를 초대 연방준비이사회의 위원으로 임명하였다고 한다.

자료: 현정환(2008), Dewald(1972), Whitehouse(1989)

100% 시스템의 의의

도입부

지금까지 우리는 100% 시스템이 어떻게 작동할 지를 알아보았다. 그렇다면 다음 질문은 '이렇게 하면 뭐가 좋은가?'이다.

이 글을 쓰고 있는 현 시점에서 그리고 현재 상황과 상관없이 어찌되었건, 100% 시스템이 갖는 단연 최고의 탁월성은 현재의 불황을 완화하고 미래에 발생할 불황 그리고 불황으로 이어지는 호황의 강도를 완화해주는 힘이다. 영속적인 통화위원회가 존재하지 않더라도 100% 시스템은 이미 살펴본 바와 같이 유익하다. 그렇지만 앞으로의 논의에서 통화위원회가 존재한다고 가정하기로 한다.

나는 예전에 경기변동에 대해 주요 결론을 이미 제시한 바 있지만, 그때는 100% 시스템에 대해 관심을 갖기 이전이었다.[1]

100% 시스템에 의지하지 않더라도 호황과 불황을 어느 정도 치유하

---

1) 어빙 피셔의 『Booms and Depressions』(Adelphi Co, New York, 1932)를 참고하길 바란다. 이 책의 요약문과 다른 몇몇 글들을 요약한 논문(『The Debt Deflation Theory of Great Depression』)을 1933년 10월 *Econometrica* 1권 4호에 게재하였다. 이번 장은 이 요약논문의 요약에 해당한다.

고 예방할 수 있음은 의심할 바 없지만, 나의 분석이 정확하다면 100% 시스템에서만큼 확실하고 빠르고 용의하지 않을 거다. 왜냐하면 대규모 호황과 불황의 근원(또는 전제조건)은 Ⅳ장에서 본 바와 같이 10% 시스템 그 자체이기 때문이다.

이제 전개할 분석에서는 10% 시스템에서 경기변동을 일으키는 주요 요인들을 제시하고자 한다. 물론 이밖에도 나름 중요한 역할을 하는 다른 요인들이 많은데 이들에 대해서도 설명을 곁들일 거다.

경기변동이 심각한 상황에서 과잉생산, 과소소비, 과잉설비, 가격이탈, 농산물 가격과 공산품 가격 간 불균형, 자기과신, 과잉투자, 과잉저축, 과잉소비 등을 들먹이면서 경기변동의 원인을 설명하곤 한다. 나는 이게 적절한 지 의문이 든다.

지금까지 있었던 극심한 호황기 및 불황기에 위에 열거된 요인들은 다음 두 가지 요인에 비하면 경기변동의 부수적 요인에 불과하다는 게 나의 의견이다. 내가 지목하는 두 가지 주요 요인은 (1) (특히 은행대출 형태의) *과잉부채over-indebtedness*와 (2) 과잉부채에 뒤따라오는 *디플레이션*(또는 달러가치 상승)이다. 물론 나는 향후 새로운 증거가 제시되면 내 주장을 수정할 의사가 있다. 극심한 경기변동 기간에 이 밖의 요인들이 두드러지게 나타날 수 있는데, 대부분은 두 가지 주요 요인에 의해 유발되는 증상에 불과하다.

물론 나는 내 견해를 바꿀 준비가 되어 있지만, 나는 "부채병debt disease"과 "달러병dollar disease"이라 부를 수 있는 이 두 가지 경제적 병폐가 현 시점에서 다른 어떤 요인들보다 더 중요한 경기변동 원인이라는 강한 신념을 갖고 있다.

부채와 디플레이션의 역할

이 두 가지 요인이 교란되면 ─부채와 화폐단위의 구매력 상승─ 모든 또는 거의 모든 경제변수들에 심각한 변동을 초래한다. 반면, 부채와 디플레이션이 없다면, 다른 경제변수들의 변동은 1837년, 1873년, 1929~1935년의 경제위기와 같은 역대급 위기를 초래할 파괴력을 갖지 못한다는 게 나의 견해이다.

부채와 디플레이션에 영향을 주거나 영향을 받는 부차적인 경제변수들은 수도 없이 많아 이들 변수들을 모두 망라한 리스트를 작성하는 건 불가능하다. 그렇지만 부채와 디플레이션과의 연관성 측면에서 중요도가 높은 일곱 가지 변수를 간추릴 수 있고, 여기에 두 가지 주요 변수를 더해 다음의 아홉 가지 변수를 선정할 수 있다. 즉, 부채, 화폐 규모, 유통속도, 물가수준, 순자산, 기업이익, 상거래, 경기에 대한 확신business confidence, 그리고 금리이다.

두 번째 변수인 화폐 규모는 우리가 알다시피 10% 시스템에서 변동성이 큰 변수이다.

논의의 단순화를 위해 경제가 일반경제균형 상태에 있다가 과잉부채라는 단일 요인에 의해 교란된다고 가정하고 아홉 가지 변수들 사이에 주요한 상호관계를 살펴보자. 아울러 의도했건 안했건 간에 물가수준은 다른 변수들의 영향을 받지 않는다고 가정하자.

위의 가정에 따라 어느 시점에 경제가 과잉부채 상태에 놓이면, 채무자나 채권자 또는 양쪽 모두가 부채규모에 대한 공포를 갖게 되어 결국 부채청산이 발생한다. 이제, 우리는 과잉부채가 야기하는 파급효과가 아래와 같이 아홉 단계로 순차적으로 전개된다고 추론할 수 있다.

(1) *부채청산debt liquidation*은 *손절투매현상distress selling*으로 이어진다.

(2) 은행대출이 상환 또는 회수됨에 따라 *수표책화폐 규모*는 축소 되고 화폐유통속도는 둔화된다. 손절투매현상으로 초래된 당좌 예금 감소 및 유통속도 둔화는 물가하락으로 이어진다.

(3) *물가하락*은 달리 말하면 달러가치 상승을 의미한다. 위에 설명 한 바와 같이 물가하락은 물가회복 등에 영향 받지 않는다고 가정하자. 그러면 반드시

(4) *기업의 순자산은 한층 더 감소*하고 이는 *기업 도산*을 촉발한 다. 그리고

(5) *기업이익이 감소*하여 대부분 기업은 적자상태로 진입하는데, "자본가" 다시 말해 사적이익을 추구하는 기업들은 이익 악화 를 모면하기 위하여

(6) *생산, 상거래, 고용을 축소*한다. 손실, 도산, 실업은

(7) *비관주의와 자신감 상실*로 이어지며, 이는 다시

(8) *화폐퇴장과 추가적인 유통속도 둔화*로 이어진다. 이제까지의 여덟 가지 변화는

(9) *금리를 복잡하게 교란*시킨다. 특히, 화폐로 표현되는 명목금리 는 하락하고, 화폐로 구매할 수 있는 상품의 양과 관련되는 실 질금리는 상승한다.

이 연역적 추론과정은 귀납적인 연구와도 대체로 부합한다. 따라서 부채와 디플레이션은 지금 본 바와 같이 극심한 경기변동 현상의 대부분 을 매우 간결하고 논리적인 방식으로 설명한다.

*위에 열거한 모든 사건들은 수표책화폐의 축소를 통해 일어난다*는 점 에 주목하자.

그렇지만 위에서 본 아홉 가지 연결고리로 이뤄진 일련의 과정은 오 직 아홉 개 요인들 간 상호관계 중 일부만을 포함한다. 합리적이고 실증

적으로 입증 가능한 다른 상호관계가 존재하며, 적어도 아직까지는 체계적으로 공식화할 수 없는 다른 상호관계들도 틀림없이 존재한다. 아울러 위의 아홉 가지 변수들에 포함되지 않은 변수들과 관련된 간접적인 상호 인과관계들도 많을 거다.

이런 상호관계들 중에서 가장 중요하면서 어떠한 물가변동과도 독립적인 관계는 유통화폐 규모 축소와 유통속도 둔화가 직접적으로 상거래 규모를 축소시킨다는 것이다. 다시 말해, 최근의 80억 달러의 수표책화폐가 증발한 것과 같은 화폐부족현상은 *물가하락을 통해 상거래 규모에 영향을 줄 겨를도 없이 즉각적으로 상거래 규모를 감소시킨다.* 최근 대공황 기간에 긴급화폐가 도입된 지역에서 물가상승 없이 상거래가 다시 활발해진 사실이 이 관계를 입증한다.

현실에서는 위의 아홉 단계의 발생순서가 바뀔 수 있으며, 수많은 반작용이 일어나며 파급효과가 반복적으로 일어난다.

"(2)"에 해당하는 수표책화폐 규모 축소는 "(3)"부터 "(8)"에 이르는 단계의 원인이며 "(1)"의 결과이다. 수표책화폐 규모 축소는 이로 인해 영향을 받는 많은 요인들로부터 영향을 받기도 한다. 그래서 원인과 결과의 순서에 대한 어떠한 주장이나 이론적 설명이 완벽하기란 불가능하다.

부채와 디플레이션은 서로를 악화시킨다

과잉부채는 물가하락을 동반하지 않고 단독으로 발생 가능하다. 이는 물가하락 추세가 어느 정도 중화 또는 완화될 수 있음을 시사한다. 이는 (의도했건 의도치 않았건) 유통화폐 규모 확대와 같은 디플레이션을 방지하는 힘anti-deflationary forces에 의해 가능하다. 이 경우 "경기변동"은 부채병과 달러병이 모두 존재하는 경우보다 상당히 완화된다.

이와 유사하게, 디플레이션이 부채 이외의 다른 원인에 의해 발생하는 경우 다시 말해 부채병 없이 달러병 만으로 초래되는 경제적 해악은 훨씬 덜 심각하다. 두 질병이 함께 발생하는 경우 —부채병이 먼저 발생하여 달러병을 초래하는 경우— 최악의 사태로 치닫는다.

이는 두 질병이 상호 영향을 주고받기 때문이다. 말하자면, 의사들이 두 질병의 단순 합보다 합병증이 더 심각하고 위험하다고 얘기하는 것과 유사하다. 그리고 우리는 가벼운 질환이 심각한 질환으로 발전할 수 있음을 알고 있다. 독감이 폐렴으로 발전하는 것처럼 과잉부채는 디플레이션으로 이어질 수 있다.

10% 시스템에서 디플레이션의 효과는 은행이 지급준비금을 불충분하게 보유하는데 기인한다. 우리는 이미 Ⅲ장과 Ⅳ장에서 은행대출의 청산과 현금인출이 어떻게 수표책화폐를 파괴하는지를 살펴보았다. 화폐량 축소는 결과적으로 물가하락과 경기위축으로 이어진다.

한편, 부채로 인해 유발된 물가하락은 다시 부채에 영향을 미친다. 미상환 부채 1달러의 가치가 물가하락으로 상승하기 때문이다. 물가하락은 달러가치 상승을 의미한다. 부채청산은 상황을 악화시킨다. 부채청산으로 갚아야 할 채무액이 줄어드는 건 사실이지만, 달러가치 상승으로 갚아야 할 부채의 실질가치가 커져 부채청산 속도는 생각보다 빠르지 않다. 그러니까 *개개인들이 자신의 채무액을 줄이려는 바로 그 노력에 의해 채무부담은 증가한다. 이유는 경쟁적 부채청산의 집합적 효과로 미상환부채 가치를 높이기 때문이다.* 내가 대다수의 심각한 불황의 주된 비밀이라고 말하는 엄청난 패러독스에 직면한다. *채무자들이 더 많이 갚을수록 이들이 실질 상품real commodities 기준으로 갚아야 할 채무액은 늘어난다.* 경제를 배에 비유하면, 경제라는 배가 기울수록 더 기울어지고 스스로 균형을 회복하지 못한다. 기울진 정도가 심해져 배는 결국 전복되고 만다.

이런 "전복capsizing"형 불황에서 발생하는 최악은 실질소득이 빠르게 그리고 계속해서 감소한다는 것이다. 유휴인력과 유휴설비는 생산감소와 실질소득 감소를 야기하는데, 실질소득은 경제학의 핵심변수에 해당한다. 그건 그렇고, 이 과소생산(생산감소)은 과잉생산이라는 환상이 존재하는 바로 그 시기에 발생한다.

과잉부채는 무엇인가?

여기서 과잉부채over-indebtedness의 개념을 심층적으로 살펴보지는 않을 것이다. 단지 여기서는 (a) 과잉부채는 항상 다른 항목 또는 변수 −국부, 국민소득, 보통의 경우에는 은행의 지급준비금, 금본위제도에서는 특히 금보유량− 대비 상대적 규모로 파악되며, (b) 과잉부채를 단순하게 부채규모라는 1차원적인 개념으로 파악해서는 안 된다는 것만을 언급하는 걸로 충분하다. 과잉부채를 파악할 때는 부채 만기의 분포를 고려해야 한다. 채무자는 부채를 지금 당장 상환해야 하는 경우보다 몇 년 후에 상환해도 되는 경우에 덜 곤란하다. 그리고 채권자가 부채상환시기를 결정하는 경우보다 채무자가 원할 때 부채를 상환해도 되는 경우도 마찬가지다. 그러므로 채무 당혹감debt embarrassment은 만기가 임박한 경우와 채권자 요구시 부채를 상환해야 하는 경우에 특히 크다.

편의상 이번 연도 내에 지불해야 하는 채무상환의무의 총액을 통해 사람들이 느끼는 총 부채 당혹감을 대략적으로 파악할 수 있다. 채무상환의무는 임대료, 세금, 이자, 할부금, 감채기금 적립액, 연내 만기도래 부채 그리고 이 밖의 확정된 원금 상환의무 등을 포함한다.

그리고 골칫거리의 대부분은 10% 시스템과 관련된다. 왜냐하면 만기도래 부채의 대부분은 은행의 단기대출이기 때문이다.

1929-1935년의 대공황의 예시

우리가 현재 벗어나고 (있다고 믿고) 있는 대공황은 가장 심각한 유형의 부채 디플레이션 공황에 해당한다. 1929년 채무규모는 명목 가치나 실질 가치로나 전례 없이 컸는데 이 중 100억 달러 정도가 채권자의 상환 요구 시 상환되어야 하는 대출이었다.

부채규모는 "배를 뒤흔들 뿐" 아니라 전복시키기에도 충분히 컸다. 1933년 3월까지 이루어진 대규모 부채 청산으로 명목부채 규모는 20% 감소하였지만 생산자물가를 적용한 달러의 실질가치는 약 75% 상승하였다. 이렇게 하여 실질부채, 즉 상품으로 환산한 부채규모는 약 40%[(100% − 20%) × (100% + 75%) = 140%] 증가하였다.

물가하락을 상쇄하는 다른 요인이 없다면 1929~1935년과 같은 불황 (다시 말해 채무자가 부채를 갚을수록 보다 더 많은 부채를 짊어지는 불황)은 수년간 악순환을 거치며 지속된다. 배가 전복되기 전까지 멈추지 않고 계속 한 쪽으로 기우는 것과 같다. 물론 종국에는 대대적인 부도사태를 거친 후 부채규모는 확장세를 멈추고 줄어드는 게 일반적이다. 그러면 경제는 회복되고 다시 새로운 호황-불황의 과정이 시작된다. 이것이 불필요하고 잔혹한 부도사태, 실업 그리고 보편적 빈곤화를 거쳐 불황에서 빠져나오는 소위 "자연스런" 경기회복 방법이다.

이러한 분석이 맞는다면, 불황으로 파괴된 화폐량을 복구하여 물가수준을 적정선으로 회복시킨 다음 이를 유지하는 단순한 방법을 통해 불황을 멈추거나 방지하는 게 거의 항상 가능하다. 증가된 화폐량은 소비를 진작시키고 재고용을 촉진하고 물가를 상승시키고 기업이윤을 증가시켜 다시 고용증가로 이어지기 때문이다.

물가수준이 통제가능하다는 것은 통화 이론가들의 주장일 뿐 아니라 최근에 스웨덴, 영국, 노르웨이, 덴마크, 호주, 아르헨티나, 일본 등에서도 입증되었다. 보다 최근 사례로 벨기에도 있다.

물가수준이 통제가능하다면, 부채 디플레이션에 따라 경기가 침체한 후 자연스럽게 회복되길 바라는 것은 폐렴이 그냥 "자연스럽게 치유되도록 내버려두는" 의사와 같이 부도덕하고 어리석다. 이는 의학과 마찬가지로 병폐에 대한 치료법을 연구하는 경제학에게 모욕적이다.

물가회복reflation이 거의 4년간 치명적으로 지속되던 디플레이션을 반전시킬 수 있었다면 이를 보다 일찍 종식시켰을 것이 틀림없다. 실제로 후버 대통령 시절 연방준비은행이 공개시장조작을 통해 채권을 매입함으로써 1932년 5월부터 9월까지 물가가 상승하고 산업이 활성화되면서 경기가 표면적으로 회복하기 시작하였다.

불행하게도 이러한 노력에 따른 경기회복은 오래가지 못했고 "공포를 조장하는 당시 대통령선거운동"을 포함한 여러 가지 요인에 의해 중단되었다.

어쩌면 대공황을 거의 완벽하게 예방하는 것이 더 쉬웠을지도 모를 일이다. 나는 이것이 뉴욕 연방준비은행 총재였던 벤자민 스트롱Benjamin Strong Jr.이 살아있었다면 가능했을 거라 생각한다. 아니면 그가 죽은 후 그의 후임자들이 그의 정책을 계승하고 이를 연방준비이사회와 은행들이 일관되게 추구하였다면 가능했을지도 모른다. 만약 그랬다면 최악의 경우에도 대공황 초기에 경험한 주가폭락 정도만 발생했을 거다. 우리는 부채병을 경험했을지 모르지만 달러병은 경험하지 않았을 수도 있었을 것이고, 그렇다면 병폐의 심각성은 폐렴이 아니라 독감 정도였을 거다. Ⅲ장과 Ⅳ장에서 기술한 바와 같은 10% 시스템에서 발생하는 디플레이션 성향deflationary tendency은 극복될 수 있었을 거다.

당시 부채 디플레이션에 따른 불황을 예방할 수 있었던 보다 쉬운 방법이 있었다. 1929년에 100% 지급준비제도가 이미 존재했다면 가장 손쉽게 이를 피할 수 있었을 거다. 왜냐하면 100% 시스템에서는 공개시장조작을 통해 채권을 매입하여 은행들이 대규모 "초과 지준", 즉 10% 수준을 넘어서는 지급준비금을 확보할 필요가 없기 때문이다. 지급준비금은 처음부터 이미 10% 수준을 초과하는 100%이기 때문이다. 이러한 상황에서 공개시장조작을 통한 화폐공급은 즉각적으로 그리고 직접적으로 기업활동과 물가수준에 영향을 준다. 공개시장조작으로 공급된 화폐를 은행이 시중에 공급하기 보다는 부족한 준비금을 메우고 여유자금을 확보하는데 쓰는 10% 시스템과는 사뭇 다른 모습이다.

부채 확대 유발 요인들

지금까지 그냥 있어왔다고 생각한 과잉부채도 어떤 계기나 원인에 의해 만들어진다. 이 중에서도 가장 흔한 원인은 통상적인 이윤과 투자수익에 비해 *커다란 수익을 가져다주는 새롭고 유망한 투자기회*이다. 이런 새로운 기회는 새로운 발명, 새로운 산업 생성, 새로운 자원의 개발, 새로운 토지 개척, 새로운 시장 개방 등으로 생겨난다. 이런 기회가 가져다주는 투자수익률이 금리보다 상당히 높다고 예상되면 우리는 과다 차입할 주된 동기를 갖는다. 투자자가 6%의 금리로 대출을 받아 연평균 100% 수익을 올릴 수 있다고 생각한다면 당연히 돈을 빌려 이에 투자 또는 투기하려는 유혹을 느낄 것이다. 이것이 우리를 1929년 과잉채무로 이끈 주된 원인이다. 발명과 기술진보는 멋진 투자기회를 만들어내었고 대규모 차입으로 이어졌다. 다른 원인들로는 전쟁채무 미상환분, 외국인에 대한 복구자금 대출, 그리고 연방준비은행들이 1925년 금본위제도로 복귀한 영국을 지원한다는 목적으로 채택한 저금리정책 등을 꼽을 수 있다.

지금까지 발생했던 과잉부채 사례는 하나 또는 여러 가지의 고유 원인에서 비롯되었다. 1837년 위기로 이어졌던 과잉부채의 주요 원인들은 미국 서부 및 남서부 지역의 부동산, 목화, (이리 운하Erie Canal에서 시작된) 운하 건설, 증기선, 아팔래치마 산맥Appalachian Mountains의 사방을 잇는 유료도로 등 고수익 투자기회와 관련된다. 1873년 위기로 이어졌던 과잉부채의 주요 원인들은 「공유지불하법Homestead Act」에 따라 성행하였던 철도 건설과 서부농장 개척에서 찾을 수 있다. 1893년 패닉으로 이어졌던 과잉부채는 은silver의 과다 유입과 주로 연관된다. 그렇지만 1893년 패닉은 다른 경우에 비해 부채와의 연관성이 덜하다. 물론 이때도 디플레이션이 장기간 이어져 위기를 심화시켰지만 말이다.

흔치 않은 수익을 내는 투자기회에서 비롯된 부채 버블은 단지 비생산적 부채를 유발하는 지진 등과 같은 대재앙에서 비롯되는 부채 버블보다 더 빠르고 더 크게 부풀어 오른다. 한 가지 예외는 대전쟁이다. 그렇지만 이 경우에도 전쟁이 끝난 다음에 재건목적의 생산적인 부채가 증가하기 마련이다.

이는 전쟁이 어떻게 경기를 침체시키는가를 설명하는 비전문가적 견해와 상당히 다르다. 내 견해가 정확하다면, 1차 세계대전은 대공황으로 이어질 필요가 전혀 없었다. 전쟁 중에 발생했던 인플레이션은 전시자금의 필요성으로 피할 수 없어 보여도 그 이후에 발생한 과도한 디플레이션은 전적으로 피할 수 있었다.

네 가지 심리적 단계

수익 목적으로 부채를 지는 대중의 심리는 대략 네 가지 단계를 거친다. (a) 배당금 형태의 큰 이윤, 즉 미래소득을 얻으려는 유혹, (b) 가까운 미래에 자산가격이 상승하면 이를 팔아 *자본*이익을 실현하려는 희망, (c) 대중들의 대박을 꿈꾸는 성향을 이용한 무분별한 홍보 성행, (d) 순진한 대중을 대상으로 하는 명백한 사기 활개 등이 그것이다.

사기당한 사람들은 '호트리Hatry와 크루거Kreuger의 금융사기'와 같은 사건에 휘말린 것을 뒤늦게 알아차린다. 그리고 이러한 위기가 한 몫 챙

기려는 영약한 사기꾼들에 의해 비롯된 것임을 소상히 파헤치는 책이 최소한 한 권 이상 출판된다. 그러나 이런 사기는 고수익 투자기회라는 진정한 근본적인 원인 없이 위기를 야기할 만한 파괴력을 갖지 못한다. "새로운 시대"라는 심리를 갖게 하는 매우 실질적인 근거가 거의 언제나 존재한다. 1929년 직전 상황도 의심의 여지없이 이러했다.

맺음말

나는 이번 장의 "대규모 공황의 부채 디플레이션 이론"이 정확하다는 걸 대공황의 경험이 입증한다고 생각한다. 다른 연구자들이 행할 후속 연구는 이를 의심의 여지없이 검증하는 일이다. 여러 국가들을 동시에 비교 연구하는 것이 한 가지 방법이다. "부채 디플레이션 이론 debt-deflation theory"이 맞다면, 공황의 국가 간 전염성은 공동의 금(또는 다른) 화폐본위에 기인할 것이고, 대규모 공황이 디플레이션을 겪는 국가에서 물가가 안정적이거나 상승하는 국가로 전이되지 않는다는 결과가 도출되어야 한다.

위의 마지막 가설을 검증하고 이 가설이 상당히 정확하다는 걸 밝혀낸 연구가 있다.[2] 예를 들면 1929~35년의 대공황 기간에 금본위제도를 채택한 어떤 국가에서 금 가치가 상승하면 다른 모든 금본위제도 국가에서도 물가수준이 하락하고 금 가치가 상승하는 경기침체 동조화가 관찰되었다. 그렇지만 은본위제도나 관리통화제도를 채택한 국가에서는 물가

---

2) 어빙 피셔의 『Are Booms and Depressions Transmitted Internationally Through Monetary Standard?(XXII Session de l'Institut International de Statistique, London, 1934; 재출판, 460 Prospect Street, New Haven, Connecticut)』를 참고하길 바란다. 또한 어빙 피셔의 『Stabilizing the Dollar (New York, Macmillan Co), 1920)』의 부록 285~397쪽과 1913년 2월 *Quarterly Journal of Economics*에 게재된 『A Compensated Dollar』의 213~235쪽도 참고하길 바란다.

수준이 안정적이거나 상승하여 금본위제도 국가의 경기침체에 동조화되지 않았다. 나중에 미국이 대규모 은을 매입하여 은 가치가 상승하였을 때 금본위제도 국가 간 전이현상처럼 은본위제도 국가였던 중국에서 은화 가치가 상승하고 공황이 시작되었다.

위의 분석에서 수표책화폐 규모 축소가 중요한 연관 고리로 작용하였음은 분명하다. 우리는 이미 Ⅳ장에서 은행과 일반대중 간의 현금 쟁탈전에 의해 수표책화폐 규모가 어떻게 축소되는지를 자세히 살펴보았다.

이러한 분석이 상당히 정확하다고 확신하는 독자는 10% 시스템이 대공황의 원인을 낳고 이를 대공황으로 숙성시키는 주된 요인이라는데 동의하지 않을 수 없을 거다. 100% 시스템에서는 우리가 본 바와 같이 은행대출의 청산으로 화폐량은 1달러도 줄지 않는다. 화폐량이 유지되므로 물가수준이 급락하는 일은 벌어지지 않고, 물가가 급락하지 않기 때문에 공황으로 이어지는 일련의 과정은 거의 발생하지 않는다.

아울러 100% 시스템에서는 심각한 경기침체가 발생하지 않는데, 이는 경기침체 이전의 호황 수준과 부채 규모가 그다지 크지 않기 때문이다.

물론 100% 시스템에서도 호황과 불황이 존재한다. 내 말의 의미는 호황과 불황의 정도가 상당히 큰 폭으로 줄어든다는 거다. 100% 시스템은 물결이 이는 것을 막을 수 없지만 거대하고 압도적인 파도가 발생하는 것을 최소한 대부분의 경우 또는 모든 경우에 막을 수 있다.

법격화폐lawful money

이 책의 본문에도 종종 등장하며 「읽을거리 5」에서도 언급된 법격화폐 lawful money라는 용어는 상당히 생소하면서도 우리에게 친숙한 법정화폐 legal tender와 (적어도 오늘날에는) 매우 유사한 개념이다.

법격화폐는 보통법common law에서 사용되던 용어로 18세기 미국 법원판 례에도 자주 등장하였다고 한다. 이 용어는 1862년 2월 25일 제정된 「법정 화폐법Legal Tender Act」이 그린백을 "법격화폐이자 법정화폐"로 정의하면서 미국 법률에 명시적으로 등장하였다. 그렇지만 이 법은 물론, 이후 제정된 화 폐 및 금융에 관한 어떠한 법률도 법격화폐를 명시적으로 정의하지 않아 법격 화폐 개념에 대한 논란이 종종 벌어지곤 하였다. 아이러니하게 이런 논란들을 통해 법격화폐의 개념이 정립되었다.

국법은행제도가 설립될 당시 시중에 유통되는 국가발행 화폐는 그린백이 유일하여 법격화폐는 적격 지급준비 화폐 또는 국법은행권 태환용도의 화폐로 해석되었다. 국법은행으로 하여금 은행권 발행량의 5%에 해당하는 태환준비 금을 재무부에 예치하도록 한 「1874년 6월 20일 제정법Act of June 20, 1874」 -「읽을거리 3」참조- 에는 그린백과 법격화폐라는 용어가 상호호환적 으로 사용되어 이러한 해석이 당시 정설이 되었다고 한다.

「읽을거리 5」에서도 설명하였지만 은화와 은 예탁증서가 법격화폐인지에 대해 논란이 벌어지기도 하였다. 은화에 대한 논란은 1881년 법무부장관이 은화를 법격화폐로 인정하는 조치를 취하면서 일단락되었다. 그리고 「1882년 7월 12일 제정법Act of July 12, 1882」이 은 예탁증서를 국법은행의 지급준비 자산으로 인정하였는데, 국법은행은 「국법은행법」에 따라 지급준비금을 법격 화폐로 구성해야만 했어서 은예탁증서도 법격화폐로 자동 간주되게 되었다. 법정화폐가 아닌 은화와 은 예탁증서가 법격화폐로 인정됨에 따라 법격화폐는 '적격 지급준비 화폐'라는 개념이 강화되었다.

「1913년 연방준비법Federal Reserve Act of 1913」에도 연준은행권 태환,

연방준비은행의 지준 보유 등과 관련하여 법격화폐라는 용어가 자주 등장하였는데, 회원은행은 자신들이 연방준비은행에 예치한 예금(지급준비금)을 법격화폐로 인식하였다고 한다. 연방준비은행은 회원은행 예치금의 35%를 금 또는 법격화폐로 보유해야 했는데, ⅰ) 법정화폐 성격이 약한 보조은화와 소액주화, ⅱ) 국법은행권, ⅲ) 지역연준은행권은 법격화폐 리스트에서 제외되어 비준비용 현금non-reserve cash로 분류된 반면, 은 예탁증서와 금 예탁증서는 법정화폐는 아니지만 법격화폐에 포함되었다. 그리고 1915년 연방준비제도가 법격화폐의 의미에 대한 해석을 내놓았는데 제1차적 의미는 법정화폐였다고 한다. 지역연준은행권은 법정화폐이지만 법격화폐로 인정되지 않는 등 1915년 연준의 해석과 당시 지급준비 화폐 분류는 다소 상충되어 혼란스런 점이 없지 않지만 국법은행시대의 법격화폐에 대한 기존의 해석(즉, 적격 지급준비 화폐)이 연방준비제도 설립 이후에도 그대로 유지되었다고 볼 수 있다.

1934년 연방의회가 모든 종류의 (소지)화폐를 법정화폐로 인정하면서 은화, 은 예탁증서, 국법은행권, 보조은화, 소액주화도 법정화폐의 지위를 획득하게 되었다. 이뿐만 아니라 자신이 아닌 다른 연방준비은행이 발행하여 연방준비은행이 보유하고 있는 지역연준은행권 및 연준은행권도 법정화폐로 인정되었다. 민간은행이 발행한 국법은행권이 법정화폐 지위를 갖게 된 것이 다소 의아하지만 당시 화폐제도를 안정화시키기 위한 조치로 해석할 수 있다.

연방준비제도이사회 홈페이지를 찾아보니 국법은행시대에 법격화폐가 법정통화보다 포괄적인 의미를 지녔다는 말만 나오고 법격화폐에 대한 정의를 내리진 않고 있다. 법격화폐 용어는 현행 「연방준비법」에도 등장하는데, 연준은행권은 재무부에서 법격화폐로 교환 가능하다는 제16조 1항이 대표적이다. 연준은행권이 법격화폐이기 때문에 이를 굳이 다른 법격화폐로 교환할 필요성이 없기 때문에 이 조항은 일종의 전통적인 또는 상징적인 조항이라 할 수 있겠다.

자료: Cross(1938), Simmons(1938), Board of Governors of the Federal Reserve System 홈페이지

제Ⅷ장

기업에 대한 의의

기업활동 촉진

100% 시스템 도입으로 호황과 불황의 깊이 즉 경기변동 폭이 축소되면 제조업, 산업, 노동자 그리고 경제이익을 갖는 여타 이해당사자를 아우르는 기업부문은 두 가지 구체적인 혜택을 누리게 된다. 이 두 가지 혜택은 정기계약time contracts에 -구체적으로 말하면 대출계약에- 믿을 만한 단위unit가 제공된다는 것과 이러한 대출계약의 수요와 공급이 경기변동의 영향으로부터 자유로워지는 것이다.

이 두 가지 기능 중 첫 번째에 해당하는 달러가치 안정화는 앞의 두 장에서 설명하였다. 이번 장에서는 대출계약의 수요와 공급을 바로잡는 두 번째 기능에 대해 설명하고자 한다. 이것이 "기업활동 촉진"라는 기치 아래 「연방준비법」이 목표하는 바이다.

많은 사람들은 100% 시스템이 은행대출을 촉진한다는 걸 믿기 힘들어 할 수 있다. 왜냐하면 이들은 10% 시스템이 뚝딱 대출자금을 만들어 대출을 촉진한다고 생각하기 때문이다. Ⅴ장에서 우리는 왜 이러한 주장이 잘못되었는지 살펴보았다. 특히 우리는 화폐량이 안정적인 100% 시스템에서도 은행대출이 저축과 함께 적정 수준까지 확대될 수 있음을 살펴보았다. 저축은 경제번영에 따라 증가하여서 100% 시스템에서 감소하지 않고 경제성장에 상응하여 확대된다.

이렇게 추가된 저축은 저축 및 정기 예금의 형태 또는 은행자본의 형태를 띨 수 있으며 대출재원으로 활용된다. 또한 투자신탁상품에 대한 투자 등 여러 다른 형태로 저축이 이루어질 수 있다.

앞서 설명한 바와 같이, 은행이 대출에 쓰일 자금을 확실하게 확보하지 않고 대출에 나서는 상황은 건전하지 않다. 10% 시스템에서는 화창한 날씨에 해당하는 시장상황에서 대출받으려는 스미스와 여유자금을 저축하는 존스가 매칭되는 경우만이 용인될 수 있다. 100% 시스템에서는 대출 수요와 공급이 균형을 이루지 않는 경우는 존재할 수 없음을 이미 살펴보았다. 양측은 균형을 이루어야만 한다. 왜냐하면 은행이 수중에 대출해줄 자금을 −자기자본이든 돈을 빌려주길 원하는 다른 누군가의 돈이든− 갖고 있지 않으면 대출이 불가능하기 때문이다.

화폐공급량 변동은 통화위원회를 통해서만 가능하며, 통화위원회는 국익과 이를 확보하는 구체적 기준에 따라 화폐공급량을 변경한다. 더 이상 단지 은행, 상인, 투기꾼의 이익을 위해 화폐공급량이 변하는 일은 발생하지 않는다.

차입비용

100% 시스템에서는 차입자가 두 번 아니면 한 번 자신의 어음을 재할인 받아야 하므로 차입비용이 높아지지 않는가? 이게 사실이 아니더라도 어찌되었든, 100% 시스템 도입으로 기업의 차입비용이 높아지지 않는가?

*명목금리*는 100% 시스템 도입 초기에 아마 오를 가능성도 있고 그렇

지 않을 수도 있다. 그러나 어떠한 경우에서든 *실질*금리는 분명히 하락할 것이다. 왜냐하면 (현실에서 100% 시스템을 도입할 수 있는 유일한 시기는 불황이기 때문에 100% 시스템이 불황기에 도입된다고 가정하면) 통화위원회의 첫 번째 임무는 물가상승이다. 이러한 "물가회복reflation" 시기에 물가상승률(달러가치 하락률)을 명목금리(즉 화폐가치로 파악한 금리)에서 제외해야 한다. 이렇게 해야 재화가치(구매력)로 파악한 금리, 즉 실질금리를 구할 수 있다.

예를 들어, 1년 만기 대출의 명목금리가 6%이고 물가수준이 연중 1% 상승(즉, 달러가치가 하락)하였다고 가정하면 *실질*금리는 5%이다. 다시 말해, 오늘 6%의 대출금리로 100달러를 대출을 받은 차입자는 내년에 106달러를 갚아야 하지만, 내년의 106달러는 올해의 달러가치로 치면 105달러의 가치를 갖는다.[3]

물가회복 단계가 마무리되면 차입자와 채권자 모두에게 강화된 안정성이라는 혜택이 찾아온다.

10% 시스템에서는 달러가치에 대한 신뢰 부족으로 금리, 특히 실질금리가 끊임없이 오르락내리락한다. 호황에는 달러가치가 하락하고 실질금리는 종종 0%를 하회한다. 이는 일시적으로 차입자에게 유리하게 보이지만 그를 과도한 차입으로 유혹하고, 그 결과는 불황과 실질금리가 거의 50%를 웃도는 디플레이션이다.

물론 100% 시스템이 도입된 직후 얼마간 10% 시스템에서보다 명목금리가 더 높아질 수도 있는 건 사실이다. 그렇지만 10% 시스템에서 상대적으로 낮게 형성된 금리는 망상이며 유혹에 불과하다. 왜냐하면 10% 시스템은 호황과 불황을 수반하기 때문이다. 이런 시스템에서 차입자가 저금리로 돈을 빌려서 얻는 이익보다 잃는 것이 더 많다. 차입자는 종종 채무상환능력을 상실하기도 하고, 어떠한 대출금리를 지급한다고 하더라

---

3) 어빙 피셔의 『The Theory of Interest』(Macmillan Co, New York, 1930)를 참고하길 바란다.

도 대출을 받지 못하는 상황에 처할 수 있으며, 가장 절박한 상황 또는 사전에 만기연장을 약속받았음에도 실제로는 만기를 연장 받지 못할 수 있다. (불황을 포함하는) 장기간을 놓고 볼 때 평범한 소액 차입자는 100% 시스템에서 차입 형편이 더 낫다. 비록 나의 예상치보다 100% 시스템에서 대출금리가 더 높게 형성되더라도 말이다. 차입자는 호황이든 불황이든 언제나 일정한 대출금리로 대출을 받을 수 있다. 반면, 현 시스템에서는 어떠한 고금리를 지불하더라도 한 푼도 대출받지 못하는 경우가 종종 발생한다. 대출이 절박한 사업가가 대출을 받지 못하면 어느 샌가 자기 회사가 은행의 관리 하에 놓인 걸 발견하게 된다. 이러한 상황은 기업가, 은행, 일반국민들에게 대체로 이롭지 못하다.

10% 시스템에서 벌어지는 금리 왜곡

10% 시스템에서 대출 수요와 공급은 일반적으로 적정한 금리수준에서 균형을 이루지 못한다.

이는 주로 물가변동이 금리를, 특히 실질금리를 교란시키기 때문이다. 그리고 10% 시스템에서 금리 조정을 통해 성공적으로 물가수준이 안정화된 상황에서조차도 필연적으로 어느 정도 금리가 정상적인 수준에서 괴리될 수밖에 없다는 걸 강조하고 싶다.[4] 이는 연방준비은행이 인플레이션 또는 디플레이션을 예방할 목적으로 금리를 올리고 내리고 하는 행위가 필연적으로 자금시장에 대한 개입을 수반하기 때문이다.

실은, 뉴욕 연방준비은행 총재였던 스트롱 총재가 사망하면서 그가 추진했던 안정화 정책도 거의 사라졌는데, 이는 그가 금리를 이용하여 안정화정책 목표를 달성하는 과정에서 "채권시장을 휘저어놓고" 투자목적에 따른 판단이 아니라 자신의 정책목적을 달성하기 위해 종종 무리하

---

4) Ⅵ장의 "*상대적으로 화폐관리가 어려운 10% 시스템*"을 참고하길 바란다.

게 연방준비은행에 정부채권을 "채워 넣는" 등 은행들을 괴롭혔기 때문이다. 스트롱에 대한 이러한 적대적인 평가는 비평가들이 안정화의 중요성을 제대로 인지하지 못했다는 데 기인한다. 그러나 스트롱의 통화관리로 금리가 대출시장의 여건을 제대로 반영하지 못했다는 점은 그에 대한 혹평의 정당한 근거로 작용한다. 어쩔 수 없이 어느 정도 금리왜곡이 존재하였다.

금리 정상화를 통한 대출시장 균형을 촉진하는 100% 시스템

100% 시스템에서 통화위원회의 안정화기능은 10% 시스템에서보다 훨씬 적게 금리를 교란시킨다. 금리는 대출의 수요와 공급에 따라 자연스럽게 적정수준을 찾아가며 실질금리는 화폐 규모 변화로 왜곡되지 않는다. 통화위원회가 단지 달러 구매력 유지라는 단일 기능을 수행하기만 하면, 금리는 자연스럽고 자동적으로 현 체제에서 달성가능한 정도보다 훨씬 더 적정금리에 근접할 것이다.

왜 이렇게 되는지는, 즉 왜 10% 시스템에서보다 100% 시스템에서 금리가 보다 정상적이 되는지는 쉽게 이해할 수 있다.

첫째, 공개시장조작은 지금처럼 대규모로 이루어지지 않을 것이다. 지금과 비교하자면 공개시장조작 규모는 언제나 사소한 수준에 머문다. 이는 100% 시스템에서는 화폐량이 안정적이어서 공개시장조작으로 대응해야 할 시중 화폐 과부족 규모가 크지 않기 때문이다.

둘째, 달러가치가 안정적이면, 올해의 달러가치를 내년의 달러가치로 환산해주는 비율인 금리의 적정수준을 물가 및 화폐가치 변동에 의한 교란 없이 보다 쉽게 찾을 수 있다.

금리에 영향을 미치는 몇 가지 요인을 자세히 살펴보자.

대출수요는 금리를 상승시키고 대출공급은 이를 하락시키는 걸 우리는 알고 있다. 이와 마찬가지로 채권매도는 (채권가격을 하락시켜) 금리를 상승시키고 채권매입은 이를 하락시킨다. 채권매도와 차입(대출수요)은 금리에 동일한 방향으로 영향을 미치고, 채권매입과 대출공급은 금리에 동일한 방향으로 영향을 미친다.

위 사실을 염두에 두고 (예를 들어 뭔가 멋져 보이는 고풍적인 근검절약 캠페인에 의한) 심리적 변화로 회원은행이 차입자를 찾지 못할 정도로 저축이 증가했다고 가정하자. 그러면 대출자금 공급은 대출수요를 능가하여 대출시장이 청산되지 않는다. 이런 상황의 결과로 금리는 하락해야만 하며 이는 100% 시스템에서 나타나는 결과이기도 하다.

대출가능자금loanable fund이 넘쳐나는 은행은 연방준비은행에 달려가 채권을 매입(또는 대출을 상환)한다. 그럼 이제 연방준비은행은 채권매도로 받은 자금으로 넘쳐나게 되고 통화위원회로 달려가 채권을 매입(또는 대출을 상환)한다.

결국 통화위원회가 자금으로 넘쳐나게 되고 통화위원회는 (채권매도로 받은 자금을 그대로 수용하여 디플레이션이 야기되는 것을 방지하기 위하여) 채권시장과 여타 투자시장에서 적극적인 매수포지션을 취하여 자신이 회수한 자금을 시중에 공급시키려 할 것이다. 이러한 통화위원회의 채권매입 또는 대출 확대로 금리는 하락하고, 금리하락은 대출수요를 자극하고 대출공급 의욕을 저하시킨다. 결과적으로 대출가능자금 초과공급은 억제되고 부족한 대출수요는 진작되는데 이에 따라 다시 대출수요와 공급이 같아져 이전보다 낮은 금리 수준에서 시장이 청산된다.

이와 반대로, 10% 시스템에서 저축은 상업은행대출 상환에 일부 쓰이며, 대출감소는 당좌예금 감소를 의미하고 이는 물가하락을 의미한다. 저축증가가 금리에 미치는 영향을 살펴보면 명목금리를 하락시키지만 실질금리를 상승시키는 매우 비정상적인 결과를 야기한다.

다음으로, 이와 유사한 비정상적인 결과가 반대 방향으로 발생하는 경우를 살펴보기 위해 심리적 변화로 대출수요가 대출공급을 초과하는 경우를 가정해보자. 예를 들어, 최신유행을 쫓는 소비풍토로 저축이 감소했다고 가정하자. 이런 상황에서 금리는 올라줘야 하며, 100% 시스템에서는 실제 이러한 결과가 발생한다. 회원은행은 자신이 보유하고 있는 화폐보다 많은 대출수요에 직면하여 연방준비은행에 대출 또는 어음 재할인을 요청한다. 다시 연방준비은행은 통화위원회에 대출 및 재할인을 요청하고, 통화위원회는 민간부문을 대상으로 대출을 받거나 공개시장에서 채권을 매각한다. 통화위원회의 차입 및 채권매각에 따라 금리는 상승하게 된다. 왜냐하면 채권 또는 다른 형태의 미래청구권의 매각은 해당 금융상품의 가격을 하락시키고 이에 따라 해당 금융상품에서 발생하는 이자는 높아져야 하기 때문이다. 금리상승으로 초과대출수요는 축소되고 부족했던 대출공급은 증가하는데 결국 대출 수요와 공급은 같아지고 시장은 다시 균형에 놓이게 된다.

이와 반대로, 10% 시스템에서 대출 초과수요는 상업은행의 단기대출 증가로 이어지며 이로 인해 당좌예금은 증가하고 물가수준은 상승한다. 금리에 미치는 영향을 살펴보면, 명목금리는 상승하지만 (물가수준 상승으로 인하여) 실질금리는 하락하는 매우 비정상적인 결과가 나타난다.

한편, 위에서 가정했던 심리적 변화가 아니라 투자기회의 변화로 대출 수요 또는 공급이 변한다고 가정해도 금리에 미치는 영향은 두 시스템에서 다르게 나타난다.

100% 시스템에서는 물가교란에 의한 방해가 없으므로 이전과 같은 정상적인 결과가 도출된다. 그러나 10% 시스템에서는 물가교란이 다시 시장을 엉망으로 만들어버린다.

예를 들어, 아주 새롭고 경이로운 발명을 진행 중인 회사의 보통주 매입을 통해 높은 수익을 얻을 수 있을 거란 기대로 대출수요가 증가한다고 가정하자. 즉, 사람들은 그들이 예상하는 배당수익률보다 훨씬 낮은 금리로 차입이 가능하다. 100% 시스템에서는 명목금리와 실질금리 모두 상승하여 차입이 억제되고 추가 차입을 부추기는 물가상승은 발생하지 않기 때문에 주식매입 광풍은 그다지 해로운 결과를 야기하지 않는다.

그러나 10% 시스템에서는 물가가 상승하고 일종의 호황으로 이어질 수 있다. 실질금리와 명목금리 사이에 괴리가 발생하는데, 실질금리는 상승해야 하지만 하락한다. 그리고 희생자들은 저축자금이 아니라 그저 자신들의 대출 약속어음에 근거해서 만들어진 자금을 투자한 것임을 나중에야 알아차린다. 이것이 1929년에 벌어진 바이다.

일반적으로 투자는 저축에서 비롯된다. 투자가 차입자금으로 이루어지는 경우 차입자금은 최소한 누군가가 저축한 자금이어야 한다. 그러나 10% 시스템에서 투자자금은 갑자기 어디선가 날조되는데 말하자면 인플레이션으로부터 생겨난다. 나는 1차 세계대전 중에 한 연설자가 대중에게 전시정부채Liberty Bond 매입을 호소하면서 했던 말을 기억한다. 그는 "당신은 채권매입을 위해 저축할 필요도 없고 소비를 줄이지 않아도 돼요. 당신은 채권 매입자금을 은행으로부터 차입할 수 있어요. 만약 은행이 담보를 요구한다면, 당신이 대출받아 사려고 하는 전시정부채를 담보로 수용할 거예요. 이런 식의 담보대출은 흔해요"라고 했다. 두말할 필요도 없이 인플레이션으로 이어진다.

이런 "투자"는 소위 "투자자" 또는 "대부자(은행)"의 저축에서 비롯되지 않고, 인플레이션에 의해 높아진 생활비를 충당하기 위한 강요된 저축 즉 소비 감소로 이어진다.

이런 종류의 잘못된 투자와 엉뚱한 사람들의 피해는 전시정부채 캠페인에 의하건 주식시장 투기유행에 의하건 10% 시스템에서 발생하는바 그대로이다. 100% 시스템에서 저축과 투자는 원래 정상적인 경우에 그렇게 되어야 하듯이 밀접한 연관성을 갖고 함께 움직이며, 명목금리와 실질금리도 밀접하게 연관되어 한 방향으로 움직인다. 투자와 금리는 모두 정상적으로 공급과 수요를 따르며 달러가치 변화에 의해 왜곡되지 않는다.

요컨대, 금리의 중요성을 회복하는 것, 즉 금리가 대출 수급 변화를 제대로 반영하여 대출시장 가격변수로서 제대로 기능하는 것이 100% 시스템이 갖는 장점 중 하나이다.

점진적 금리 하향화

그러므로 100% 시스템에서 달러가치 안정화와 시장원리에 따른 금리 조정은 언제나 일관되게 지켜지는 약속과도 같다. 그리고 성장하는 경제에서 달러가치가 상승하는 것을 막기 위해 화폐공급량을 일정하게 늘려야 하므로 통화위원회는 통상 자산 매입자 입장(새로운 위원회통화 발행을 통한 매입)에 서게 되고, 통화위원회가 매입하는 자산은 채권 또는 미래에 고정된 금액을 지급하는 다른 형태의 채무로 구성되며, 통화위원회의 자산 매입(즉, 대출 제공)은 꾸준히 물가를 상승시키고 금리를 낮추는 압력으로 작용하게 된다.

다시 말해, 100% 시스템에서 모든 것을 감안할 때 화폐창조는 이자부채권 매입 즉 대출의 형태로 이루어진다. 이러한 화폐창조는 과도하고 불필요한 인플레이션을 유발하지 않고 달러가치를 유지하는 선에서 기업의 자금수요를 충족시킬 만큼 이루어진다.

새로운 화폐 발행으로 이루어지는 대출과 이와 유사한 금융상품의 연간 증가분은 미미한 수준일 거다. 게다가 앞의 논의에서 이미 확실해졌듯이, 새로운 화폐 발행에 해당하는 이 미미한 연간 대출 증가분은 저축으로 흘러들어갈 수 있다. 그러므로 금리를 진짜로 결정하는 건 통화위원회의 공개시장조작이 아니라 나의 저서 『금리이론Theory of Interest』에 적혀있듯이 금리는 "소득을 쓰려는 성급함impatience to spend income과

이를 투자할 수 있는 기회opportunity to invest it에 따라 결정된다"는 일반
원칙이다.

100% 시스템에서 금리에 지대한 영향을 미치는 요인은 꾸준히 축적된
저축일 건데, 저축증가로 금리는 완만하고 점진적으로 하락할 수 있다.

대출만기 장기화

100% 시스템은 의도치 않게 그렇지만 중요하게도 대출의 평균만기
를 늘릴 것이다. 10% 시스템에서는 차입자가 대출만기를 늘리고 싶어하
는 경우에도 은행은 자기 자신을 위해 만기를 단축시키곤 한다. 즉, 은행
입장에서 대출자산의 "유동성은 높을" 필요가 있고, 불안한 지급준비금
을 보강하기 위해 예고 없이 대출을 회수할 수 있길 바란다.

명백히 이는 10% 시스템이 갖는 또 하나의 결함이며 매우 심각한 결
함이다. 대출만기는 은행 입장이 아니라 "기업 입장에서" 주로 결정되어
야 한다. 그렇지만 10% 시스템에서 은행은 얼마 안 되는 준비금만을 보
유한 채 막대한 요구불예금을 부채로 안고 있기 때문에 대출만기는 비정
상적으로 짧다.

장기자본대출은 현실에서 제공되는 것보다 수요가 더 크다. 사실, 상
업은행은 대출영업을 위해 종종 사전에 단기대출의 만기연장을 약속하곤
한다. 은행은 통상 이런 약속을 구두로 하며 지키기 곤란할 경우 쉽게 깨
버리는데 이 경우 종종 차입자가 동시에 망가져버리기도 한다. 때때로
차입자는 장기자금을 확보하려는 의도로 대출을 갈아타거나 대출 대환을
위해 여러 은행에 계좌를 보유하기도 한다. 그러나 모든 은행이 한꺼번
에 대출상환을 요구하면 차입자는 이런 방법들로 만기연장 효과를 얻기
힘들다.

만기연장의 어려움은 기업 입장에서 현 제도가 갖는 가장 취약한 결

함인데, 이런 어려움은 100% 시스템에서는 크지 않다. 차입자는 보다 수월하게 대출계약서에 그가 희망하는 대출만기를 미리 확정할 수 있을 것인데, 이는 기업가가 사업상 대출을 요하는 필요성이 은행이 "유동성"을 원하는 필요성(현실적으로 지급준비금 예치 필요성을 의미)에 의해 압도당하지 않기 때문이다. 더욱이, 현 제도에서 대출상환일정은 종종 허구에 불과하지만, 100% 시스템에서 대출상환은 장기채권에 적용되는 감채기금sinking fund과 같은 프로그램으로 마땅히 운영될 것이다.

현재의 단기대출 시스템은 특히 불황기에 기업의 기대에 못 미친다. 불황으로부터의 회복은 단기상업대출이 아닌 장기자본대출을 필요로 한다. 그러나 은행은 정반대를 원한다. 그러므로 기업은 자신이 원하는 대출을 받을 수 없다고 하고, 은행은 그런 대출은 해줄 수 없다고 하는 대치상황이 벌어진다.

은행이 있음에도 대출절벽이 발생하는 불황기에 헴필Mr. Hemphill <이 책의 서문을 작성한 애틀랜타 연준의 전(前) 여신관리자－옮긴이>은 지난 불황에서 주로 시골에 위치한 모험적 성향의 은행들이 차입자들이 원하는 자본대출을 제공함으로써 경기회복을 일구어내는 걸 목도하였다. 그렇지만 이 은행들은 이번 불황에서 거의 전멸하여 이런 방식의 경기회복은 불가능해졌다.

이와 같이 10% 시스템은 기업과 산업계가 원하는 장기자본대출을 제공할 능력을 결여하고 있으며, 그나마 장기대출 제공을 시도했던 은행들은 소멸해 버렸다.

한편, 불황기에만 대출이 상환유예되고 은행이 도산하는 건 아니다. 평상시에도 대출은 점진적으로 상환유예되는 경향을 갖는다. 은행 포트폴리오에서 만기연장대출이 차지하는 비중이 처음에는 5%에 불과하더라도 또 다른 5%의 대출이 만기연장되는 건 시간문제다. 왜냐하면 기업이 가장 원하는 대출유형이 만기가 긴 자본대출이고 대출영업에 혈안이 된

은행은 으레 상환유예 또는 만기연장을 용인하기도 한다. 단기대출을 가장하지만 만기연장이 보장된 실질적인 장기대출을 해주는 거다. 이렇게 해서 순식간에 또 다른 5%에 해당하는 대출이 비유동자산에 해당하는 만기연장 또는 장기 대출에 추가된다. 이와 같이, 상환되는 대출은 거의 없는 가운데 기존 대출의 만기연장 또는 만기유예가 지속되면 은행 포트폴리오의 대부분이 만기연장대출로 채워지게 된다. 결론적으로, 자산은 비유동화되는 반면 요구불예금은 예금자가 언제든지 인출 가능하기 때문에 부채는 매우 유동적인 상황에 이른다.

최근까지 상업은행 대출자산의 점진적인 비유동화에 따른 화폐공급 둔화 경향<신규 대출이 발생해야 신규 예금통화가 창조됨-옮긴이>은 매년 새로 생겨나는 은행이 유통화폐를 보급함으로써 어느 정도 상쇄되어 왔다. 사람들은 유통화폐를 원활히 공급받을 때 한층 더 활발하게 차입 및 예금 활동을 하는 경향이 있다. 그렇지만 새로운 은행이 더 이상 탄생하지 않게 되면 이런 상쇄효과는 사라지고 자산 비유동화에 따른 유통화폐 공급 감소현상이 우세해진다.

이렇듯 10% 시스템에서 대출만기 장기화는 많은 측면에서 심각한데, 100% 시스템에서 장기대출이 안전하게 제공가능하다는 점은 이 시스템이 갖는 사소하지 않은 장점에 해당한다.

대출 감소 & 투자 증가

대출 장기화는 우선주 또는 보통주에 대한 투자 장려로 이어질 수 있다. 이는 요구불예금을 정기예금으로 대체하는 것에 그치지 않고 그야말로 한 걸음 더 나아간 것이다. 상업은행업은 모든 방면에서 점진적으로 투자은행업에 가깝게 변할 것이며, 지금과 같이 은행이 원하는 바가 아니라 일반 사람들이 원하는 바에 부응하는 새로운 형태를 갖추게 될 것이다.

이는 대출 중단 또는 단기대출 중단을 의미하지 않는다. 단지, 은행 포트폴리오에서 단기대출이 갖는 상대적 중요성이 감소할 뿐이다. 우리의 현재 시스템에서 단기대출은 자주 상환유예 되어버린다.

요약

100% 시스템이 기업에 주는 주요 의의는 (1) 달러가치의 안정화, (2) *대규모* 호황과 불황의 완화 또는 실질적인 제거, (3) 대출 수요와 공급이 균형을 이루고 적정금리로 대출이 언제나 가능해지는 상황에서 정상적인 대출활동 촉진, (4) 명목금리와 실질금리 동조화, (5) 저축규모와 투자규모 간 괴리 거의 해소, (6) 저축의 꾸준한 증가와 점진적 금리 하향화, (7) 은행가가 아닌 기업가의 요구에 맞는 대출 만기 조정 가능 등이 있다.

탄력적 통화elastic currency

자유은행시대처럼 국법은행시대에도 은행위기가 잦았는데 '통화의 비탄력성'이 위기의 주요원인으로 지목되곤 했다. 당시 농업이 미국경제에서 차지하는 비중이 컸기에 미국에서 금리와 단기금융시장은 계절변동성에 크게 영향을 받았다. 국법은행권, 그린백 등의 통화 규모는 단기에 상당히 고정적인 반면 화폐 및 신용 수요, 지급결제 규모는 매우 가변적이었다. 그래서 통화와 은행 대출에 대한 수요가 상당히 높은 시기에 자금시장에서 자금이 원활히 공급되지 않는 경우 은행위기가 발생하곤 하였던 것이다. 따라서 화폐 및 은행 개혁론자들은 화폐 및 대출 수요 변동에 신축적으로 대응 가능한 '탄력적 화폐'를 원했다. 이렇게 해서 도입된 것이 바로 연방준비제도이다. 개혁론자들이 주장한 탄력적 화폐는 진성어음주의real bills doctrine와 맥을 같이하고, 이는 은행학파Banking School의 견해에 해당한다. 연준은 대공황 초기 대응에 실패하여 폐해를 키웠는데, 연준이 진성어음주의 또는 은행학파 견해에 매달려 위기에 미온적으로 대응했다는 비판이 제기되곤 하였다.

은행학파에 대비되는 화폐사상은 통화학파Currency School인데 바로 이 책에서 주장하는 100% 시스템이 통화학파 주장의 요체이며 어빙 피셔도 통화학파 부류의 화폐관을 갖는 경제학자다. 이런 이유로 어빙 피셔는 이 책에서 예금화폐와 경기 간의 연관관계 그리고 연방준비제도에 상당히 비판적인 태도를 취하고 있다. 통화학파가 주장하는 '탄력적인 통화'는 은행학파의 그것과 다르다. 바로 이 책에서 주장하는 바와 같이, 예금이 법정통화(또는 법격화폐)로 100% 지급준비되어 예금과의 상호교환성이 완전한 그리고 국가(중앙은행)가 발권력을 독점하고 일정 기준(예: k% 준칙, 일정 물가수준)을 충족하기 위해 탄력적으로 공급되는 통화가 통화학파가 원하는 '탄력적인 통화'이다.

당연한 얘기겠지만 Friedman & Schwartz(1963)도 어빙 피셔와 견해를 같이 한다. 프리드먼과 스와르츠는 예금과 통화 사이에 완전교환성이 확보되는 통화가 '탄력적인 통화'이며, 통화탄력성을 '화폐량의 탄력성elasticity in the total money stock'으로 판단하는 건 께름직하다 하였다.

자료: Carlson and Wheelock(2018), Goodhart & Jensen(2015), Friedman & Schwartz(1963)

상업은행에 대한 보상

제1부에서 언급했듯이 100% 시스템이 도입되면 은행은 수익자산을 통화위원회에 넘겨주고 새로운 화폐로 준비금을 추가 적립해야 하므로 최소한 100% 시스템 도입 초기에라도 일정 방식으로 은행에 대한 보상이 이루어져야 한다.

처음에는 보상규모가 통화위원회가 매입한 자산에서 나오는 수익과 거의 맞먹어 엄청나게 크게 보일 수 있다. 사실 상실된 수익규모는 시스템 도입으로 인해 발생하는 손실비용을 측정하는 정확한 잣대로 볼 수 있다. 그렇지만 좀 더 생각해보면 장기적으로 은행은 순손실을 경험하지 않고 순이익을 얻을 거라서 이러한 초기 비용은 상대적으로 작다고 생각할 수 있다.

첫째, 현 시스템에서 은행은 막대한 시간, 노력과 금전적 비용을 당좌예금의 이체와 잔고 파악에 쏟아야 한다. 100% 시스템에서 예금자는 자신의 돈을 보관해주고 수표이체를 관리해주는 대가로 소액의 서비스 & 보관 수수료를 은행에 지불해야 한다.5)

100% 시스템에 해당하는 우편수표시스템Postal Checking System을 수년간 성공적으로 운영 중인 독일에서 1934년 12월 법률 하나가 제정되었다. 이 법은 국가신용관리국Government Credit Control Bureau이 서비스수수료와 은행이 창출하는 신용에 대해 행사하는 통제권을 강화하는 내용을 담고 있다. 이 법은 신용관리국에 서비스수수료의 용도 및 금액을 결정하는 권한을 부여하였다.

이 책을 쓰고 있는 현 시점에서 은행들이 100% 지급준비금 보유를 위해 매각해야 하는 국채 규모는 100억 달러에 달하는데, 개별 당좌예금계좌에 서비스수수료를 부과하여 국채 매각에 따라 상실하는 3억 달러 상당의 연간 이자수입을 보전할 수 있다.6)

둘째, 현 시스템에서 은행업은 매우 위험도가 높은 산업에 해당한다. 100% 시스템은 당좌예금업무에서 발생하는 위험을 0으로 낮춘다. 왜냐하면 은행은 더 이상 황급하게 그리고 극단적으로 대출을 회수하여 부족한 지급준비금을 메우지 않아도 되기 때문이다. 이는 은행이 더 이상 대규모 불황에 의해 어쩔 수 없이 주기적으로 발생하는 손실을 지금처럼 감수하지 않아도 됨을 의미한다.

셋째, 은행업이 갖는 본질적인 위험성의 결과로 은행은 예금인출사태에 대비하여 채권자산 일부를 이자수익이 거의 없는 고유동성 채권으로

---

5) 또는 이러한 비용의 전부 또는 일부를 예전에 정부가 희생을 감수하고 주화 주조세 brassage charge를 철폐하였던 것처럼 공공서비스 원칙에 의거하여 통화위원회가 떠안을 수 있다. 곧 설명하겠지만 세 번째 방법(은행이 매각자산에서 발생하는 수익을 당분간 얻을 수 있게 하는 방법)도 있다<후술하는 '*정당한 보상금액 계산*'에서 설명-옮긴이>.

6) 은행은 이미 월평균 잔고가 일정 수준에 미달하는 계좌에 서비스수수료를 부과하고 있다. 최소잔고와 수수료 수준은 지역, 은행, 계좌활동 등에 따라 다르다. 대형은행들은 개인계좌 관리에 소요되는 실제비용을 계산하는 분석부서까지 두고 있다.

보유한다. 전적으로 위험도가 낮은 100% 시스템에서 은행은 이러한 무수익 채권자산을 고수익 자산으로 대체 보유할 수 있다.

넷째, 당좌예금을 근거로 한 단기대출업무가 중단되어 발생한 손실이 얼마가 되더라도, 이러한 손실의 몇 배를 정기예금과 저축예금을 원천으로 한 장기대출 확대와 투자 확대로 벌어들일 수 있다.

지금까지 논의한 바를 고려할 때 지난 10~20년간 10% 시스템에서 평범한 은행이 벌어들인 수익은 크지 않아 보인다. 만약 수익이 컸다면, 우리는 엄청난 자본이 상업은행업으로 몰리는 광경을 목격했을 것이다. 우리가 실제 목격한 바는 무수히 많은 은행들이 경영상 어려움으로 문을 닫았던 광경이었다.

호시절에서조차 은행이익은 언뜻 보이는 바보다 저조하였다. 1926년 6월 30일 국법은행에 예치된 개인당좌예금의 총 잔액은 98억 달러, 국법은행들의 자본금 및 잉여금의 합은 26억 달러, 총 순이익은 2.49억 달러였다. 최소한 이 이익의 일부는 100% 시스템에서도 유지될 것이다. 왜냐하면 100% 시스템에서도 은행들은 자본과 잉여금을 대출재원으로 자유롭게 활용할 수 있기 때문이다. 정상이익률을 5%라고 하면 26억 달러의 자본 및 잉여금을 대출하여 1.3억 달러의 이익을 얻을 수 있다. 물론 저축예금을 대출에 활용하면 이보다 큰 이익을 얻을 수 있다. 2.49억 달러에서 1.3억 달러를 뺀 1.19억 달러가 지급준비금을 수차례 반복해서 대출해줄 수 있는 특권에서 비롯된 순이익에 해당한다. 흔치 않게 실적이 좋았던 1926년에 발생한 1.19억 달러라는 순이익 규모는 총 당좌예금 잔액 98억 달러의 1.2%에 불과하다.

이는 자신한테 예치된 실제화폐의 열 배에 달하는 대출을 할 수 있는 은행의 장점이 이미 오래 전에 고갈되었음을 의미한다. 은행영업으로 큰 이익을 얻을 수 있는 시절은 이미 오래 전에 지나갔다. 이익을 얻으려는 바로 그 노력이 경쟁을 유발하여 이익규모를 줄여놓은 것이다. 예금에 이자를 제공하는 등의 영업경쟁을 통해서 말이다.

오늘날 1백만 달러의 실제화폐를 자본금으로 하는 은행이 새로 설립된다면 Ⅲ장에서 예로 든 바와 같은 1백만 달러의 지급준비금과 1천만 달러의 예금(그리고 1천만 달러의 대출금 및 투자자산)의 대차대조표를 달성하기란 불가능<경쟁이 심하여 자산 확대가 어렵다는 뜻 – 옮긴이>하다. 이 세 가지 숫자는 요즘 현실에서 거의 1/10 수준으로 축소되었다고 보는 게 타당하다. 즉, 지급준비금은 10만 달러, 예금은 1백만 달러(그리고 대출금 및 투자자산도 1백만 달러)로 줄어야 한다. 이유는, 이 은행은 같은 영업지역에 있는 다른 경쟁은행으로 자신이 대출해주었던 돈이 흘러들어가는 것을 막지 못하기 때문이다.

정당한 보상금액 계산

수익자산을 무수익자산으로 대체함에 따라 발생하는 손실을 어떻게 평가하느냐는 상당히 기술적인 질문이어서 여기서 이를 충분히 논의하거나 완벽한 해법을 제시하기는 어렵다. 은행전문가들은 실적이 좋은 연도와 나쁜 연도를 포함하는 충분히 긴 기간의 데이터를 기반으로 손실액을 평가하는 작업을 해야 한다. 이때 활용되는 데이터에는 수익, 손실, 회수 불능금액, 배당금, 당좌예금에 대한 이자지급액, 대출이자수익, 대출조건으로 요구되는 최소예금액, 청산가치 대비 은행주식의 시장가치 등이 포함되어야 한다.

그렇지만 우리는 이런 전문가의 평가를 기다릴 필요가 없다. 왜냐하면 100% 시스템을 실제로 도입할 경우, 최소한 도입초기에는 순수한 형태로 이를 도입하지 않을 것이기 때문이다. Ⅱ장에서 설명한 "절충"안은 하룻밤 사이에도 도입될 수 있다. 임시방편이든 영구적인 해결책으로든 말이다. 절충안에서 정부채는 현금으로 간주된다.

필요한 조치는 단지 은행권 전체가 활용 가능한 채권의 총량을 적절히 제한하는 것뿐이다. 가장 단순한 방법은 채권 총량을 임의의 고정된 규모로 유지하는 거다. 이 고정된 규모를 초과하여 수표책화폐를 발행할 때, 은행은 영국에서처럼 예금 1달러 추가에 대응하여 실제화폐 1달러를 지급준비금으로 보유하게 할 수 있다. 영국의 경우 법률에 따라 영란은행 발권부서는 사전에 정해 놓은 수준까지 국채를 지급준비금으로 하여 은행권을 발행할 수 있지만, 이 수준을 초과하여 은행권을 발행하려는 경우 초과발행규모 만큼 금화를 지급준비금으로 보유해야 한다.

Ⅱ장에서 살펴본 바와 같이 절충안에서 정부채는 즉각적으로 현금 및 현금등가물과 교환 가능하며 연방준비은행이 제공하는 긴급대출의 담보증권으로도 활용될 수 있다.[7] 만기가 되면 채권은 상환되고, 채권이자수익은 서비스수수료와 같은 다른 수익원으로 대체될 수 있다.

새로운 화폐(또는 신용) 발행은 추가 세금부담을 야기하지 않으며 오히려 이자부채무가 무이자부 채무로 대체<정부채가 새로운 지폐로 대체됨을 의미−옮긴이>되어 세금이 줄어들 수도 있겠다. 그러므로 우리는 은행에게 관대한 보상을 해줄 여유가 있을 것이지만 지나친 보상은 낭비다. 그리고 절충안에서 은행의 주요 수익원은 정부채에서 나오는 3억 달러의 이자수입인데 최소한 당분간 이 수입은 그대로 유지될 거다.

사람들은 현재 은행이 누리고 있는 수익의 원천은 정부로부터 "빼앗은" 특권, 다시 말해 화폐창조에서 비롯된 것인데 무슨 까닭으로 은행에 보상을 해줄 필요가 있는지 의문을 제기할 수 있다. 이에 대해 두 가지 대답이 가능하다. 첫째, 비록 일부 사람들에게는 은행에 대한 보상이 정당해보이지 않을지라도 은행들은 자신들이 부당하게 취급받는다고 느낄 수 있으므로 가급적이면 은행들이 이런 서운한 감정을 느끼지 않도록 해

---

7) 정부채는 이처럼 초유동super-liquid 자산에 해당하므로 은행은 낮은 금리로 대출받고 싶을 것이다.

야 한다(이러한 회유책은 은행가들의 반대로 100% 시스템으로의 이행이 지연될 가능성을 낮춘다). 둘째, 전문은행가들뿐 아니라 은행주식을 보유한 모든 사람들은 선의good faith로 은행주식을 매입하였으며 존중받아야 할 일종의 "기득권"을 갖고 있다. 당좌예금업이 갑작스럽게 폐지된다하더라도 은행들은 단지 일시적으로 타격을 받을지라도 말이다. 이들은 "무고한 가치투자자"에 해당한다.

연방준비은행에 대한 보상

내 생각에는, 연방준비은행에는 자본에 대한 6% 배당금 이외에 다른 보상을 해줄 필요가 없다. 이는 원래 「연방준비법」 제정 당시 연방준비은행에 허용한 수익에 해당한다. 이 6% 배당금 상한은 조금 이상한 이유로 폐지되었다가 다시 복원되었다.

연방준비은행은 회원은행과 국민경제를 위해 설립되었지, 사적이익을 추구하라고 설립된 기관이 아니다. 중앙은행이 사적이익을 탐하는 건 언제나 위험의 근원이 된다. 이는 특히 10% 시스템에서 딱 들어맞는 말이다. 은행의 은행으로서 회원은행에게 금융서비스를 제공하기 위해 중앙은행은 종종 수익성 측면에서 자신에게 가장 유리한 방향과 정반대 방향으로 가야만 한다.

결과적으로 중앙은행에게 사적이익 추구는 부차적인 동기이다. 표면상 민간은행으로 사적이익을 추구할 수 있었던 영란은행조차도 사적이익을 최우선시 하지 않았듯이 말이다.

부유자금

보상 기준일을 선택하여 해당 날짜의 개별 은행 및 국가전체의 예금

규모를 계산하는 일은 수표 추심과정에서 발생하는 "부유자금float"의 존재로 어려운 작업이다.

100달러짜리 수표를 수취한 사람이 이를 은행에 입금하면 이 은행은 수취인 계좌에 해당 금액을 입금한다. 그렇지만 이와 동시에 지급인(수표발행인)의 계좌에서 해당 금액이 출금되는 건 아니다. 추심과정을 거쳐야 한다. 추심과정이 이루어지는 동안 100달러는 수표발행인의 거래은행의 총예금에 포함되어 예금규모가 100달러만큼 부풀려지게 되고, 이에 따라 국가전체의 예금규모도 해당 금액만큼 부풀려진다.

특정일을 골라 개별 은행의 당좌예금잔액을 계산하는 가장 정확한 방법은 이날부터 일정기간 동안 추심과정이 끝낼 때까지 수취인계좌에 수표금액을 입금하지 못하게 하는 거다. 즉, "지연입금" 방식을 이용하는 거다. 다른 방법으로는 어떤 특정 날짜를 기준으로 예금잔액을 계산하는 대신에 일정기간 동안 평균 예금잔고를 추정하는 방법이 있다. 은행에 기록된 평균 예금잔고에서 "부유자금" 추정치의 평균을 빼는 방식으로 해당 기간 예금평잔을 구하는 것이다. 물론 이밖에 다른 방법들도 있을 수 있다.

은행권 발행에 대한 100% 지준 필요?

설명의 단순성을 위해서 Ⅳ장의 표에서는 은행권(연준은행권과 국법은행권)을 당좌예금처럼 취급하였으며 이들 은행권 발행 잔액에 대해서도 위원회통화Commission Currency로 100% 지급준비금을 예치한다고 설명하였다. 그러나 위원회통화로 은행권을 -한 종류의 지폐로 다른 종류의 지폐를- 지급준비할 필요성은 거의 없다. 물론 사람들이 기존 지폐를 새로운 지폐로 교환하도록 만들어 궁극적으로 하나의 지폐(위원회통화)만이 유통되게 할 의도라면 이렇게 할 수 있다.

이런 단순화는 감정상 강한 호소력을 갖는다. 그렇지만, 현실적인 관점에서 보면, 100% 시스템 도입 후 기존 은행권을 그대로 놔두는 대신 이를 "법격화폐lawful money"에 포함시키고 유통잔액을 제한하는 것만으로 충분하다. 마치 60년 전에 3.46억 달러 상당의 "그린백greenback"이 계속 사용되게끔 하고 유통잔액을 이 수준으로 제한했던 것처럼 말이다 <그린백에 관해서는 「읽을거리 4」 참고-옮긴이>. 유사한 방식을 지금 현재 사용되고 있는 은 예탁증서와 여타 각종 지폐에 적용할 수 있다. 자고 있는 개는 계속 자도록 내버려 두는 게 좋을 때가 많다.

예금보험

두 가지 특별한 은행개혁이 최근 제안되었다. 예금보험과 지점은행제도가 그것들인데, 전자(예금보험)는 법률로 도입되었다.[8]

예금보험은 우리가 불황에서 벗어나는데 임시방편으로 유용한 정책이었다. 그러나 예금보험 도입 후 주법은행이 부주의한 영업행태를 보이는 등 위험이 증가하는 걸 경험하였다. 다시 말해, 위험에 대한 보험이 도입되면 보험가입자는 이전에 위험을 회피하기 위해 들였던 노력을 줄이고 보험에 의존하려는 경향을 보인다. 특히, 기존 위험회피노력이 상당히 컸을 경우에 이런 경향이 뚜렷해지는데 10% 시스템에서의 주법은행이 이런 케이스다.

예를 들면, 은행은 투자전문가에 지급하는 비용, 신용평가비용 등 수많은 비용을 위험회피목적으로 지불하는데, 은행이 예금보험 도입으로 이러한 비용을 지불할 필요가 없다는 걸 알아차리게 되면 위험회피 노력

---

8) 73대 하원의 66번째(No.66) 법률인 「글래스-스티걸법(Glass Steagall Permanent Banking Law)」에 규정되어 있다. 아울러 「1935년 은행법(Banking Act of 1935)」도 참고하길 바란다.

을 대폭 줄일 것이다. 위험에 대비한 안전장치를 축소함과 동시에 위험 추구 영업행위를 증가할 거라 예상할 수 있다. 지금은 예금보험이 안전성을 강화하고 있지만 본질적으로 위험한 10% 시스템이 계속 유지된다면 이 안전성이 위험으로 바뀔 것이다.

예금보험은 소형은행이 아니라 대형은행에게 걱정거리를 안겨준다. 은행도산사태가 발생하면 대형은행이 예금보험비용을 떠안기 때문이다.

100% 시스템에서는 대형은행은 이러한 비용을 들이지 않아도 된다. 아무리 훌륭한 예금보험제도도 어떠한 (종류의) 100% 시스템보다 우수하지 못하다.

지점은행제도

100% 시스템은 대형은행을 근심거리에서 벗어나게 해줄 뿐 아니라 소형은행을 이들의 두려움의 대상인 지점은행제도로부터 안전하게 해준다. 지점은행제도의 커다란 장점은 은행도산 및 예금인출사태에 대해 강화된 보호장치 역할을 한다는 거다. 이건 정말로 지점은행제도가 가져다주는 장점인데, 이 장점 때문에 우리가 계속해서 10% 시스템을 고수한다면 지점은행제도는 보편적 제도로 정착되어야 한다. 그러나 지역 독립성이 전통적으로 강한 미국이란 나라에서 지점은행제도의 혜택이 클 지 의문이다. 지점은행제도는 부재자소유제absentee ownership와 대형은행 지배현상을 불러올 것인데, 이 두 가지는 미국이 특히나 불쾌히 여기는 것이다. 100% 시스템은 지점은행제도와 비교하여 은행도산 및 예금인출사태에 대한 보다 더 우수한 보호장치를 제공한다.

그러므로 소형 단점은행small independent bank은 자신을 지점은행제도의 위협으로부터 벗어날 수 있게 해주고 최고의 안전성을 제공해주는 100% 시스템을 반길 특별한 이유를 가진다.

100% 시스템에서의 소도시 예금은행업

예금은행이 없는 소도시에서 정부는 보조금을 지급하든지 아니면 우체국을 활용하든지 해서 사람들이 당좌예금서비스를 이용할 수 있게 특별한 조치를 당연히 취할 수 있다. 은행지점 말고는 다른 은행기관이 존재하지 않는 지역에는 은행지점 설립을 장려할 수 있다. 왜냐하면 이런 예외적인 상황에서는 소형은행을 포함한 그 누구도 지점 설립을 반대할 정당한 근거를 갖지 못하기 때문이다. 이런 지역에서 영업을 중단하려는 소형은행이 있다면 이 은행을 대형은행의 지점으로 만들어 영업을 계속하게 할 수도 있다.

여기서 미국 소형은행이 안고 있는 문제를 자세히 논하지 않겠지만, 소형 단점은행이 많을수록 10% 시스템은 보다 더 위험하다는 걸 강조해 두고자 한다. 영국처럼 많은 지점을 거느린 소수의 대형은행으로 은행산업이 구성된 경우 III장에서 서술한 피라미드형 대출구조pyramiding of loans에 대한 이해도가 높고, 따라서 이에 대한 대비도 보다 철저하다.

미국은 불황이 닥칠 때마다 은행 *줄도산* 사태를 겪는 유일한 국가라는 게 중요하다. 따라서 미국은 불황기에 그 어느 나라보다도 더 큰 규모의 수표책화폐 축소현상을 겪는다.

요컨대, 100% 시스템 도입 필요성은 그 어떤 다른 나라보다도 미국에서 가장 크다. 이 분야의 최고 권위자 중 한 명은 다음과 같은 내용을 나에게 보내왔다.

"나는 신규 저축과 신규 대출(또는 투자) 간에 균형이 이루어져야 한다는 견해에 매우 열성적이며 100% 시스템이 만족스러운 통화제도의 가장 중요한 토대라는데도 전적으로 공감합니다. 100% 시스템이야 말로 진정 화폐 및 은행 개혁의 핵심이라 생각합니다. 효율적인 중앙은행과 소수의 효율적인 상업은행으로 구성된 은행구조를 갖는 국가(예를 들어 영국과 스웨

덴)에서는 현행 법규정상의 커다란 변화와 100% 지급준비제도 도입 없이
도 이상적인 상황을 달성할 수 있을 겁니다. 그러나 수많은 이질적인 은
행을 가진 미국에서는 100% 지급준비제도가 바람직한 이상을 달성하는
최선의 방법이라는데 전적으로 공감합니다. 이것이 내가 100% 시스템
도입을 열렬히 지지하는 이유입니다."

가능할 법한 우회수단 차단

1844년 영란은행의 은행권 발행에 (부분적으로) 100% 시스템을 적용하
자 당좌예금이 이 규제를 회피하는 우회수단으로 등장했던 것처럼, 당좌
예금에 100% 시스템을 적용하면 모종의 우회수단에 의해 부적절한 지급
준비금 예치 위험이 재발할 수 있다.

그러므로 우리는 어떤 다른 유통매체circulating media가 우회수단으로
사용되지 않도록 대비해야만 한다. 주법은행의 당좌예금 취급을 금지하
든가 아니면 연방정부가 통제해야 할 것이다. 텍사스 주(州)의 자본가이자
법학박사인 그레이엄M. K. Graham은 그가 집필한 두 권의 책에서 언젠가
훗날에 주법은행의 당좌예금 업무는 위헌으로 판결날 거라고 내다봤다.[9]
대법원이 당좌예금 발행이 기술적으로 "화폐주조"에 해당한다고 판결할
지는 두고 볼 일이다. 주법은행의 당좌예금을 신속하고 더 잘 처리하는
방법은 아마 당좌예금을 주(州) 사이의 통상의 일종으로 공표하고 연방정
부의 관할 하에 두는 것일 거다.

아울러 정기예금 또는 저축계좌에 새로운 법적 제한을 부과하지 않으
면 이들도 우회수단으로 활용될 수 있다. 저축예금을 기반으로 수표 발
행이 허용되지 않도록 각별히 주의해야 한다.

---

9) 『An Essay on Gold Showing Its Defects as a Standard of Value』(Hargreaves
Printing Co, Dallas Texas, 1925)와 『Continuous Prosperity』(Parthenon Press,
Nashville, 1932)을 참고하길 바란다.

저축예금의 위험

한편, 100% 시스템에서 저축계좌가 보다 중요해지기 때문에 저축계좌에 대한 안전장치도 강화되어야 한다.[10]

전반적으로 당좌예금에 대한 100% 시스템은 그 자체로 어느 정도 저축예금의 안전성을 높이는데 기여한다. 저축은행에서 예금인출사태는 주로 화폐수축 및 화폐가치 상승의 결과로 발생하는데, 우리가 경험한 바와 같이 디플레이션은 당좌예금에 대한 지급준비금을 늘리는 과정에서 발생한다. 은행이 불충분한 지준 보유 문제를 "시정"하려고 갑자기 지준을 축적하는 과정에서 유통화폐 규모가 줄어들고 디플레이션이 발생하기 때문에, 지급준비금 문제가 해결된 100% 시스템에서 화폐수축으로 저축은행에서 예금인출사태가 발생할 가능성은 없다. 게다가 현재 기업예금 인출 대비용도로 이용되는 단기채권이 저축 및 정기 예금 인출 대비용도로 활용가능해질 것이다.

그럼에도 불구하고 저축은행의 저축계좌에 대해, 특히 고객의 의도된 인출에 대한 인출예정통지에 대해 보완이 이루어지는 것이 여러 측면에서 바람직하다고 믿을 강한 근거가 존재한다. 이는 이 책의 주제와 상당히 무관하다. 그래서 이에 대한 논의는 세인트루이스 플라자 은행Plaza Bank of St. Louis의 폰 윈데거F. R. von Windegger 은행장과 그레고리W. L. Gregory 부행장이 내게 보낸 서신에서 피력한 바를 소개하는 것으로 대신하고자 한다.

---

10) 예를 들어 빈번한 인출을 방지하기 위해 (1) 지급이자 산정은 이자산정 기간의 평균잔고가 아니라 최저잔고를 기준으로 이루어져야 하며, (2) 인출예정통지를 받은 예금에 대해서는 이자를 지급하지 않으며, (3) 우편저축은행Postal Savings bank은 100% 시스템에서 더 이상 어떠한 중요한 기능을 수행하지 않게 되므로 우편저축은행에서 비롯되는 경쟁은 제거되거나 규제되어야 하며, (4) 1개월, 2개월 등 일정기간 동안 인출 가능한 액수에 제한이 가해져야 하며, (5) 긴급 상황에서 저축은행이 고객에게 추가적인 인출예정통지를 요구할 수 있는 권리를 가져야 한다.

"은행문제 해결을 위해 정말로 노력하는 연방준비제도의 대부분 직원들은 이번 불황 이전에 저축 및 정기 예금에 대한 지급준비금 적립규모가 불충분했고 당좌예금과 저축 및 정기 예금에 상이한 지급준비율이 적용되어 대규모 자금이 당좌예금에서 정기계좌로 이동했다는데 동의한다. 실제로 우리 모두는 저축 및 정기예금을 마치 당좌예금처럼 취급하였으며 정기예금증서time certificate of deposit를 제외하고는 지금도 마찬가지다. 현재, 연방준비제도이사회는 만기 이전에 예금증서를 인출하거나 이를 담보로 한 대출을 금하고 있다. 그럼에도 불구하고 우리는 예금자 요구 시 저축예금을 인출해주고 있다. 심각한 예금인출사태가 저축예금자와 정기예금자로부터 비롯되었다는 점은 의미심장하다. 1933년 1월 금융불안정이 절정에 달했던 당시, 세인트루이스St. Louis의 모든 은행이 막대한 저축예금 인출 요구에 직면했지, 당좌예금 인출요구는 그리 크지 않았다. 이는 다른 대부분 지역에서도 마찬가지였다."

"우리는 저축계좌와 예금증서certificate of deposit를 완전히 새롭게 변화시켜야 한다고 생각한다. 우리는 이를 취급하는 부서를 투자은행에 가깝게 전환하고 있으며 고객들은 더 이상 예전과 같은 방식으로 예금계좌를 이용할 수 없게 된다. 이 부서에 돈을 예치하려는 고객은 만기 전에 요구불 인출이 불가능하며 은행이 액면가로 발행한 채권 투자에 예치금을 사용할 수 없다는 말을 들어야 한다. 은행이 예금증서 등을 취급함에 있어서 만기를 확실히 고수해야 한다는 것이 우리 입장이다."

"고객은 아무 때나 예치금 인출을 요구할 수 없으며 인출 시 이자를 전부 못 받는다는 걸 알아야 한다. 고객은 그가 신용위험을 지며 그가 예치한 자금이 일정 절차를 거쳐 대출된다는 사실도 알아야 한다. 예치금이 이렇게 대출에 활용되기 때문에 자신이 예금 만기 전에 인출을 요구하더라도 은행이 대출금을 회수하여 예금을 돌려주지 못하는 사정도 이해해야 한다. 물론 예금 인출과 관련한 일부 문제는 통화위원회가 관련

규정을 제정하든지 아니면 예치금 인출이 가능 또는 불가능한 기간을 설정하는 방법으로 해결 가능하다."

당좌기능이 없는 저축예금은 당좌예금과 완전히 다르다는 사실은 지금까지 거의 강조되지 않았다. 저축예금자는 저축예금 중도인출이 불필요하게 간단하더라도 이자수익을 얻기 위해 거의 대부분의 경우 이를 인출하지 않는다. 경험이 이를 입증한다. 저축예금자는 습관적으로 매주 또는 매달 돈을 입금하며 중도인출이 이자수익 측면에서 불리하다면 이를 인출하지 않는 경향을 보인다.

이자수익에 대한 기대는 저축예금의 유통circulation을 저해하는 훌륭한 억제 장치 역할을 한다. 남북전쟁에서 매일 1센트의 이자가 붙는 50달러 지폐가 발행되었는데, 이자계산이 매우 쉽기 때문에 이 지폐가 화폐로써 크게 유통될 거라 기대되었다. 그렇지만 이는 거의 유통되지 않았는데 하루 1센트라는 이자가 유통을 억제했던 것이다.[11]

저축예금은 예금이라 불리지 말아야 한다. 저축예금은 화폐가 아니며 평상시 화폐로 이용할 수 없다. 이는 일반자산보다 매도가 수월한 전시정부채Liberty Bond와 같이 유동성이 높은 "당좌자산"에 불과하다. 당좌자산은 이론적으로 볼 때 다른 자산에 비해 보다 쉽게 화폐대용물로 이용 가능하다. 잘 알려지지도 않은 회사의 주식보다 전시채권이 거래의 매개물로 이용되기 쉬울 것이지만, 실제 거래에서는 아무리 유동성이 높은 자산이라 할지라도 화폐를 대신할 수는 없다. 먼저 유동자산을 매각하여 화폐를 마련하고 이 화폐를 상거래에 사용하는 게 일반적이다. 저축예금도 예외일 수 없다. 당좌예금 1달러는 1년 동안 25달러 상당의 재화를 구매하는데 쓰이지만, 저축계좌의 1달러는 연간 회전율이 1회에도

---

11) 이와 반대되는 사례로는 대공황 시절 긴급화폐로 발행되었던 인지대체화폐stamp scrip의 경험이 있다. 단 1%의 세금이 화폐 유통을 효과적으로 촉진시켰다.

못 미친다.

매사추세츠 주(州)에서 신탁회사 저축예금의 회전속도는 1920년 연간 1회 미만, 1924년 2년간 1회 미만, 1931년 2년간 1회 미만이었다. 같은 기간 저축은행 예금의 유통속도도 모두 1회 미만이었다. 달리 말하면, 당좌예금은 저축예금보다 25~125배 빠르게 유통된다. 저축예금은 "예금자"에 의한 대출이며 투자의 일종이다. 예금자의 요구에 따라 인출되는 경우, 그리고 이러한 요구가 너무 많아서 저축은행에 대한 "예금인출사태"로 발전하는 경우에서조차 유통화폐는 거의 파괴되지 않는다. 상업은행에 대한 예금인출사태와 비교하여 "무고한 사람들"에 미치는 해악은 크지 않다.

반면, 우리가 IV장에서 살펴보았듯이 상업은행 대출의 청산은 우리 유통화폐의 상당 부분을 파괴하고 화폐가치를 상승시켜 경제를 파탄에 이르게 한다. 그렇지만 우리가 100% 시스템의 보호 아래 있다면 통화위원회가 화폐량 조절기능을 발휘함으로써 저축은행 예금인출 및 도산 사태가 화폐량과 화폐가치에 야기하는 그 어떤 부작용에도 대응 가능하다. 마지막으로, 달러가치가 안정적인 가운데 저축은행에서 예금인출사태가 발생할 가능성은 극도로 낮다는 말을 다시 언급하고자 한다.

100% 시스템 도입이란 변화는 은행가들을 이롭게 한다

100% 시스템 도입으로 은행이 수익자산을 무수익자산으로 대체하고 현금보유를 늘리더라도 아무런 손실을 입지 않는다는 것이 지금까지 논의를 통해 분명해졌다. 100% 시스템 도입 초기에서도 말이다.

100% 시스템 도입으로 은행들이 얻는 가장 큰 이점은 지속적인 번영에서 비롯되며, 자신들의 고객이 번창함에 따라 은행도 번창할 것이다. 긍정적이고 지속되는 번영으로부터 은행이 얻는 수익은 자신의 고객으로부터, 즉 저축계좌, 신탁계정, 투자 등에서 나올 거다.

은행업의 성격이 100% 시스템 도입으로 바뀌는 건 의심의 여지가 없는 사실이지만, 이러한 변화는 보다 나은 방향으로의 변화이다. 지금처럼 엄청난 기복에 시달리는 불안정한 상태에서 벗어나, 호황과 불황에서 자유롭고 단기대출이 빈번하게 상환유예되지 않는 은행가들이 꿈꾸는 바로 그런 안전한 은행업으로의 변화이다.

요구불예금이 100% 지급준비되면, 거의 모든 다른 은행규제는 폐지되도 된다.

은행가들이 생각하는 바

은행가들은 은행시스템의 변화를 꾀하는 제안이 제기되면 보통 깜짝 놀라하며 이를 반기지 않는다. 이런 제안들 중에는 도입 후에 은행가들에게 이로운 것도 많았다. 많은 경제학자들이 은행가들의 이런 성향을 지적했는데, 영국의 케인즈Keynes와 스웨덴의 카셀Cassel이 대표적이다. 미국의 한 유명한 경제학자는 은행가들이 처음에 변화의 "반대편"에 섰던 수많은 사례를 나에게 개인적으로 들려주기도 하였다.

그러므로 많은 은행가들이 100% 계획안을 제대로 살펴보지도 않고 이를 반대할 거 같다. 이미 그렇게 하고 있는 은행가들도 있다. 그럼에도 불구하고 100% 시스템을 찬성하는 은행가들이 이미 많이 생기고 있어 매우 고무적이다.

은행가들이 100% 시스템을 반대하는 이유 중 하나는 그들이 10% 시스템 덕분에 현재 영업을 지속하고 있다는 거짓된 망상에 사로잡혀있기 때문이다. 그들은 자신들이 떠안고 있는 위험을 제대로 인지하지도 못한 채 마냥 행복해 한다.

은행휴업 조치와 「긴급은행법」 제정

1933년 2월 미시간 주(州) 정부는 포드Ford의 주거래은행이었던 한 대형은행의 도산을 막고자 주(州)에서 영업하는 모든 은행에게 휴업을 명령하였다. 이 조치는 의도치 않게 사람들을 은행도산의 공포로 몰아넣었고 전국적인 예금인출사태를 야기하였다. 1933년 2월 8일부터 3월 8일까지 한 달 간 미국 내 현금유통규모가 54.7억 달러에서 72.5억 달러로 32.5%나 증가했다고 하니 사태의 심각성이 어느 정도였는지 가늠할 수 있다.

루즈벨트 대통령은 1933년 3월 4일 취임과 동시에 예금인출사태를 수습하고 은행시스템의 신뢰성을 회복하는 작업에 착수하였다. 그는 취임 다음 날 연방준비은행을 포함한 모든 은행을 4일간 폐쇄하는 은행휴업bank holiday을 선포하였다. 3월 9일, 예정대로 은행영업이 재개되는 대신 은행휴업은 3일간 연장되었고, 이 날 「긴급은행법Emergency Banking Act」이 제정되었다. 이 법은 미국의 은행시스템을 재건시킬 강력한 조치들을 담고 있었는데, 너무나 긴급히 처리되는 바람에 많은 의원들이 표결에 앞서 법안을 읽을 기회조차 갖지 못했다고 한다. 「긴급은행법」은 ⅰ) 대통령에게 은행위기 시 은행휴업을 선포하고 은행의 모든 업무를 규제할 권한을 부여하였고, ⅱ) 12개 연방준비은행에 긴급통화로 지역연준은행권Federal Reserve Bank note을 발행할 권한을 부여하였다. 지역연준은행권은 금 태환성이 보장되지 않았지만 「긴급은행법」에 따라 연준은행권과 등가교환이 가능한 법정화폐였다. 그리고 루즈벨트 대통령은 긴급통화 발행으로 연방준비은행이 손실을 입을 경우 재무부가 손실 전액을 보상하도록 조치하였다.

3월 12일 일요일, 루즈벨트 대통령은 라디오 연설에서 건전성을 확보한 은행만이 내일부터 순차적으로 영업을 재개할 거라 발표하면서 "현금을 침대 밑에 보관해두는 것보다 영업을 재개한 은행에 예치하는 게 더 안전하다고 확신한다"는 말로 대중의 불안감을 불식시키려 했다. 이튿날 12개 연방준비은행 소재 도시 내 은행이 먼저 영업을 재개했는데 현금을 재예치하려는 사람들로 은행들이 붐볐다고 한다. 14일 청산소가 위치한 약 250개 도시 내 은행이, 15일 여타 지역 내 재무부의 은행검사를 통과한 은행들이 영업을 재개하였는데, 은행시스템은 빠르게 안정을 되찾아 예금인출사태로 인출된 현금의 2/3가 3월말까지 재예치되었다고 한다.

유통통화량 추이

(단위: 10억 달러)

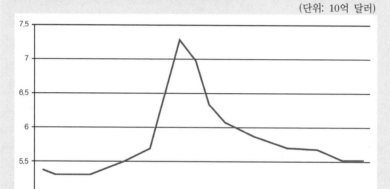

자료: Board of Governors of Federal Reserve System, Banking and Montary Statistics(1943, P.387)

은행휴업 조치와 「긴급은행법」 제정은 대규모 예금인출사태를 종식시키고 은행시스템을 재건하여 미국이 대공황에서 벗어날 발판을 마련한 '게임 체인저'로 평가받고 있다.

자료: Silber(2009), federalreservehistory.org

제 X 장

기업 및 은행업과 관련된 근거없는 생각들

10% 시스템에서 차입이 더 쉽다는 생각

대출의 예술art of lending을 차입자의 자산을 유동화하는 —차입자의 집과 토지를 유통시키는— 프로세스로 묘사하기도 한다.

비평가들은 흔히 100% 시스템이 이러한 예술을 손상시키고 "신용의 원천을 말려버릴 거"라는 이유로 100% 시스템을 반대하곤 한다.

진실은 이와 정반대라는 걸 지금 확실히 말해두고자 한다. 100% 시스템이 아니라 10% 시스템이야 말고 주기적으로 신용의 원천을 말려버린다.

10% 시스템에서 차입이 용이하다는 생각은 10% 시스템이 주는 환상이며, 이러한 환상은 아마도 장기간 신용창출credit creation *누적규모*와 *현 시점*의 신용창출 규모를 혼동해서 발생한다.

숫자로 예를 들어 설명하기 위해 1929년 예금통화 규모와 은행대출 규모가 각각 250억 달러라고 가정하자. 대출의 평균만기가 3개월이고 모든 대출이 만기에 맞춰 전액 상환되고 다시 250억 달러가 대출되기를 1년 동안 분기마다 반복된다고 가정하면, 연간 대출증가액은 1천억 달러이다.

그렇지만 상환유예와 만기연장을 감안하면 연간 대출증가액을 대폭 줄여서 예를 들어 500억 달러라고 가정하는 것이 보다 현실적이다. 통상적인 신용팽창 상황을 상정하기 위해 연간 500억 달러의 신규 대출이 이루어지고 490억 달러의 기존대출이 상환된다고 가정하면 연간 대출 순증가 규모는 10억 달러다. 기존 대출규모가 250억이었고 500억이 신규 대출되지만 연간 순대출 증가는 10억에 불과한 이 상황에서 "차입의 용이성"을 논하는 건 민망한 일이다. 500억 달러라는 신규대출의 원천이 새롭게 창출된 10억 달러일 수 없다는 건 자명하다! 이 새롭게 창조된 10억 달러(현 시점에서는 실제 10억 달러에 못친다)에 더해 기존대출 상환으로 마련된 490억이 대출재원으로 사용된 것이다. 바로 대출상환자금이 신용의 주요 원천이며, 이는 100% 시스템에서도 마찬가지다.

250억 달러라는 기존 대출의 대부분이 은행의 예금과 대출의 반복과정을 통해 긴 기간 누적되어 만들어진 것임에도 불구하고 이를 신규대출의 원천이라고 생각하는 건 한층 더 잘못되었다. 이미 살펴 본 바와 같이, 예금과 대출의 반복과정을 통해 누적되어 온 250억 달러는 100% 시스템이 도입되어도 손실되지 않는다. 통화위원회의 인수와 보유를 통해 *보존될* 것이다. 그렇지만 10% 시스템에서 1929년부터 1933년에 이르는 4년 동안 250억 달러는 150억 달러로 축소되었다. 100% 시스템이 1929년에 도입되었더라면 250억 달러는 손상되지 않았을 것이고 기업들은 1933년에도 이를 고스란히 이용 가능했을 것이다. 그리고 통화위원회가 250억 달러라는 대출규모가 너무 작아서 물가가 하락하거나 달러가치가 상승할 거라고 판단했다면, 물가하락 방지를 위해 매년 대출규모가 10억 달러씩 증가하도록 만들었을 것이다. 그렇다면 1933년 대출규모는 150억 달러가 아니라 300억 달러가 되었을 거다!

10% 시스템은 호황기에 *과도한* 신용팽창을 유발한다. 호황이든 불황이든 10% 시스템은 단점을 드러낸다. 호황기에는 너무 쉽게 신용을 창

조하고 불황기에는 너무 갑작스럽게 신용을 경색시킨다. 유통화폐 규모를 팽창시키거나 수축시켜 호황 또는 불황을 야기한다.

매년 500억 달러의 신규대출이 이루어질 수 있는 다른 방법이 있을까? 수많은 이질적인 은행들로 이루어진 은행시스템에서 정확히 490억 달러의 대출이 상환되고 500억 달러의 신규대출이 이루어질 것을 확신할 수 있을까? 신규대출 규모는 520억 달러가 될 수도 있으며 대출상환 규모도 470억 달러가 될 수도 있을 것이고, 이렇게 되면 순대출증가 규모는 10억 달러가 아니라 50억 달러가 된다. 또는 이와는 정반대로 대출상환 규모가 520억 달러, 신규대출 규모가 470억 달러가 되어 50억 달러만큼 대출 잔액이 축소되는 상황도 벌어질 수도 있다.

100% 시스템 반대론자는 "아니 그럼, 호황과 불황이 아닌 *평상시*에는 어떤가요?"라고 질문할 수 있다. 이에 대한 대답은 10% 시스템에서 평상시란 정말 드물게 존재한다는 것이다. 물가가 지속해서 상승과 하락을 반복하는 것만 봐도 알 수 있다. 지난 150년간의 물가지수 추이를 살펴보면 딱 한 번 7년간 물가가 눈에 띄게 안정적인 시기가 있었을 뿐이다.

반대론자는 "그렇지만 1933년 대출규모가 150억 달러에 달한 건 순전히 10% 시스템에서 달성된 결과잖아요"라고 말할 수 있다. 그렇다. 그런데 이는 너무나 작은 규모였지 않았는가! 향해선이 하루 종일 어딘가 고장 나기 전까지 전속력으로 질주하다가 수리를 위해 며칠 정지해서 나온 최종 항해결과와 유사하다. 만약 1837년, 1873년, 1920년 그리고 1929년과 같은 대호황과 이를 뒤따랐던 심각한 불황이 없었더라면, 1933년 대출규모는 150억 달러일 리 없다. 얼마나 더 컸을지는 추측만 가능할 뿐이지만, 이 보다 더 컸을 것이다.

10% 시스템 옹호론자는 다음과 같이 말할 수 있다. "그렇지만 개인은 (호황도 불황도 아닌 시기에) 100% 시스템에서보다 10% 시스템에서 더 수월하게 그리고 더 많은 대출을 받을 수 있는 기회를 얻을 거예요. 왜냐하

면 100% 시스템에서 은행은 오직 '대출목적으로 이미 가지고 있는 화폐' 만을 대출할 수 있기 때문이죠. 이런 제약만 없다면 은행은 화폐를 창조해서 더 좋은 대출서비스를 제공할 수 있을 거예요."

이 말에 티끌만큼이라도 사실이 있다면, 10% 시스템에서 (신용이 과도하게 팽창하거나 수축하지 않는) 상당히 드문 시기에 100% 시스템에서보다 대출 프로세스가 하루 또는 며칠 단축되어 대출이 더 빠르게 제공되는 경우이다. 그러나 100% 시스템에서 화폐가 은행에 의해 창조될 수 있다는 건 사실이 아니다. 우리가 살펴본 바와 같이 화폐는 통화위원회에 의해 창조된다. 10% 시스템에서는 은행이 대출을 확대하지 *못하는* 경우가 종종 발생하지만, 100% 시스템에서 은행은 *언제나* 그렇게 할 수 있다.

예금과 기업부채가 연동되어 있다는 생각

남북전쟁 이후 "채권으로 태환되는" 통화인 국법은행권National Bank note이 탄생되었다<국법은행권에 대해서 「읽을거리 3」 참고-옮긴이>. 은행권을 발행하기 위해 국법은행은 은행권 발행액과 동일한 규모의 국채를 보유해야 했다. 그러므로 은행권 발행은 국채 발행과 연동되어 늘었다가 줄었다 하였다. 그리고 국법은행권 발행 잔액은 국채상환이 이루어짐에 따라 화폐수요와는 무관하게 감소하였다. 현재까지도 국법은행권 발행은 정부부채와 일정 형태로 연동되어 있다.

이러한 연동에는 논리가 없다. 정부는 은행권 화폐bank-note currency를 파괴적으로 축소시키지 않고서도 부채를 상환할 수 있어야 한다.

기업가들은 정부부채와 은행권 발행이 연동되어 있는 것이 얼마나 불합리한 지를 몇 년 전에 알아차렸다. 그러나 지금까지도 이들 중 극소수만이 자신들의 부채<은행대출을 의미-옮긴이>와 은행예금 간에도 이런 불합리한 관계가 존재한다는 사실을 알아차렸을 뿐이다.

평균적인 기업가는 다음과 같이 생각하는 경향이 있다. "정부부채는 화폐를 창조해서는 안되지만 기업부채는 그럴 수 있다. 왜냐하면 기업부채는 기업을 성장시키고 이렇게 성장한 기업은 더 많은 화폐를 필요로 하기 때문이다. 특히 상업대출이 그렇다. 기업은 물건을 만드는 데 필요한 원자재를 사려고 상업대출을 받고, 이렇게 만든 물건을 시장에 팔아 대출금을 갚는다. 기업대출은 기업활동 또는 기업경기에 상응한다. 기업활동이 증가하면 화폐규모는 팽창하고 기업활동이 위축되면 화폐규모가 축소되는 등 통화를 탄력적으로 만드는데 기업대출이 일조한다."

통화위원회와 함께 100% 시스템은 물가안정이라는 *국가적 필요성에 따라* 통화를 팽창시키고 수축시킨다. 이에 반해 10% 시스템에서는 경기 팽창과 기업부채 확대는 비례하지 않으며 경기수축과 기업부채 축소도 비례해서 발생하지 않는다. 호황과 불황이 이를 입증한다. 경기가 팽창하고 수축함에 따라 화폐도 팽창하고 수축해야 한다. 이것이 이 책의 주된 관심사이다.

우리는 예금과 기업부채(대출) 사이에 볼 수 있는 연관성보다 화폐와 기업경기 간 진정한 연관성을 필요로 한다. 기업대출의 확장은 물가 상승세와 기업이윤 증가 정도에서 볼 수 있듯이 주로 수표책화폐를 기업경기보다 *더 빠르게* 확장시킨다. 반대로, 기업대출의 청산은 물가 하락세와 기업이윤 감소 정도에서 볼 수 있듯이 주로 수표책화폐를 기업경기보다 더 빠르게 축소시킨다.

연방준비제도가 연준은행권을 "탄력적 통화elastic currency"로 만들겠다는 꿈을 망쳐버린 것이 바로 이 화폐와 기업부채 사이의 잘못된 연관관계다<탄력적 통화에 대해서 「읽을거리 8」 참고 ─ 옮긴이>. 그리고 불경기에서 경기회복을 방해하는 요소도 바로 이 잘못된 관계다.

어떤 사람들은 기업경기가 먼저 확장된 후 화폐가 팽창하는 반면, 불경기에 기업경기가 확장되기 위해선 기업은 화폐를 필요로 하며 그렇기 때문에 먼저 대출을 받아 화폐를 조달해야 한다고 생각한다.

경기확장이 화폐팽창을 기다리고 화폐팽창이 경기회복을 기다려야만 하는 상황은 교착상태에 빠진다. 이 상황을 타개하기 위해 정부가 빚을 내어 재정지출을 확대한다. 그러나 기업경기 확장이 먼저 일어나야만 한다는 생각에 사로잡힌 기업가는 자신을 구원하기 위해 지출을 늘리는 정부를 반기지 않는다. 이런 기업가는 비록 정당하거나 적절하지는 않더라도 예금과 부채(대출) 사이에 자연적이고 필연적인 관계가 존재한다고 생각한다. 그리고 동양인들이 역병이나 콜레라를 죄의 대가로 받아들이는 것처럼 과다차입이란 죄를 지은 대가로 신의 섭리에 따라 내려지는 벌이라고 생각하고 모든 결과를 차분하게 받아들여야 한다고 생각한다. 정확한 진단과 이에 근거한 치료법은 이런 정신세계를 바꾸어놓을 것이다.

100% 시스템과 화폐관리시스템에서 우리는 기업부채를 그냥 내버려둘 수 있다.

기업부채가 증가하든지 감소하든지 또는 기업부채 증가가 경기회복을 선행하든지 후행하든지 간에, 유통화폐 규모 확대가 필요한 경우 이는 언제나 완벽하게 가능하다. 이렇게 해서 추가 공급된 화폐는 소비를 촉진시키고 소비확대는 고용증가 또는 실업감소로 이어질 것이다. 한 가지 효과는 상거래 활성화이고 다른 한 가지는 물가수준 상승인데, 두 가지 모두 경기회복을 불러온다.

20년 전의 '탄력적 통화'라는 꿈은 오늘날 '탄력적 신용'이라는 환상에 불과한 꿈으로 대체되었다. 수많은 은행들이 각자 독자적으로 탄력성을 결정하게끔 내버려두겠다는 발상 자체가 어리석다. 이런 발상은 단기상거래에 신용을 필요로 하는 경우 은행이 이를 창출하여 빌려주고 거래가 끝나면 이를 회수하면 된다는 것처럼 들린다. 또한 이는 오직 문제되는 남용은 "투기speculation"이며 이를 "어떻게든" 막을 수 있을 거란 주장처럼 들린다. 그러나 우리가 개별 은행에게 신용공급을 맡겨두는 한 이런 프로그램을 실행할 수 없다. 더구나 투기는 완전히 제거될 수 없으며 완전히 제거되어서도 안되기 때문에 프로그램 자체가 결함을 안고 있다.

더구나, 수많은 은행들이 독자적으로 대출을 할지 안할지 결정하는 10% 시스템을 유지하는 한, 국가 전체적으로 우리는 때로는 과잉대출을, 때로는 과소대출을 경험해야만 한다. 반면 100% 시스템에서는 개별 차입자를 상당한 어려움에 처하지 않게 하면서도 대출량을 수월하게 조정할 수 있다. 신용등급이 좋은 사람은 지금과 비교하여 훨씬 높은 확실성을 가지고 대출을 받을 수 있게 된다. 앞서 설명한 화폐조절 메커니즘이 작동할 것이며, 이는 현 시스템처럼 잦은 고장에 시달리지 않을 것이다.

기업경기 확장이 물가를 상승시켜야 한다는 생각

화폐와 부채 간의 연관관계는 기업경기 확장으로 물가가 상승하고 경기 수축으로 물가가 하락한다는 통념을 설명한다. 오늘날 많은 기업가들은 이를 자명하다고 받아들인다. 아마도 자신들이 호실적을 낼 때 물가가 상승했던 경험에 익숙해서일 거다. 그러나 유통화폐 규모가 일정하다면 기업경기 확장은 물가를 상승시키지 않고 하락시킬 수 있다. 이런 화폐량 불변의 시스템이 몇 세대를 거쳐 잘 정착되어 왔더라면 기업가들은 기업활동이 활발해지면 물가가 하락하고 기업활동이 위축되면 물가가 오른다는 걸 당연시 했을 것이다.

많은 사람들은 경기확장으로 물가가 상승하고 경기수축으로 물가가 하락하는 것이 자연스럽고 적절하다는 생각에 너무나 익숙해져있다. 그래서 어떤 사람이 물가의 등락을 "부자연스럽게" 억제하기 위해 화폐 인플레이션 및 디플레이션을 억제함으로써 "통화를 조절해야" 한다고 제안하면 충격을 받을 것이다. 그러나 기업경기 변동에 따라 물가가 변동하게 하는 주요 원인 중 하나가 바로 10% 시스템이라는 사실을 우리는 알아야 한다. 10% 시스템은 은행들이 기업대출을 통해 통화량을 끊임없이 변동시키게 하고 이에 따라 비정상적인 인플레이션과 디플레이션을 야기한다.

우리가 목격한 바와 같이 10% 시스템에서는 기업대출 증가로 기업경기가 상승하고 이에 따라 유통화폐가 증가하여 물가수준이 상승한다. 그리고 물가수준이 상승하는 한 이윤도 증가하고 기업경기는 더욱 확장한다. 이렇게 하여 기업경기 확장과 물가상승이 상호작용을 하는 악순환, 즉 "호황"이 만들어진다.

반대로 기업경기가 후퇴하면 대출과 물가도 후퇴하고 이는 이윤 감소 그리고 다시 기업경기 위축으로 이어지는 악순환이 발생하고 이렇게 "불황"이 생겨난다.

그러나 10% 시스템을 제거하면 기업경기와 물가 간의 불행한 연관관계를 끊을 수 있다.

안정적 화폐정책과 결합된 100% 시스템에서 화폐량은 *완벽히* 기업경기에 따라 움직인다. 기업경기가 확장하면 화폐량도 증가하지만 *절대 빠르지 않은* 속도로 증가하여 진정한 의미의 탄력적 통화가 구현된다. 물론 대출은 대체로 기업활동과 더불어 팽창하고 수축할 것이다. 그렇지만 더 이상 대출은 화폐량에 조금도 영향을 미치지 못한다. 은행의 대출활동에 따라 물가가 크게 오르고 내리는 일도 전혀 발생하지 않는다.

불황기에 화폐가 풍부하다는 생각

불황기에 많은 은행가들이 갖는 두 가지 생각은 "사람들은 어떤 때보다 화폐를 많이 가지고 있기 때문에 문제의 원인은 화폐의 부족이 아닐 거"라는 생각과 "은행들이 초과 지급준비금을 보유하고 있고 대출수요를 능가하는 '화폐'를 보유하고 있기 때문에 (수표책)화폐가 부족하다는 건 사실일 리 없다"는 생각이다.

(불황기에 사람들이 화폐를 더 많이 보유한다는) 첫 번째 생각의 오류는 주요 유통화폐인 수표책화폐를 간과한 데서 비롯된다.

불황기에 10%의 지급준비여력을 갖춘 은행의 예금반환능력에 불안을 느낀 사람들이 예금을 마구 인출하기 때문에 *지갑화폐*를 더 많이 보유하는 건 사실이다. 그렇지만 사람들이 *지갑화폐*를 1달러 더 보유하게 될 때 대략 10달러의 수표책화폐가 파괴되어야 한다.

(불황기에 은행이 화폐를 더 많이 보유한다는) 두 번째 생각의 오류는 단지 예금대비 지급준비금이 상대적으로 풍부해져 은행이 화폐를 더 많이 보유하는 것처럼 보이는 착시 현상이다. 은행은 자신이 보유하는 지급준비금을 시중에 유통시킬 수 없으므로 사실 이는 유효한 화폐가 아니다.

Ⅰ장에서 지적한 바와 같이 1929~35년 대공황 기간에 현금 쟁탈전이 벌어졌고 이에 따라 지갑화폐는 10억 달러 증가하였지만 수표책화폐는 80억 달러 감소하였다. 당좌예금 감소로 당좌예금 대비 지급준비금 비율은 높아졌다.

이런 생각의 오류들, 그리고 지갑화폐, 수표책화폐, 지급준비금 사이의 선호 변화는 100% 시스템이 도입되어 수표책화폐와 지갑화폐 간의 상호교환성이 온전히 확보되면 사라질 것이다.

화폐와 대출가능자금 간의 혼동

심각한 공황의 핵심이 화폐부족이라는 걸 깨닫지 못하는 사람은 또 다른 오류에 빠진다. 바로 화폐 과부족과 *대출에 이용가능한* 화폐의 과부족을 헷갈린다. 화폐는 전부 대출시장에서 대출가능하지 않다. 일부는 생활비로 쓰이고 일부는 투자에 쓰인다. 오직 일부만이 대출에 이용가능한 자금 즉 대출가능자금loanable fund이다.

불황기에 차입이 불가능한 것은 사람들이 이미 유통화폐를 충분히 보유해서가 아니라 이미 너무 많은 채무를 지고 있기 때문이다.

대출은 단지 어떤 사람이 다른 사람으로부터 화폐를 빌리는 행위여야 정상이다. 대출금만큼 차입자가 보유하는 화폐는 증가하고 대출자의 화폐는 감소해야 한다. 우리 중 어느 한 사람에서 다른 사람으로 화폐가 이동한다 하더라도 우리가 보유하는 화폐 총량은 변하지 말아야 한다. 소위 "자금시장"은 단순히 존스가 스미스한테 화폐를 빌려주는 시장이어야지, 존스*와* 스미스가 사용가능한 유통화폐를 창출하는 장소가 되어선 안된다.

화폐의 진정한 과부족은 대출시장이 아니라 물가지수에서 나타난다. 물가상승은 화폐공급 과잉을, 물가하락은 화폐공급 부족을 의미한다.

역설적으로 들릴 수도 있겠지만, 화폐가 부족해서 재화대비 화폐가치가 상승하는 (다시 말해 달러 구매력이 상승하는) 상황에서 "자금시장"(즉, 대출시장)에서는 화폐가 남아돌아 이를 "저렴하게" (즉, 저금리로) 구할 수 있을 지도 모른다.

리플레이션에 대한 생각

화폐에 관한 생각의 혼동이 존재하는 가운데, 때로는 불황기에 당좌예금 형태의 화폐가 더 많이 필요하다는 중도 의견이 제기되기도 한다. 많은 사람들은 "현금통화"의 증가에는 몸서리치지만, 밀즈Ogden L. Mills 전(前) 재무부장관이 "통제된 신용팽창"이라 부른 수표책화폐의 팽창을 원한다. 이 부류의 사람들은 지갑화폐의 증가는 잘못된 일이고 수표책화폐의 증가는 바람직하다고 생각한다.

다음과 같이 정반대되는 두 가지 이유로 *현금통화* 팽창을 반대하는 사람들도 있다.

  (1) "독일이 겪은 바와 같이" 엄청난 물가상승을 초래할 것이라는
      이유
  (2) 현금통화를 팽창시켜도 신규 발행된 통화를 은행이 준비금으로

그냥 보유하고 있으면 현금통화를 "발행하나마나"라는 이유

보다시피 이들은 (1) 통화팽창이 물가상승을 유발한다는 이유와 (2) 물가상승을 유발하지 않는다는 이유를 동시에 대며 반대하는 것이다!

은행이 화폐관리 기능을 가져야 한다는 생각

그렇지만 예금팽창에 대한 반대가 적고 *현금통화* 팽창에 대한 반대가 거센 주된 이유는 현금통화 팽창이 물가를 올리거나 올리지 않는다거나 하는 게 아니다. 주된 이유는 아마도 은행가들 자신의 금전적 이익일 거다. 은행가들과 이들의 정신세계를 받아들인 많은 사람들은 *정부*통화의 팽창을 극도로 두려워하지만 *은행*의 예금팽창은 두려워하지 않는다.

정부가 은행업에 진출할 수 있다는 공포가 "현금통화 규모를 맘대로 조정하는 것"에 대해 사람들이 반감을 갖게 하는 원동력인 거 같다. 나도 정부가 은행 역할을 해선 안 된다는 은행가들의 견해에 동의한다. 그러나 *화폐*관리는 은행의 기능이 아니다. 100% 시스템에서 화폐관리는 안정적인 화폐정책stable money policy과 결합되므로, 은행들이 지금처럼 아무런 책임도 지지 않으면서 민간조폐소 역할을 하는 방식으로 화폐를 관리하게 내버려둘 순 없는 일이다.

"금이 최고의 가치기준"이라는 생각

금의 고정된 *무게*fixed *weight* of gold가 금의 고정된 *가치*fixed *value* of gold를 의미한다고 아직도 생각하는 사람들이 있다. 이 단순한 신념에 사로잡힌 사람들은 이 관계가 "자동적으로" 유지된다고 생각하기 때문에 금본위제도가 유지되길 바란다. 그러나 우리는 유리상자 안에 가치산정 기준으로 쓰이는 기준자를 넣어두고 이것의 온도를 일정하게 유지하기 위해 계속해서 온도를 "조절"하는 데 엄청난 애를 써야 한다. 우리가 달

러가치를 안정적으로 유지하려면 지금처럼 수많은 은행들이 독자적으로 마구잡이로 화폐를 공급하는 방식이 아니라 가치안정이라는 목적 아래 지속적으로 달러가치를 유지하기 위해 노력해야 한다. 금본위제도는 현실에서 자동적으로 유지되지 않고 금태환성 유지를 위한 중앙은행의 적극적인 관리가 요구된다.

태환에 대한 생각

본래의 금본위제도에서는 금이든 지폐든 모든 화폐의 가치는 상품으로서의 금에서 비롯된다. (상품으로서의 금이든 화폐로서의 금이든) 금과 여타 화폐 간 등가관계parity는 상호교환성에 의해 유지된다. 마치 옛날 인디언들이 조가비구슬 화폐wampum money를 장신구 조가비구슬과 교환하였던 것처럼, 금화를 단순히 녹이거나 아니면 지폐 또는 수표책화폐를 금화로 태환한 후 금화를 녹여서 금덩어리로 만들 수 있는 경우가 상호교환성이 유지되는 사례에 해당한다. 금 태환성은 초기 금본위제도에서 정말로 중요한 의미를 가졌다. 그리고 금이 유통화폐에서 꽤 중요한 비중을 차지할 때도 금 태환성은 상당히 중요시 되었다. 그렇지만 오늘날 금 태환성은 오직 금 수출입업자나 귀금속상인 또는 금세공업자에게나 중요하다. 금을 녹이고 태환하고 하는 것은 일반 사람들에게는 상대적으로 중요치 않다. 예전과 달리 오늘날에는 금을 태환할 필요성이 흔하지 않을 뿐 더러 재량적으로 태환비율을 조정하여 금 태환을 해줄 수 있도록 법이 바뀌기도 하였기 때문이다.[12] 아울러 정당하게 금으로 교환해달라는 요구를 충족시키는 *태환성*이 가치의 안정성보다 중요치 않게 되었다. 사람들이 정말로 금을 태환할 이유를 가졌더라면 금 태환이 빈번히 일어나 화폐가 과다하게 발행되거나 인플레이션이 발생하지 않았을 것이다.

---

12) 1934년 1월 30일에 시행되었다.

99% 이상의 사람들은 1933년과 같은 상황을 제외하고는 금 태환성에 관심이 없다. 1933년의 과도한 금 태환은 금의 퇴장hoarding으로 이어져 해로운 결과를 야기하였다. 사람들이 일상생활에서 민감하게 여기는 태환은 오직 수표책화폐를 지갑화폐로 교환할 수 있느냐이다. 사람들은 거래은행에 예치한 예금을 기반으로 발행한 수표가 모든 사람들이 받아들이는 현금과 동등한 가치로 교환되는지를 알고 싶어 한다.

원하는 만큼 금으로 태환할 수 있는 특권은 오늘날에는 해롭다. 왜냐하면 태환을 위해 준비된 금의 양은 적은데, 예금화폐를 포함하여 태환해주어야 할 화폐의 양은 많기 때문이다.

사람들이 금 보유고를 습격하는 것 같이 갑자기 막대한 화폐의 금 태환을 요구하면 은행들은 이에 응하기 위해 금을 사모아야 한다. 그러면 금 수요가 폭증하여 금 가격이 폭등하는 결과로 이어진다.

지폐를 금으로 무제한 태환해주어야 하는 금본위제도는 예금화폐를 현금통화로 무제한 교환해주어야 하는 10% 시스템과 금융 불안을 야기한다는 측면에서 유사하다. 역(逆) 피라미드형 현금준비금 구조 밑에 다시 역(逆) 피라미드형 금준비금 구조를 갖는 꼴이다.

그렇지만 금 태환과 관련한 가장 큰 위험은 해외로부터 발생한다. 한 국가 내에서 사람들은 지폐를 거래수단으로 인정하며 오히려 선호하기도 한다. 그렇지만 우리가 금 달러gold dollar의 금 함유량을 고정시키는 금본위제도를 유지하는 한 해외로부터 발생하는 금 태환 요구의 위협은 현실이다. 1931년 영란은행에 대한 "습격"처럼 말이다.

금과 지폐의 상대적 안정성

앞으로 가치의 안정성은 금 태환성에게 찾지 말아야 한다. 왜냐하면 금은 매우 불안정한데 무제한적인 금 태환의무는 이를 더 불안정하게 만들기 때문이다. 가치의 안정성은 미리 분명하게 정해진 원칙에 따라 화폐를 관리하는 데서 찾아야 한다.

1929~35년의 대공황이 가져다준 가장 훌륭한 부산물은 금본위제도가 안정적이라는 환상이 깨졌다는 것이다. 100% 지급준비제도에 대한 시카고대학교의 제안서Chicago University Memorandum는 이를 다음과 같이 잘 보여준다. "금본위제도는 아무도 태환성에 대해 신경 쓰지 않는 경우에만 잘 작동하는 평시용 시스템fair-weather system이다. 금본위제도는 어떤 심각한 전쟁도 견뎌내지 못하는데, 그래서 대부분 국가들이 전쟁이나 불경기에 이를 포기한다."

같은 맥락으로 콜롬비아대학교 위원회가 최근에 발간한 보고서는 다음과 같이 기술한다.13)

"지폐본위paper standard가 통제 불가능하다는 생각은 전적으로 틀리다. 지폐 통화paper currency에 관한 지난 몇 년간 경험에 비추어보면 이런 말이 아직도 통화당국자들로부터 나온다는 게 이상하게 느껴질 정도다. 영국이 금본위제도를 포기했던 1797~1821년, 1914~1925년 그리고 1931년 이후의 기간에 지폐는 물가상승을 유발할 정도로 과잉 발행되지 않았다. 실제로 지난 2년간 지폐의 구매력은 금 통화gold currency의 구매력보다 안정적이었다. 이 기간은 굉장히 힘든 고난의 시기였고 정부가 이런 어려움을 타개하기 위해 통화 남발을 통한 재정 인플레이션을 유발할 충분한 유혹을 가졌을 건데도 말이다. 1931년 9월부터 1933년 은행위기에 이르는 기간에 가치가 불안정했던 통화는 파운드, 캐나다 달러, 북유럽 국가의 통화 등이 아니라 미달러, 프랑스 프랑, 독일 마르크 등과

---

13) 맥키버Robert M. MacIver 교수가 의장을 맡았던 콜롬비아대학교 위원회의 『Economic reconstruction』(Columbia University Press, New York, 1934)의 40~41쪽을 참고하길 바란다.

같은 금본위제도 국가의 통화였다. 파운드가 통용되는 '스털링 지역 sterling area'의 지폐 구매력은 놀랄 만하게 안정적이었다. 이전의 물가 하락추세를 시정하기 위해 계획적으로 팽창정책을 펼치는 모습을 보고 싶어 했던 자들에게는 너무나 안정되게 보였을 것이다. 반면 금의 가치는 터무니없게 상승하였다."

'정부는 틀림없이 화폐를 남발한다'거나 '정부는 금 달러gold dollar의 순도와 무게를 정하는 것 말고는 화폐와 관련해서 아무것도 해선 안 된다'는 믿음을 사람들에게 심어주는 은행 정신세계의 영향력을 다시 한 번 언급하고자 한다.

최근에 있었던 루즈벨트 대통령과 미국은행연합회 간의 회담에서 뉴욕시 제일국법은행First National Bank of New York City의 레이놀즈Jackson E. Reynolds 회장이 "미국정부가 금화의 금 함유량을 절대 바꾸지 않을 거라 말함으로써 외국통화와 관련된 문제에 대해 손놓고 있는 것이 가능한가"라고 물었다는데 이는 흥미로운 일이다. 이런 질문은 기업계와 은행계의 사고체계에 커다란 진전에 해당한다.

아마도 제1차 세계대전 이후 화폐와 관련한 가장 중대한 사건은 가치기준으로 금의 무게를 포기하고 일상용품으로 구성된 장바구니 −"장바구니 달러market basket dollar"− 를 선택한 것이라고 후세는 평가할 것이다. 화폐 문제를 해결하는 가장 완벽한 방법은 먼저 각국이 국내에서 자국통화가치를 안정시킨 후 모든 국가들이 합심하여 금 가격을 고정시키는 것이다. 시간이 흐른 후 금 가격을 조정할 필요성이 생기면 다시 모든 국가들이 합심해서 금 가격을 조정하면 된다. 이런 방식으로 각국 통화단위의 구매력은 안정적으로 유지되고 이종통화 교환에 적용되는 환율도 안정적이게 된다.

금 태환이 안정성의 원천이라는 관념에 대한 논의를 마무리하기에 앞서, 금 태환은 오랫동안 숭배의 대상fetish이었고 일정 정도 허구에 해당한다는 말을 해주고 싶다. 특히 금으로 태환되지 않고 (또는 적어도 1900년 법률에 모호하게 명시되기 전까지 태환되지 않고) 단지 액면가보다 낮게 할인되어 (괴bullion 형태의) 은으로 태환되었던 은 예탁증서는 허구에 가깝다.

100% 지급준비금은 금으로 구성되어야 하나

우리가 정말로 순수한 금본위제도를 원한다면 지급준비금은 100% 금으로 마련되어야 한다. 이는 말 그대로 근대은행이 발생하기 이전인 금세공업자 시대goldsmiths' days로의 회귀를 의미한다. 이론적으로 이는 매우 쉽다. 금 달러의 무게를 충분히 줄이는 "가치저하"를 통해 매우 쉽게 가능하다. 정부가 금 가격을 1온스 당 35달러로 올린 것처럼(즉, 금 달러의 금 함유량을 1/21온스에서 1/35온스로 줄인 것처럼) 금 가격을 보다 높은 수준으로 올리면 된다. 예를 들어 금 달러의 금 함유량을 1/350온스로 줄임으로써 금 1온스 당 가격을 10배로 올릴 수도 있다. 물론 이렇게 큰 폭으로 갑작스럽게 금 가격을 올리는 건 현실에서 매우 바람직하지 않다.

어찌되었든 이렇게 하면 금 보관증서를 제외한 어떠한 종이증서를 사용하지 않고도 정부금고에 보관된 금만으로 100% 금 지급준비를 달성할 수 있다.

그러나 100% 금 지급준비제도로 전환하기 위해서는 환율교란에서 비롯되는 추가적인 대가를 치러야만 한다. 그리고 다른 정당한 반대 논거들도 있다.

지폐 또는 통화위원회의 신용을 이용한 100% 시스템은 100% 금 지급준비제도와 동일하게 효과적이며 덜 번거롭고 덜 투박하다. 왜냐하면 현대사회가 원하는 태환성의 개념은 소지화폐, 즉 지폐를 이용한 태환성이지 금장식구로 바꿔주는 태환성이 아니기 때문이다. 가치의 궁극적 기준ultimate standard of value은 단 하나의 상품(금)에 있는 것이 아니라 통화위원회가 안정화시키는 (물가)지수에 포함되는 모든 상품들에 있다. 금에 남아있는 유일한 화폐적 용도는 국제결제 촉진을 위해 서로 다른 국가의 통화를 잇는 가교 역할이다. 이는 1934년 1월 30일에 시행된 법에 따라 이미 시행되고 있는 바와 같이 금 가격의 간헐적인 변경과 재량적 태환discretionary redemption을 통해 가능하다.

지급준비금을 적게 보유하는 것이 경제적이라는 생각

지급준비금을 적게 보유하는 걸 금의 경제economy of gold라고 부르기도 한다. 완전 지급준비제도를 반대하는 어떤 은행가가 "100% 지급준비제도를 누가 들어본 적은 있나요?"라고 말한 적이 있다. 그는 오래 전에 100% 금 지급준비를 통해 금 보관증서의 태환을 보장했다는 사실을 듣고선 깜짝 놀랐다. 그는 금 보관증서에 100% 금 지급준비를 했던 선례에 대해 이의를 제기하지 않았을 뿐 아니라 당시에 정부가 민간은행에 더 많은 은행권 발행을 허용하여 "유휴"준비금을 "절약"했어야 한다고 말하지도 않았다. 이 은행가가 오직 원하는 바는 현재 은행들이 예치하는 지급준비금을 "절약"하고 싶을 뿐이다.

지급준비금을 절약하는 건 경제적으로 잘못되었음은 이미 증명되었다. 은행들은 호시절에 절약한 지준의 몇 배 이상을 "겨울이 오면" 잃고 만다. 이 은행가는 자기 은행에 이익이 되는 걸 찾지 말고 은행시스템 전체를 생각해야 한다.

신용 형태로 100% 준비금credit reserves을 보유하자는 100% 시스템에서도 '지급준비금을 적게 보유하는 것이 경제적이라는 고질적이고 타성에 젖은 생각'을 적용하려고도 한다. 왜 종이 또는 신용으로 100% 지급준비금을 보유하는 것이 필요한가? 50% 또는 적어도 100%보단 낮은 준비율로도 충분하지 않나? 바로 이러한 생각으로 인해 「1935년 은행법」

제정과정에서 100% 지급준비제도를 포함시키자는 제안이 받아들여지지 않았다.

우선적으로, 부분지급준비가 가져다주는 "경제성"은 없다. 이걸로 대답은 충분하다. 우리가 지급준비금 과소적립 문제를 시정하길 원한다면 왜 완전히 충분할 정도로 보유하는 것이 좋지 않은가? 이는 사소한 인쇄비용 이상의 비용을 초래하지 않으며 100%보다 낮은 수준의 어느 지급준비제보다 우수하다. 90% 지급준비제도는 100% 지급준비제도보다 나은 점이 없는 반면 운영 측면을 포함한 몇 가지 측면에서 난점을 갖는다. 그리고 100% 지급준비제도는 심리적인 측면에서 이보다 낮은 수준의 지급준비제도보다 확실히 우월하다. 이는 모든 사람들이 이해하고 합의할 수 있는 유일한 지급준비제도이다. 반면 100%보다 낮은 지급준비율을 적용하면 그것이 99%라 할지라도 왜 이보다 낮으면 안 되지 하는 심리가 작용한다. 완전 지급준비금은 *예금자가 진정한 소유자가 되는 신탁자금*의 지위를 갖는다. 99% 지급준비금은 10% 지급준비금과 마찬가지로 은행의 소유라고 여겨질 수 있다.

한 은행가 친구는 내게 보낸 편지에 이렇게 썼다. "불충분한 지급준비금 보유에 따른 위험은 모든 생명보험 가입자가 동시에 죽지 않으며 모든 빌딩에 동시에 화재가 발생하지 않는다는 경험에 바탕을 둔 타당한 예측에 입각한 화재보험 또는 생명보험이 안는 위험과 유사한 것 아닌가요?" 이 질문에 대한 적절한 답변은 여럿 있다.

의심할 바 없이 이 두 가지는 유사점을 갖는다. 지급준비금이 부족한 상태에서 은행의 안전성<즉, 부도위험－옮긴이>을 생명보험이나 화재보험과 유사한 방식을 적용하여 계산할 수 있다.

그러나 한 건의 화재 또는 한 은행의 도산이 발생할 위험 외에 "대화재의 위험"이 존재하며 은행의 경우 재보험과 유사한 위험회피 수단이 존재하지 않는다. 그리고 내 은행가 친구는 정말 중요한 위험요인은 은행도산이 아님을 간과하고 있다. 은행도산위험은 우리가 지점은행제도 등 외국에서 이용하고 있는 제도를 받아들임으로써 거의 제거 가능하다. 정말로 중요한 위험은 기업경기와 고용이 변동함에 따라 발생하는 위험, 즉 호황과 불황의 위험이다. 은행은 이런 위험을 모면할 수 있을지도 모른다. 그렇지만 영국에서조차도 은행은 일반 사람들과 현금 쟁탈전을 벌여 이겨야만 살아남을 수 있다. 이런 현금쟁탈에서 진 일반 사람들은 큰 피해를 입는다. 문제의 근원은 부족한 지급준비금, 부분지급준비제도에 있다.

마지막으로, 우리가 지급준비금 문제를 내 은행가 친구가 말한 바와 같이 경험통계에 근거해 살펴보더라도 현재의 부족한 지급준비금은 틀림없이 문제점으로 지적받을 게 확실하다.

중요한 건 개별 은행의 "안전성"이 아니라 달러 구매력의 안전성이라는 걸 잊어선 안 된다. 우리는 인플레이션과 디플레이션에 대한 최상의 안전장치를 원하며 그것은 바로 100% 시스템이다.

달러가치가 변하지 않는다는 생각

달러가치가 변하지 않는다는 생각은 "화폐환상money illusion"에 해당하며 화폐개혁을 가로막는 주요 장애물이다. 이미 안정적이라 생각되는 걸 왜 안정화해야 하나? 거의 모든 사람들은 자기 나라의 화폐가치가 안정적이라 생각한다.

모든 가격을 자국화폐로 책정하지만 정작 화폐자체의 가치를 (지수를 이용하여) 어떻게 매기는지를 알지 못한다. 단지 자국화폐 가치 대비 외국화폐 가치의 변화만을 알아차릴 뿐이다.

예전에 영국이 금본위제를, 인도가 은본위제를 채택했던 시절에 영국의 키팅Keating 장군이 인도 상인과 대화를 나눈 적이 있다. 키팅 장군이 인도 루피화의 가치 하락에 대해 언급하자, 인도 상인은 의아한 표정으로 "루피화 가치가 하락했다는 얘기는 들어보지 못했는데요? 저는 인도 전역에 아는 중개상들이 많은데 이들 중 누구도 루피화 가치 하락을 언급한 적이 없어요." 그리고 인도 상인이 곰곰이 생각하더니 "아, 아마도 영국 파운드 가치 상승을 말하는 거군요!"라고 말했다.

사실, 영국 키팅 장군과 인도 상인의 말은 모두 부분적으로 맞는 얘기다. 왜냐하면 루피화의 구매력은 하락했고 파운드의 구매력은 상승했기 때문이다. 그러나 두 통화가치의 격차는 한 통화의 가치 변화만으로 발생하지 않는다. 두 사람 모두 화폐환상에 사로잡혀 있다. 둘 중 누구도 자신이 노를 젓고 있는 보트의 움직임을 감지하지 못하고 있는 것이다.[14]

상품 가격이 오로지 해당 상품의 수요와 공급에 의해 결정된다는 생각

밀 가격은 오직 밀이라는 상품의 수요와 공급에 따라 결정되지 않는다. 이는 부분적으로 화폐의 수요와 공급에 따라서도 결정된다. 대부분 사람들은 이런 화폐의 가격결정 역할을 철저히 간과한다. 이는 큰 실수다.

문제의 본질은 우리가 밀 가격을 화폐를 기준으로 생각하기 때문에 화폐를 잊어버린다는 것이다. 만약 밀 가격을 구리나 은으로 표시한다 해보자. 예를 들어 밀 1부셀<대략 35리터-옮긴이>의 가격이 은 3온스<대략 85그램-옮긴이>라고 하자. 은으로 측정한 밀 가격이 상승하는 경우, 이것이 밀의 수요 증가 또는 밀의 공급 감소에 따라 전적으로 발생했다고 얘기하는 건 바보 같은 얘기이다. 은의 공급증가 또는 은의 수요감소에 따라 밀 가격이 상승할 수도 있기 때문이다.

이는 당연한 얘기다. 밀 가격이 금으로 표현되는 경우도 마찬가지다. 1달러짜리 금화는 1933년 기준으로 거의 정확히 금 1/21온스에 해당한다.

---

14) 어빙 피셔의 『Inflation?』(Adelphi Co, 1933)의 47쪽을 참고하길 바란다.

밀 1부셸의 가격이 금화 1달러라고 하면, 이 가격은 밀의 수요와 공급 뿐 아니라 금 또는 금화 그리고 이 둘의 대체재인 지폐 그리고 우리가 은행에 맡기고 수표로 사용하는 예금의 수요와 공급에 의해서도 결정된다.

그리고 '밀의 수요와 공급'과 '화폐의 수요와 공급'이 주는 영향은 확연히 구분된다. *달러의 수요와 공급은 일반 또는 평균 물가수준을 결정*하고 *밀의 수요와 공급은 밀 가격이 일반 또는 평균 물가수준에서 벗어나는 정도를 결정한다.* 일반 물가수준이 10% 상승하고 밀 가격이 13% 상승했다면 밀 가격 상승분 중 물가수준을 초과하여 오른 3%만이 밀의 수요와 공급에 따른 것이다. 나머지 10%는 밀이 아니라 화폐의 수급에 따른 상승분이다.

대부분 사람들은 1926년 이후 밀 가격이 하락한 현상의 원인이 밀의 공급과잉 때문이라고 아직도 생각한다. 이는 사실이 아니다. 밀 가격 하락의 대부분은 유통화폐의 공급 부족에 기인하였다. 화폐공급 부족이 *밀 가격도 포함되어있는 물가*를 100에서 55로 하락시켰다.[15]

가격과 물가수준의 혼동

어떤 재화의 가격과 물가수준은 파도와 해수면과 같이 뚜렷이 다르며 이 둘을 변화시키는 요인들도 뚜렷이 다르다. 물가수준은 통화 팽창 및 수축에 따라 오르고 내린다. 마치 호수의 수면이 호수가 담고 있는 물의 양에 따라 높아졌다가 낮아졌다하는 것처럼 말이다. 그러나 재화의 가격은 파도의 높이가 바람에 따라 달라지는 것처럼 해당 재화의 수요와 공급에 따라 오르락내리락 한다.

---

15) *Liberty*의 10권 37호에 게재된 어빙 피셔의 논문 『When Inflation is Not Inflation』의 40쪽을 참고하길 바란다.

요약

우리는 지금까지 진정한 화폐개혁을 방해하는 여러가지 모호하거나 잘못된 관념들에 대해 살펴보았다.

(1) 10% 시스템에서 대출자금을 즉석에서 만들어내는 것이 가능하여 10% 시스템에서 대출이 용이하다는 생각

(2) 은행대출 증감에 따라 당좌예금 규모가 자연스럽고 적절하게 증감한다는 생각

(3) 경기변동에 따라 물가수준이 자연스럽고 적절하게 오르내린다는 생각

(4) 화폐가 실제로 부족한 상황에서 화폐가 풍족하다는 생각

(5) 화폐 과잉과 대출가능자금의 과잉 간 혼동

(6) 통화팽창은 옳지 않고 당좌예금 팽창은 옳다는 생각

(7) 달러가치가 변하지 않는다는 생각

(8) 어떤 재화의 가격이 오롯이 해당 재화의 수요와 공급에 따라 결정된다는 생각

(9) 가격과 물가수준의 혼동

(10) 정부가 화폐공급 조절 기능을 은행에 맡겨야 한다는 생각

(11) 금이 가장 우수한 가치기준이라는 생각

(12) 금 태환성 확보가 매우 중요하다는 생각

(13) 금은 본래 안정적이고 지폐는 본래 불안정하다는 생각

(14) 지급준비금 확충은 금 준비금 비중 확대로 이루어져야 한다는 생각

(15) 지급준비금을 적게 보유하는 것이 "경제적"이라는 생각

여기서 열거하지 않은 것들도 있지만 위에 열거한 15가지 혼동과 오류가 바로 100% 시스템 도입을 방해하는 것들이다.

인지대체화폐|stamp scrip

'scrip'는 대체화폐substitute currency를 뜻하는 용어이며, 인지대체화폐(印紙代替貨幣)라 번역 가능한 'stamp scrip'는 대공황 기간에 미국, 독일, 오스트리아 등에서 발행되었던 대체화폐의 일종이다. 인지대체화폐stamp scrip는 기한부dated와 무기한부undated의 두 종류로 발행되었다.

기한부 인지대체화폐는 뒷면에 52개 네모상자가 그려져 있고 각 네모상자는 1주를 의미했다. 주말에 이 대체화폐를 소지한 사람은 다음 주에 이를 거래에 사용하기 위해 2센트의 인지stamp를 발행자로부터 사서 그 주에 해당하는 네모상자에 붙여야 했는데, 사람들은 다가오는 주말에 인지화폐를 보유하고 있지 않으려고 주중에 이를 거래수단으로 적극 이용해야만 했다. 무기한부 인지대체화폐는 매 거래마다 인지를 사서 뒷면 네모상자에 붙이는 대체화폐였다.

시정부, 시민단체, 기업, 개인 등 다양한 주체가 인지대체화폐를 발행하였는데, 발행자는 이를 액면가로 발행하고 모든 네모상자에 인지가 붙여진 인지대체화폐를 액면가로 교환해주었다. 액면가는 25센트에서 5달러 사이였으며 1달러짜리가 가장 흔했다고 한다.

인지대체화폐 예시

자료: gtjournal.tadl.org/2018/depression－era－scrip－stamps－its－a－mystery/

인지대체화폐 발행으로 소비를 진작시킬 수 있다는 아이디어는 독일의 경제학자 실비오 게젤Silvio Gesell에 의해 1890년대에 구체화되었다. 그는 화폐는 기본적으로 명목가치를 지니기 때문에 사람들은 이를 급하게 거래에 쓸 유인을 갖지 않는다고 보았다. 그리고 금융불안 또는 디플레이션 기간에 이를 사용치 않고 비축hoard해둘 유인이 커진다는 사실도 알고 있었다. 그래서 화폐비축으로 소비가 위축되는 상황을 타개할 방법으로 '화폐보유에 세금을 부과'하는 방법을 생각해냈던 것이다. 즉, 화폐보유에 주기적으로 세금을 부과하면 화폐유통속도가 빨라지고 이는 곧 소비 촉진으로 이어져 경기가 회복될 거란 아이디어다.

이러한 아이디어는 대공황 시대에 재조명되어 상당한 호평을 받았다. 케인즈는 이를 유동성함정liquidity trap을 타개할 해결책으로 평가하였으며, 어빙 피셔는 1932년 10월 기한부 인지대체화폐를 전국적으로 발행하자고 주장하였고 1933년 『Stamp Scrip』라는 소책자도 출간하였다. 대공황의 심각성과 어빙 피셔의 영향력에 힘입어 뱅크헤드 상원의원J. H. Bankhead은 액면가 $1의 기한부 인지대체화폐를 전국적으로 발행하고 이를 법정화폐로 명문화하는 법안을 발의하기도 하였다.

그렇지만 미국에서 인지대체화폐는 흥행에 실패하였는데 그 이유로는 ⅰ) 이를 화폐로 인식하지 않은 사람들이 많았다는 점(통용성 확보실패), ⅱ) 대부분의 인지대체화폐가 무기한으로 발행되어 (소지자를 이를 빨리 사용할 유인이 적어) 활발하게 유통되지 않았다는 점, ⅲ) 이용가능지역이 발행지역으로 한정되었다는 점 등이 꼽힌다.

자료: Champ(2008)

제XI장

정부에 대한 의의

100% 시스템은 정부은행이 아니다

이미 지적한 바와 같이 100% 시스템은 (은행이 빼앗아간) *화폐* 기능을
국유화하자는 것이지 "*은행업*을 국유화"하자는 게 아니다. 화폐는 정부
의 기능이다. 정부는 금화, 은화, 니켈화, 청동화 주조를 통해, 그리고 미
연방지폐("그린백"), 은 예탁증서, 여타 정부지폐 발행을 통해, 그리고 화폐
및 화폐본위에 관한 법률 제개정을 통해 화폐 기능을 수행한다.

Ⅰ장에서 지적한 바와 같이 미 헌법은 화폐규제 권한을 의회에 부여
한다. 그리고 화폐 기능의 본질은 가치의 단위unit of value로 달러를 관리
하는 것이다. 이는 정부기관인 도량형표준국U.S. Bureau of Standards이
길이의 단위로써 야드를 관리하고 전력의 단위로써 킬로와트를 관리하는
것과 같다. 기업에게 상거래를 측정하는 단위를 제공하는 것은 정부의
본질적 기능이다. 이 기능을 적절히 수행하기 위해 은행권과 당좌예금을
포함한 *모든* 형태의 유통화폐는 동일한 기준에 따라 통제되어야 한다.
원래 정부의 화폐관리 기능은 지금보다 더 강했다. 그렇지만 은행에 은
행권 발행을 허용하고 그 이후 (결정적으로) 당좌예금 취급을 허용하는 등

의 단계를 거치면서 정부의 화폐관리 기능은 점차 약화되어 결국 현 상태에 이르게 되었다. 오늘날 화폐 창출을 담당하는 중요한 "조폐소"는 당좌예금을 취급하는 수많은 은행들이다.

더 이상 은행이 화폐를 아무런 제한 없이 창출하고 파괴하도록 놔둬서는 안된다. 그러나 은행의 대출 업무에 대해서는 이와 유사한 제한을 둘 필요는 없다.

정확히 말하면, 100% 시스템에서 통화위원회가 갖는 유일한 *은행* 기능은 재할인이다. 이미 살펴본 바와 같이, 이 기능도 상당히 예외적인 경우에만 발휘될 것이며, 어쩌면 이 기능을 통화위원회에 허용하지 않는 편이 더 나을 수 있다. 통화위원회가 재할인 업무를 수행한다면 오직 곤경에 처한 은행들을 도와주는 안전장치로만 활용되어야 하며, 연방준비은행의 재할인 요청이 있을 경우에 수동적으로 이에 응하는 방식으로만 사용되어야 한다.

또한 약속어음이 통화위원회에서 재할인 되려면 회원은행과 연방준비은행을 거쳐야 하는데, 통화위원회가 아니라 지금과 같이 이들 은행들이 수익성에 따라 대출을 제공할지 안할지를 결정하면 된다. 이렇게 하여 은행은 가장 유망한 투자 채널로 자금을 흘려보내기를 계속할 것이고 그래야만 한다. 통화위원회는 재할인 요청을 받으면 이에 응하는 것 외에 선택16)의 여지가 없어야 한다.

통화위원회가 갖는 유일한 재량권은 재할인율을 결정하는 것이다. 그

---

16) 당연한 얘기지만, 통화위원회가 어음을 재할인하더라도 반드시 화폐량이 증가하는 건 아니다. 왜냐하면 통화위원회는 어음 재할인과 동시에 보유 중인 채권을 시중에 매도할 수 있기 때문이다. 어음 매입에 따른 화폐증가분과 채권 매도에 따른 화폐감소분이 정확히 상쇄된다면 시중 화폐량은 변하지 않는다. 그러므로 통화위원회가 재할인 요구에 의무적으로 응하도록 해도 통화위원회의 화폐관리 기능은 저해되지 않는다. 달리 말하면, 연방준비은행은 재할인 규모를 결정하게 되고 통화위원회는 화폐공급규모를 결정하게 된다.

리고 재할인율은 오직 달러 구매력의 통제를 위해, 그리고 모든 연방준비은행들에 유사한 수준으로 공정하게 설정되어야 한다.

100% 시스템은 은행을 국유화하기는 커녕 은행이 국유화되지 않게 해주는 유일한 길이다. 왜냐하면 만약 10년 뒤에 우리가 지금 막 벗어나고 있는 대공황 같은 불황이 다시 발생한다면 은행들은 아마도 영원히 정부의 지배하에 놓이게 될지 모르기 때문이다. 은행들은 품위있게 자신들이 강탈해간 (은행권과 당좌예금 형태의) 화폐주조 기능을 포기하고 경기변동에 의해 방해받지 않는 보다 엄밀한 의미의 은행업무에 주력하는 편이 본인들에게 더 이롭다. 이 경기변동이란 것도 은행들 자신이 만들어낸 측면이 크다.

한편, 은행이 정부에 영향력을 미칠 수 있다는 점을 감안하면 100% 시스템은 역으로 정부에게도 일종의 보호장치를 제공한다. 전쟁 또는 이와 유사한 긴장의 시기에 은행은 정부에 대해 채권자의 지위를 갖게 되며 이러한 지위를 이용하여 정부정책에 과도한 영향을 미칠 수 있다. 워싱턴의 몇몇 소식통에 따르면 남북전쟁 이래 은행 특히 "월가Wall Street" 가 정부에 너무 많은 영향력을 행사하고 있다고 한다. '배후가 누군지 모르는 사이에' 라는 표현처럼 교묘하게 영향을 미친다고 말이다.[17]

연방준비제도에 대해

연방준비제도는 무엇보다도 은행가들의 영향력에서 정부를 구출하기 위해 설립되었다. 이는 윌슨 대통령의 바람이었다. 이러한 이유로 연준이 발행하는 연준은행권Federal Reserve notes이 "미국의 채무Obligations of

---

17) 100% 원칙100% principle의 신봉자이자 "지배자로서의 은행가들"을 맹렬히 비난하는 사디Soddy 교수의 저서 『Wealth, Virtual Wealth and Debt』(Dutton, New York, 1926)의 163쪽을 참고하길 바란다.

the United States"라 불리는 것이다. 그러나 실제로 이는 그저 상징적인 문구에 지나지 않으며 브라이언Bryan 국무부장관의 지지를 얻고자 명목상 그의 요구를 들어준 것에 불과하다. 연준은행권이 미국에 어떠한 이득을 가져다주지 않았으며 단지 조건부 채무를 지웠을 뿐이다.

연방준비제도가 화폐기능과 화폐가치 안정 기능을 수행해야 한다는 견해가 일반적이다. 그러나 연방준비제도는 조직구성, 인력, 성향, 전통 등의 측면에서 이런 기능을 수행하기에 부적합하다. 게다가 연방준비제도가 수행하는 재할인 업무는 화폐가치 안정 기능과 자주 상충된다. 연준은 자기 주인인 회원은행들을 불쾌하게 만들지 않고서는 달러가치를 안정시킬 수 없다. 스트롱Benjamin Strong Jr 총재가 달러가치를 안정화시키려고 했던 때처럼 말이다. 아울러 10% 시스템에서 연준은 인플레이션 또는 디플레이션을 의도치 않게 유발하여 국가경제를 해치지 않고서는 은행들을 이롭게 하거나 수익목적의 은행 업무를 제대로 수행할 수도 없다. 은행업무와 물가안정을 동시에 추구하려는 시도는 결국 우울하게 실패하고야 만다. 이런 상반되는 목적을 추구하는 행위는 연방준비제도 내부에 우유부단, 불확실성, 혼란, 의견충돌 등을 야기해 왔다. 이는 마치 상극(相剋)인 두 명의 주인을 모시는 꼴이다.

스트롱 총재 같은 훌륭한 총재가 중앙은행이라는 배의 키를 잡고 있는 상황에서조차 대규모 공황을 완전하게 그리고 영구적으로 회피하는 최선책(이런 총재가 없는 상황에서는 유일한 방책)은 연방준비제도를 화폐가치 안정이라는 ─ 지금까지 태만하게 여겼으며 법적으로 부여된 것도 아닌 ─ 달갑지 않은 의무에서 벗어나게 해주는 것이다.

대법원 같은 존재로서의 통화위원회

통화위원회는 달러의 구매력을 안정적으로 유지하기 위해 은행 및 재무부로부터 영향을 받지 않는 대법원과 같은 수준의 독립적인 지위를 가져야 한다. 밴더리프Frank A. Vanderlip의 화폐당국법안Monetary Authority Bill을 지지하는 사무기기 회사 레밍턴 랜드의 랜드James H. Rand 회장은 다음과 같이 말한 적이 있다.

"연방준비제도와 같이 민간이 소유하는 어떤 하나의 집단이 정부의 신용에 대해 강제적인 권한을 행사하도록 허용해서는 안된다. 정부는 화폐의 구매력에 대한 통제권을 민간에게 양도해서는 안된다. 우리는 이 사안을 직시하고 해결해야만 한다. 화폐에 대한 통제권을 둘러싼 민간과 정부 간의 충돌이 해결되지 않은 이상 완전한 신뢰 회복은 이루어지지 않을 것이다."

국가부채에 대한 영향

통화위원회는 은행예금을 100% 현금으로 지급 준비하는 전환과정에서 정부채 매입에 주력해야 한다. 회사채와 같은 증권을 매입할 수도 있겠지만 이러한 증권을 정부채로 대체함으로써 비정부채 보유비중을 점진적으로 줄여나가야 한다. 정부는 (정부기관인 통화위원회에게) 자신이 발행한 채권을 소유케 함으로써 부채를 줄일 수 있다.

(세계대전과 같이 국채 발행을 대폭 늘려야 하는 상황이 발생하지 않는다면) 궁극적으로 정부부채를 완전히 제거할 수도 있을 것이다. 이는 만기 이전에 정부채를 상환하지 않고도 가능하다. 미국의 모든 정부채 잔액을 통화위원회가 보유하게 되더라도 통화위원회는 단지 만기까지 이를 보유하면 된다. 정부채는 매도가 용이한 증권이므로 통화위원회는 이를 만기 보유함으로써 인플레이션 위협에 대비할 수 있다. 한편, 통화위원회는 다른 채권보유자들처럼 재무부로부터 이자를 지급받을 것인데 이를 다시 재무부로 돌려보낼 수 있다. 또는 실제 이자 지급 및 반환 없이 통화위원회와 재무

부의 장부에만 이를 기록할 수도 있겠다. 이 방식은 이자뿐 아니라 원금에도 적용될 수 있다.

부채상환 이후에는?

모든 정부부채가 상환되면 그 다음은 무엇인가? 통화위원회가 디플레이션 위협을 상쇄하기 위해 위원회통화Commission Currency를 발행하여 회사채나 다른 민간자산을 매입하여 자기 자신도 모르게 미국 민간자산 시장의 큰 손이 되어야 하나? 전혀 그렇지 않다.

개입방식과 회계 상의 일관성을 수월하게 확보하는 방법은 통화위원회가 신규 발행 국채 또는 여타 정부채무를 매입하고 재무부와 통화위원회 간 이자 지급 및 반환은 장부상으로 처리하는 것이다.18)

이렇게 하면 통화위원회가 비정부채권을 매입하는 문제가 설사 발생한다고 하더라도 100% 시스템 도입 후 상당 기간 발생하지 않을 것이다.

경제에 커다란 악영향을 줄 만한 심각한 불황은 거의 발생하지 않게 되어 경제는 번영할 것이다. 그러면 통화위원회는 디플레이션을 방지하고자 신규화폐를 발행할 것이고, 통화위원회의 이러한 노력에 힘입어 정부의 주요 수입은 통화위원회로부터 발생할 거라 상상할 수 있다.

이러한 풍요로움이 현실화되면 지금은 거의 걱정하지 않아도 되는 문제, 즉 정부가 통화위원회로부터 유입되는 수입금을 어떤 용도로 사용해야 하는가가 중요한 문제로 대두될 것이다. 가능하다면 정부는 수입금을 과세를 줄이는 데 사용해야 하며, 모든 연방세를 폐지하는 극단적인 결과도 바라건대 상상할 수 있다.

---

18) 재무부가 통상적 절차에 따라 국채 및 여타 증권을 일반인을 상대로 발행하면, 통화위원회가 일정 절차에 따라 이들 증권을 인수할 수 있다. 재무부는 일반인들로부터 이미 시중에 유통 중인 화폐를 매각대금으로 받고, 통화위원회는 화폐를 신규 발행하여 일반인들로부터 증권을 매입하는 것이다.

이를 넘어서, 가능하다면 추가적인 수입금을 진정한 의미의 "사회적 배당금social dividend"<일종의 기본소득 개념으로 이해 가능−옮긴이>으로 사용할 수 있다. 다시 말해, 기업성장의 필요성을 충족시키고 물가하락을 방지하기 위해 화폐를 실질적으로 사람들에게 나눠주는 것이다.

이러한 장밋빛 낙관이 결코 현실화되지 않을지라도 여기에 이를 제시하는 건 아래의 두 가지 목적에서다.

(1) 100% 시스템이 계속해서 존속할 수 있음을 보여주기 위하여
(2) 100% 시스템에서 정부부채가 막대한 규모로 유지될 필요가 없으며 통화위원회가 민간채권을 대량 매입하는 등의 변화도 발생하지 않음을 보여주기 위하여

요컨대, 경제는 대규모 호황 및 불황의 방해에서 벗어나 지속해서 번영할 것이며, 지속된 번영의 결과는 연방재정, 그리고 은행을 포함한 모든 기업의 이윤에 반영될 것이다. 현 시스템에서 은행들은 불황에도 (연준 은행권과 당좌예금 형태의) 화폐를 창조하고 이를 채권 및 약속어음에 투자함으로써 번성할 수 있지만, 통화위원회가 현재 은행이 누리는 특권을 활용하여 불황을 없애고 정부를 더욱 번영시킬 수 있다.

어떤 의미에서는, 100% 시스템이 가져다주는 국가재정 개선이라는 혜택은 정부가 화폐관리 또는 달러가치의 안정이라는 (자신이 행하는 가장 중요한) 서비스를 제공해서 받는 금전적 보수라 생각할 수 있다.

통화위원회의 책무는 너무 거대하여 달성하기 힘든가?

이 새롭게 제안되는 통화대법원은 너무 거대한 책무를 짊어지는 건 아닐까? 어떤 사람 또는 어떤 집단이 이 책무를 맡아야 신뢰할 수 있을까?

이 질문에 대한 납득할 만한 답변 하나는 "스웨덴은 이미 통화가치를 안정화시켰는데[19], 미국은 왜 못하나?"이다. 스트롱 총재의 리더십 하에서 (그는 살아있는 동안 연방준비제도 동료들이 공개시장조작 및 재할인율 조정 등에서 협력하도록 유도하였다) 도매물가 수준은 과거 어느 때보다도 안정적으로 유지되었다.

물가 조작

물가수준은 사전에 정해둔 기준과 방식에 따라 산정될 것이기 때문에, 물가산정 바스켓의 구성을 조작하거나 공식물가지수를 사용하지 않는 편법을 동원해서 가격 안정화 책무를 회피하지 않을까 하는 우려는 정당한 근거가 없어 보인다. 내가 아는 한, 이러한 우려가 실제 발생했던 역사적 경험을 찾기도 힘들다. 최근 루트Rooth 총재 재임시절 스웨덴에서도, 10년 전 스트롱 총재 재임시절 미국에서도, 보다 시간을 거슬러 올라가 부분적으로나마 유사한 사례를 찾아보려 해도 특별한 역사적 기록을 찾기 어렵다.

15년 전 나는 『Stabilizing the Dollar』(244~246쪽)에서 이 문제를 검토하면서 부분적으로 유사한 사례 －근소하게 유사한 유일한 사례－ 를 언급한 적이 있는데 해당 내용은 아래와 같다.

"이왕 시장가격 조작을 논의한다면 앞서 언급했던 스코틀랜드의 농지이용가격Scotch Fiars의 예를 드는 것이 적합할 것 같다. 이 경우 농지이용가격은 밀('곡식')의 가격에 따라 결정된다. 이 방식이 불공정하다는 불평은 틀림없이 제기되었겠지만, 소작료를 밀 가격에 따라 조정하지 않는

---

19) 키엘스트롬Kjellstrom의 『Managed Money, The Experience of Sweden』(Columbia University Press, New York, 1934)를 참고하길 바란다. 아울러 어빙 피셔의 『Stable Money, a History of the Movement』(Adelphi Co, New York, 1934)도 참고하길 바란다.

건 더욱 불공정하다고 여겨졌을 것이다. 나는 예일대학교 도서관에서 찾은 자료[20]에서 이와 관련한 불평 하나를 주의 깊게 살펴본 적이 있다. 이 불평은 단지 배심원단이 완전히 객관적이지 않았고 충분한 증언을 듣지 않았다는 것이었다. 가격 산정체제 자체는 논란의 대상이 아니었다.”

"이 가격 산정체제가 불만족스러웠다면 200년 넘게 지속되지 못했을 것이다."

"스코틀랜드의 농지이용가격 산정과정에 조작이 개입될 위험이 있었을지라도 이러한 위험은 여기서 제안하는 가격산출 방안으로 거의 완벽하게 제거될 수 있음을 좀 더 강조하고자 한다. 이 제안에 따른 가격조사는 동네 골목시장이 아니라 표준등급제와 표준견적방식을 갖춘 대도시의 대형 공공시장들을 대상으로 이루어질 것이기 때문이다. 그리고 어떤 하나의 재화가 아니라 다수의 재화들을 대상으로 물가지수를 산출할 것이므로 조작 위험은 최소화된다. 어떤 사악한 힘이 채권자 또는 채무자를 이롭게 하기 위해 상당히 많은 재화들의 가격을 조작하여 눈에 띨 정도로 물가지수에 영향을 주는 상황은 상상하기 힘들다. 누군가가 어떤 재화시장을 '장악'하고 해당 재화가격을 두 배로 올린다 하더라도 이로 인해 물가지수는 1퍼센트도 오르지 않을 것이다. 하나의 재화시장을 장악하고 가격을 올리는 것도 불가능한 일이거니와, 수백 가지 재화시장을 장악하고 가격을 통제하는 상황은 상상하기 힘들다. 게다가 재화가격의 통제 또는 조작이 가능하다고 하면 다른 어느 재화보다도 금 가격의 조작 위험이 가장 클 것이다!"

---

20) 예일대학교 도서관이 소장하는 소논문 579(Tract 579)라는 자료에 기록된 「Report of a Committee of the Commissioners of Supply for Lanarkshire; Appointed to enquire into the procedure by which the Fiars of Grain for that country were struck, for the year 1816; together with such investigation of its principles and some suggestions for its improvement」(Edinburgh, 1817)에 나온 내용이다.

"지금까지의 주장은 가격시세를 조작할 위험에도 동일하게 적용 가능하다. 모든 상점이 일제히 재화의 가격을 실제 가격의 두 배로 매기는 건 불가능한 일이며, 일부 상점만 가격시세를 조작하는 건 물가를 조작하고자 하는 악당들이 원하는 게 아니다. 그리고 사람들이 알아차리지 못할 정도만큼(1~2 퍼센트 정도) 가격을 높게 설정할 수 있을지라도 이로 인해 물가는 거의 영향을 받지 않는다."

도량형표준국의 소수 직원들이 법에 명시된 거의 모든 척도 단위를 전담 관리하지만, 어떤 부정한 스캔들이 발생한 적은 없었다.

그리고 전쟁 중에서도 수많은 임금 산정과 상거래들도 공식물가지수에 근거하여 순조롭게 이루어졌다.

물가변동에 대한 새로운 보호장치는 여기서 제안한 제도를 법제화함으로써 가능하다. 바로 은행과 재무부로부터 통화량에 영향을 줄 수 있는 권한을 빼앗은 다음, 정확히 판단한 물가수준에 근거하여 채권 매매를 통해 통화량을 조절하는 권한을 단일 중앙기관에 부여하는 것이다. 그리고 이 기관이 업무상 배임 또는 월권행위를 저지를 경우 이를 탄핵하는 법제도를 마련할 수 있다. 사실, 이 책의 1판이 출간된 이후 「1935년 은행법Banking Act of 1935」에 따라 이러한 중앙기관과 거의 유사한 공개시장위원회가 구성되었다.

마지막으로, "관리"통화에 반대하거나 아직도 우리가 "자동"통화조절제도를 가지고 있다고 상상하는 사람들을 위해 이미 오래전에 "자동"통화조절제도는 끝났다는 말을 강조하고 싶다. 「1935년 은행법」 이전에도 우리의 통화제도는 이미 완전 재량에 따라 결정되고 있었다. 이 재량은 우리의 10% 예금은행제도에 딸려 온 것이고 미국을 포함한 대부분 국가의 중앙은행이 이런 재량을 갖고 있다. 현재 문제는 우리가 자동(비관리) 통화제도를 가져야 하는지 또는 재량적(관리) 통화 제도를 가져야 하는지가 아니다. 관건은 우리가 무책임한 관리를 선호하는가 아니면 통화가치

안정이라는 명확한 목적 아래 책임 있는 관리를 선호하는가이다. 「1935
년 은행법」이 안고 있는 주된 문제점은 이러한 목적을 결여하고 있다는
것이다.

"월스트리트" 관리

우리가 통화를 관리해야 한다면[21] 관리방식과 관계없이, 무책임한 통
화관리보다 재량권을 법적으로 제한하는 책임있는 관리제도를 더욱 신뢰
할 것임은 당연하다. 무책임하게 통화가 관리되면 변질된 관리corrupt
management 하에 발생 가능하다고 생각되는 정도보다 통화량 변동이 더
욱 심각해진다. 100% 시스템에서 변질된 통화관리에 의해 도매물가가
1896년 47에서 1920년 167로 상승한 후 1933년 55로 하락하는 게 상상
이 가는가? 이는 실제로 10% 시스템에서 벌어진 바다.

나는 금융계를 사악한 집단으로 생각하거나 "월스트리트"가 자신들의
이익을 위해 국가를 파멸에 이르게 하여 금융위기를 의도적으로 조장한
다고 믿는 사람이 아니다. 진짜 문제는 현 시스템이 지도와 나침반 없이
마구잡이로 조종되는, 폭도들이 지배하는 것과 다름없는 혼란스런 상태
라는 거다. 명확한 목적 아래 책임있는 관리가 이루어지는 것이 틀림없
이 더 바람직하다. 그리고 부수적으로, 이런 책임있는 관리는 불안한 지
급준비제도로 인해 심각한 금융불안이 발생할 때마다 위기의 주범으로
비난받는 일에서 "월스트리트"를 해방시킬 것이다.

10% 시스템의 결함이 (일부 주장처럼) 시스템 자체의 문제이든지 아니
든지 간에, 이 시스템을 운영하고 있는 (무지하고 무관심하거나 악의적이기까지
한 악당으로 여겨지는) 은행들 때문이든지 간에, 분명한 것은 은행가들이 화

---

21) 이미 언급했듯이 재량적 통화관리가 싫다면, (통화위원회를 두지 않고 유통화폐 총
량을 고정시키는) 100% 시스템이 단연 최선의 선택이다.

폐를 다루기 때문에 이들이 화폐를 통제하는 -화폐를 만들거나 파괴하고 이 국가의 통화단위의 가치를 높이고 낮추고 하는- 권한을 가져야 한다는 생각을 버려야 한다는 것이다. 이런 생각은 정말 -주식중개인이 주식을 발행할 권리를 가져야 한다거나, 목화중개인이 수확량 절반을 파괴해도 된다거나, 아니면 뭔가 이와 다른 재화를 취급하는 상업집단이 자기가 거래하는 상품을 통제해도 된다는 생각보다도 더욱- 터무니없다. 이 나라의 화폐가치 측정 기준은 다른 측정의 기준과 마찬가지로 공공의 관심사에 속한다. 과거 한자동맹Hanseatic League이 상거래에서 무게 등 측정기준을 자신들이 합법적으로 정할 수 없었던 것과 같이 은행가들이 상거래의 척도인 달러가치를 마음대로 조정하도록 놔둘 순 없다.

만병통치약이 아닌 100% 시스템

100% 시스템은 경기변동을 줄이는 데 도움이 되지만 경기변동에 대한 만병통치약은 아니다. 통화위원회를 도입하더라도 대출은행과 저축은행이 예금인출사태와 은행도산의 위험으로부터 완전하게 차단될 거라 장담하기 어렵다. 당좌예금은행checking bank을 제외한 투자신탁회사, 주택건설자금조합, 보험회사, 상업회사, 철도회사 그리고 여타 기업들도 이러한 위험에서 완전히 벗어날 수 없을 것이다.

100% 시스템이 국가의 모든 불행을 없애주는 만병통치약은 더더욱 아니다. 이는 노동문제, 독과점 문제, 부의 재분배 문제 등을 해결하지 못한다. 그러나 기업 도산, 실업 그리고 상거래 부진 등을 초래하는 단연코 가장 중요한 원인을 제거해준다.

중요한 점은, 지금은 화폐문제가 이 다른 모든 경제문제들을 안개처럼 둘러싸고 있지만 100% 시스템 도입으로 화폐문제가 해결되면 이런 경제문제들을 보다 수월하게 탐구할 수 있는 여건이 마련된다는 것이다. 지금

은 희미하고 불명확하게 보이는 것들이 해가 난 듯 선명해질 것이다. 대중들은 무엇이 화폐적 문제이며 무엇이 화폐적 문제가 아닌지를 구분하지 못하여 경제문제의 원인을 엉뚱한 곳에서 찾곤 하는데, 이런 대중들에 떠밀려 연방의회는 서둘러 의심스러운 법률을 만들어내곤 한다. 대중들은 고장 난 화폐제도가 경제에 미치는 영향을 체감하지만 그 원인을 찾아내진 못한다. 이들은 물건이 팔리지 않고 재고가 쌓이는 걸 보고 이는 "과잉생산" 때문이라 생각한다. 그래서 이들은 "화폐제도를 손보는 것"을 주저하고, 다른 것들을 고치려 한다.

우리가 제대로 된 화폐제도를 갖추면 개선해야 할 과제를 보다 안전하게 파악할 수 있게 된다. 보다 명확하게 문제를 파악하고 보다 정확히 문제를 진단할 수 있게 되어 효과적인 개선방안을 찾고 적용하는 데 큰 도움이 된다. 이러한 문제들은 저축은행에 대한 안전장치, 안보와 관련한 규제, 그리고 공공시설, 노동시간, 최저임금, 노동조합 등에 관한 법률 제정, 기술적 실업 해결방안 등등 그리고 셀 수 없이 많은 병폐들을 포함한다. 여기에는 부의 재분배와 정치권력의 분배라는 두 가지 중대한 문제도 포함된다.

현 상황에서 10% 시스템의 해악을 바로잡는 일을 미루는 건 위험하다. 디플레이션의 위험과 별개로, 비운의 10% 시스템 때문에 우리는 곧 인플레이션 위험을 걱정해야 할 판이다.

재무부에는 거의 30억 달러의 금이 쌓여있고, 회원은행이 연방준비은행에 적립한 초과지준 규모도 거의 20억 달러에 달한다. 이에 더하여 30억 달러의 연준은행권과 20억 달러의 은 예탁증서가 발행 대기 중에 있다. 금과 은의 매입수요 증가는 말할 것도 없고 은행은 이론적으로 수십억 달러의 대출을 제공할 *잠재적* 여력을 갖고 있다.

자본주의 체제

대공황 기간에 자본주의 체제 실패에 대한 상당한 논의가 있었다. "좌편향to the left" 현상은 언제나 디플레이션과 함께 발생한다. 미국에서 "포퓰리즘"이란 용어는 1896년까지 이어진 디플레이션 시기와 1896년에 있었던 브라이언William J. Bryan 후보의 대통령 선거운동에서 등장하였다 <「읽을거리 5」 참고-옮긴이>. 그렇지만 포퓰리즘은 물가수준이 회복되기 시작하면서 차츰 자취를 감춰버렸다. 19세기에 사회주의 운동은 물가가 하락하면 심해지고 캘리포니아와 호주 등지에서 새로운 금광이 발견되어 금생산량이 증가하면 사라지곤 하였다. 이 시기에 마르크스Marx와 엥겔스Engels는 이런 관계를 은행가들보다 더 잘 인지하고 있었고, 또한 금광의 발견으로 자신들의 정치적 선동이 힘을 잃을 것도 명확히 인지하고 있었다.

실제로 인플레이션이건 디플레이션이건 통화가치 불안정 정도가 심각해지면 급진주의가 등장한다. 프랑스에는 "인쇄기 다음은 단두대"라는 말도 있다.

자본주의 체제는 진정으로 사적이윤을 추구하는 시스템이며, 이윤은 총수익에서 부채와 연관된 고정비용을 포함한 비용을 차감한 부분에 해당한다. 이윤을 구성하는 항목들을 측정하는 단위가 안정되지 않으면, 이윤은 뚜렷한 이유 없이 늘었다가 줄었다가 마이너스가 되었다가 할 것이다. 요컨대, 자본주의 체제라는 사적이윤 시스템이 원활히 작동하기 위해서는 화폐가치가 안정되어야 한다.

나는 화폐가치 안정이 확보되지 않는 사적이윤 시스템은 언젠가 사라져버릴 거라 확신한다. 이 말은 10% 시스템이 계속 존속하는 한 은행가들이 계속 불장난을 할 것임을 의미한다. 자본주의 체제의 전복을 막는 가장 효과적인 안전장치는 화폐관리와 결합된 100% 시스템이다. 왜냐하면 이것이 달러가치의 안정성을 가져다주기 때문이다. 그러므로 누구보다도 은행가들이 자기방어 차원에서라도 100% 시스템 계획안을 지지해야 한다. 그렇지 않으면 운명의 장난으로 자신들이 언젠가 자본주의 체제를 전복시키는 장본인이 될지 모른다.

100% 시스템이 정부에 주는 가장 중대한 의미가 바로 여기 있다. 우리의 정부제도가 존속하고 사적이윤과 개별 기업의 지속성을 확보하고 국가사회주의State Socialism로 대체되지 않기 위해서 달러의 안정성을 확보해야 한다. 그리고 이는 화폐관리를 동반하는 100% 시스템이 달성하고자 하는 바이다.

100% 지급준비제도 도입으로 달러가치를 안정시키자는 생각은 사회주의적 발상이 아니며 사회주의를 지향하지도 않는다. 야드, 부셀 그리고 상거래에 이용되는 다른 단위들처럼 달러를 안정적 또는 고정된 가치를 갖는 척도로 만들자는 것이다. 기업계, 산업계, 농업계 그리고 은행계는 안정적인 가치척도를 필요로 하며 오직 정부만이 이를 제공할 수 있다.

화폐가치 안정은 자본주의가 지금보다 훨씬 더 성공적으로 작동하게끔 만들어줄 것이다. 장차 자본주의에 문제가 발생하더라도 문제의 심각성은 화폐문제가 미해결 상태로 남아있을 때보다 훨씬 경미할 것이다. 현재 우리의 화폐제도는 2만 개의 민간조폐소가 제멋대로 화폐를 발행하는 바람에 정상적으로 작동할 수 없는 상태로 망가져버렸다.

화폐제도를 복원하고 증발해버린 화폐를 재창출한 다음 화폐규모를 미리 정해진 원칙에 따라 유지하는 것이 정부가 제공할 수 있는 가장 위대한 서비스이며 가장 정당한 서비스이다. 이는 단순히 정당한 것이 아니라 꼭 제공되어야만 하는 필수적인 것이다.

시카고플랜Chicago plan과 원조 논란

　시카고플랜은 1933년 대공황이 절정에 달했던 시기에 시카고대학교 경제학자들이 제안한 화폐 및 은행 제도 개혁안을 일컬으며, 개혁안 작성에 참여한 멤버들은 훗날 시카고경제학파를 이룬다. 민간은행 부채에 기반한 화폐를 정부(중앙은행)가 발행하는 화폐로 대체하자는 것이 시카고플랜의 핵심 주장이다.

　루즈벨트 대통령 집권 직후 1933년 3월 16일 프랭크 나이트Frank Knight를 주축으로 한 시카고대학교 경제학자들은 6페이지 분량의 화폐 및 은행 제도 개혁안을 담은 제안서를 발표하는데, 이 제안서는 ⅰ) 연방예금보험 도입, ⅱ) 15%를 상한으로 도매물가 상승 유도, ⅲ) 연준은행권에 법정통화 지위 부여, ⅳ) 요구불예금에 대한 100% 지급준비율 적용, ⅴ) 투자신탁회사에 저축예금 취급 허용, ⅵ) 금의 자유주조free-coinage 중지 및 금화 환수, ⅶ) 연방준비제도의 연방준비은행에 대한 통제 강화 등 당시에는 상당히 획기적인 내용을 포함하였다.

　제안서에 대한 의견 수렴을 거친 후 시카고 경제학자들은 같은 해 11월 2차 제안서를 발표하였는데, 이 와중에 「글래스-스티걸법Glass-Steagall Act」으로 더 유명한 「1933년 은행법Banking Act of 1933」이 제정되었다. 이 법은 1932년부터 준비되어 와서 반드시 시카고플랜의 영향을 받았다고 볼 수 없으나 어찌되었든 시카고플랜과 지향점이 같은 ⅰ) 상업은행법과 투자은행업의 분리, ⅱ) 연방예금보험 한시적 도입, ⅲ) 12개 연방준비은행이 자발적 참여하던 공개시장정책회의Open Market Policy Conference를 공식 기구인 연방공개시장위원회Federal Open Market Committee로의 개편 등의 내용을 포함하였다. 1933년 11월 헨리 시몬스Henry Simons가 주도적으로 작성하였다고 알려진 2차 제안서는 ⅰ) 2년 이내 기존 예금은행 업무 중단, ⅱ) 예금 및 은행권 발행에 대해 100% 지급준비금을 연방준비은행에 예치하는 새로운 예금은행 도입, ⅲ) 연방의회의 예금은행 허가권 행사, ⅳ) 단순 준칙에 따른 통화정책, ⅴ) 연방의회가 제시한 물가수준 달성, ⅵ) 공개시장조작을 통한 화폐공급 등을 제시하였다.

시카고플랜에 공감한 커팅Bronson Cutting 상원의원은 ⅰ) 요구불예금에 대한 100% 지급준비금 요구 ⅱ) 연방통화당국Federal Monetary Authority 신설, ⅲ) 1926년 수준으로 물가 회복, ⅳ) 정부채 매매를 통한 물가수준 유지 등을 담은 법안을 의회에 상정하였지만 통과되지는 못하였다. 그렇지만 이는 화폐 및 은행 제도 개혁에 대한 불씨를 지펴 「1935년 은행법Banking Act of 1935」이 제정되게 하는 마중물 역할을 하였다.

한편, 시카고플랜은 원조 논란에 휩싸이기도 하였다. 영국출신 화학자이며 1921년 노벨화학상을 수상하기도 한 프레더릭 사디Frederick Soddy는 1926년 『Wealth, Virtual Wealth and Debt』라는 책에서 요구불예금에 대한 100% 지급준비를 주장하였다. 그런데 1933년 시카고플랜이 발표되고 100% 지급준비제도에 대한 논의가 뜨겁게 이뤄지는 과정에서 아무도 자신이 이 아이디어를 먼저 제안한 것을 언급하지 않자 프레더릭 사디는 프랭크 나이트, 헨리 시몬스, 어빙 피셔를 맹비난하였다고 한다. 프랭크 나이트가 프레더릭 사디의 1926년 책에 대한 리뷰논문을 1927년 발표한 점을 감안하면 시카고 경제학자들이 프레더릭 사디가 요구불예금에 대한 100% 지급준비를 주장했던 걸 몰랐을 리 없다.

원조논란을 재조명한 논문(Tavlas, 2020)이 2020년 발표되기도 하였는데, 이 논문은 ⅰ) 프랭크 나이트가 1937년 어빙 피셔에게 보낸 편지에서 자신이 1917년부터 학생들에게 100% 지급준비안을 가르쳐왔다는 걸 언급한 점, ⅱ) 헨리 시몬스가 1934년 어빙 피셔에게 보낸 편지에서 100% 지급준비라는 아이디어를 영국의 「1844년 은행법Bank Charter Act 1844」에서 얻었고 이를 구현할 방안을 10년 전부터 모색했다고 언급한 점 등을 들어 사디가 아니라 나이트와 시몬스가 원조라는 결론을 내렸다. 이 논문을 보면, 사디는 19세기 내내 영국에서 지속되었던 은행학파Banking School와 통화학파Currency School 간의 논쟁과 이 논쟁에서 통화학파가 (일시적으로) 승리한 결과가 「1844년 은행법Bank Charter Act 1844」이란 걸 몰랐던 거 같다. 그렇지만 이런 논리라면 원조는 나이트와 시몬스가 아니라 19세기 잉글랜드의 통화학파가 아닐까 하는 생각이 든다.

원조가 누구였든지 상관없이, 시카고플랜은 금융불안을 예방하고 경기변동을 획기적으로 축소시킬 수 있다는 신박함 때문에 시카고학파 학자들을 중심으로 지속적으로 주장되어졌는데, 밀턴 프리드만Milton Friedman도 이들 중 한 명이다. 그렇지만 누구보다도 100% 지급준비제도에 열성적이었던 경제학자는 어빙 피셔였다. 어빙 피셔는 임종을 한 달 앞둔 시점에서도 은행대출과 수표책화폐 사이의 관계를 끊는 법을 제정해야 한다는 편지를 트루만Harry S. Truman 대통령에게 썼다고 한다.

시카고플랜이 담고 있는 핵심 내용 중 하나인 '예금에 대한 100% 지급준비금 예치' 또는 '화폐와 신용 기능의 분리'라는 아이디어는 내로우뱅킹narrow banking으로 발전하였다. 내로우뱅킹 또는 시카고플랜은 2008년 글로벌 금융위기를 계기로 재평가되었다. 스테이블코인stablecoin, 핀테크 및 빅테크의 지급계좌 취급 허용 등 급변하는 오늘날 지급결제 및 통화금융 환경에서도 중요한 의미를 갖는다. 민간의 (글로벌) 스테이블코인 발행, 핀테크 및 빅테크의 결제성 계좌 취급 허용은 자유은행주의에 따른 화폐창조로 볼 수 있으며 내로우뱅킹과 같은 적절한 또는 확실한 제도가 마련되지 않으면 화폐의 신뢰성과 화폐의 동질성이 훼손되어 금융시스템 불안으로 이어질 수 있다.

자료: Benes & Kumhof(2012), Phillips(1992), Tavlas(2020), federalreservehistory.org

부록 |

참고문헌

Joplin, Thomas, *Outlines of a System of Political Economy . . . to suggest a plan for the Management of the Currency*, London, 1823. (See p. 62 and pp. 198ff).

_____, *Analysis and History of the Currency Question*, London, 1832. (See p. 101).

TellKampf, Johan Ludwig, *Die Prinzipien des Gold−und Bankwesens*, Berlin, 1867.

_____, *Erfordernis voller Metalldeckung der Banknoten*, Berlin, 1873, pp. 23ff.

Geyer, Philip Josef, *Theories und Praxis des Zettelbankwesens*, 2nd ed., Munich, 1874, p. 227.

von Mises, Ludwig, *Theorie und Geldes und der Umlaufsmittel*, Munich, Dunker & Humbolt, 1912, IX, 476 pp.

Soddy, Frederick, *Wealth, Virtual Wealth and Debt*, New York, E. P. Dutton & Co., 1926, 320 pp. (See p. 198 and p. 298).

von Mises, Ludwig, *Geltwertstabilisierung und Konjunkturpolitik*, Jena, Gustav Fischer, 1928. (See p. 81).

Hayek, Friedrich A., *Preise und produktion*, Vienna, Julius Springer, 1931,

124 pp.

Machlup, Fritz, *Boersenkredit, Industriekredit und Kapitalbildung*, Vienna, Julius Springer, 1931, XI, 220 pp. (See p. 169) No. 2 of Beiträge zur Konjunkturforschung.

Soddy, Frederick, "Wealth, Capital and Money, A Résumé of My Theories." *Economic Forum*, Summer 1933, pp. 291–301.

Simons Henry C., and others, "Banking and Currency Reform"; a memorandum (with a supplement and appendix) circulated in mimeographed form, without designation of authorship, in November, 1933, 26 pp.

(Editorial), "100 Per Cent. Liquid," *The Wall Street Journal*, September 20, 1934.

Fisher, Irving, "100% Liquidity," The Wall Street *Journal*, October 9, 1934.

(Editorial), "Professor Fisher's Funny Story," *American Banker*, October 18, 1934.

Fisher, Irving, "Monetary Cure for Depression," *The Controller* (published by Controllers Institute of America), October, 1934, Vol. II, No. 11, pp. 155–159, 168.

Hemphill, Robert H., "Coming Changes in Money and Banking," *The Magazine of Wall Street*, November 10, 1934, pp. 66–68, 108–9.

Fisher, Irving, "The '100% System' of Bank Credit," *American Banker*, December 7. 1934.

Currie, Laughlin, *The Supply and Control of Money in the United States*, Harvard Economic Studies, Cambridge, Harvard University Press, 1934, 199 pp.

Simons, Henry C., *A Positive Program for Laissez Faire: Some Proposals for a Liberal Economic Policy*. Public Policy Pamphlet No. 15, Chicago, University of Chicago Press, 1934, pp. 40.

Soddy, Frederick, The Rôle of Money, London, G, Rutledge & Son, 1934, pp. X, 222.

Platt, Edmund (Vice President, Marine Midland Corpn., former Vice–Governor of Federal Reserve Board), "100% Banking Reserve Idea," *New York*

Herald Tribune, January 2, 1935.

Reed, Harold L., A Memorandum, for Reserve City Bankers Association, on "The 100% Reserve System" in mimeographed form, January, 1935.

(News Item), "100% Reserve Plan Developing Strong Support," *The Wall Street Journal*, February 19, 1935.

(News Item), "Many Withhold Opposition to Present Banking Bill Lest Legislators Put Forward Measure Requiring 100% Reserves for Demand Deposits," *New York Herald Tribune*, February 25, 1935.

Hart, Albert G., "The 'Chicago Plan' of Banking Reform," with comments by Mr. Walker and editorial note, *Review of Economic Studies*, London, February, 1935.

Gregory, W. L., "Pay Your Debt Mr. Banker," *MidContinent Banker*, St. Louis, February, 1935, pp. 12, 13, 24.

Lester, Richard A., "Check-Book Inflation," *American Scholar*, Winter, 1935, Vol. 4, No. 1, pp. 30-40.

Whittlesey, Charles R., *Banking and the New Deal*, Public Policy Pamphlet No. 16, Chicago, University of Chicago Press, 1935, p. 25.

Woodlock, Thomas F., "A Few Things Wrong with the '100% Reserve' Plan," *The Wall Street Journal*, March 4, 1935.

Coogan, Gertrude M., *Money Creators*, Sound Money Press, Chicago, 1935, 344 pp.

Lindenthal, Gustav, "A Scientific Money System," *The American Engineer,* Vol. 1, Nos. 8 and 9, August and September, 1935.

Angell, James W., "The 100 Per Cent Reserve Plan," *Quarterly Journal of Economics*, Vol. L, No. 1, November, 1935, pp. 1-35.

부록 II

두 은행가의 논평

이 책의 원고를 처음 검토한 두 명의 은행가들은 미조리 주(州) 세인트루이스St. Louis에 위치한 플라자은행Plaza Bank의 폰 빈데거F. R. von Windegger 은행장과 그레고리W. L. Gregory 부행장이다. 나는 이들의 허락을 받고 이들이 보내준 수많은 편지들 중 일부를 발췌하여 여기에 소개하고자 한다.

내가 당신의 계획안을 처음 접했을 때는 여러 가지 면에서 동의할 수 없었지만 좀 더 고민할 기회를 갖고 싶어졌고, 그래서 너무 폐가 되지 않는다면 원고 초안 전체를 보내달라고 부탁하고 싶습니다.

*　　　*　　　*　　　*

나는 상업은행을 운영하고 있고 요구불예금이 우리 예금의 90% 정도를 차지하고 있어 저축은행 업무를 확장할 기회를 지금까지 크게 갖지 못했다는 말을 해야겠습니다. 그렇지만 이러한 핸디캡에도 불구하고 당신에게 솔직한 의견을 제시하려고 합니다.

*   *   *   *

   저번 편지에 나는 당신의 계획안에 대한 우리의 의견을 최대한 빨리 전달하겠다고 적었습니다. 그 편지를 보낸 이후, 폰 빈데거와 나는 당신이 제안한 100% 시스템에 대해 진지하게 의견을 나누었고, 지금 보내는 이 편지는 우리 사이의 사소한 의견 차이를 철저히 검토한 후 도달한 공동 의견을 담고 있습니다. 폰 빈데거가 먼저 원고를 읽고 나에게 건네주었으며, 우리는 원고의 계획안을 충분히 이해할 때까지 의견교환 및 토론 없이 각자 검토하였습니다. 우리가 제시하는 의견이 당신에게 도움이 될 지와 관계없이, 나는 우리 의견이 진심에서 우러나왔으며 우리가 가질 수 있는 이기적인 관점에 치우치지 않았다는 걸 당신도 느낄 거라고 생각합니다. 물론 우리가 이 주제에 대해 가지고 있는 지식은 경험에서 비롯된 것이며, 이론적 식견 부족으로 우리 의견의 가치가 다소 경감될 수 있다는 걸 알고 있습니다. 그리고 이미 당신으로부터 답변 받은 사항에 대해선 이 편지에서 추가적으로 언급하지 않으려 합니다. 여전히 이 주제에 대해 많은 고민과 생각이 필요하단 걸 알고 있고, 나중에라도 좋은 의견이나 생각이 떠올라서 당신에게 도움이 될 거라고 판단되면 추가적으로 편지를 쓰려고 합니다.

   우리는 현행 화폐제도와 은행들의 조직구조에 결함이 있다는데 대체로 동의합니다. 과거에는 우리 모두 경제적 관점이 아니라 사회적 관점에서 이 문제를 접근하였고, 현 체제를 그대로 유지한 채 은행 경영진을 보다 더 정직한 사람들로 구성하는 것과 같은 방법을 써서 이 문제를 바로잡을 수 있다는 희망을 가졌습니다. 스트롱 총재Governor Strong와 같이 공인된 능력을 가진 사람들이 더 많아지면 이들이 현 시스템의 구세주들로서 기적적으로 문제를 해결하길 소망했습니다. 우리가 이기적이라서가 아니라 우리가 문제를 간과했기 때문에 100% 시스템과 같은 화폐제도를 생각지 못했던 것입니다. 결함을 시정하는 것이 우리가 겪고 있는 대부분의 폐해를 시정하는 거란 명백한 사실을 외면했던 것입니다. 그래서 우리가 비록 처음에는 은행들이 선의든 악의든 신용을 제대로 통제하는데 실패한 걸 인정하지 않으려 했지만, 심사숙고한 결과 당신의 100% 시스템 제안의 모든 주요한 사항들에 대해 실질적으로 동의하게 된 것을 당신도 알 겁니다.

우리는 수표책화폐가 유통화폐의 일부분이며 그렇기 때문에 수표책화폐는 조심스럽게 관리되어야 한단 걸 깨달았습니다. 현 시스템은 유통화폐에 해당하는 수표책화폐를 제대로 관리하지 못했고 우리가 짊어졌던 고민의 상당 부분이 이에 기인합니다. 우리는 화폐가 물가수준과 연계되어야 한다는 걸 오래전부터 알고 있었지만 화폐와 대출이 분리돼야 한다는 자명한 해결책에 대해선 제대로 알지 못했습니다. 이것이 물가를 제대로 관리하기 위한 유일한 해결책이라는 당신의 견해는 정확합니다.

나는 최근 예금인출사태를 견뎌 낸 은행에 몸담고 있는 입장에서 불충분한 지급준비금이 무엇보다도 우리에게 영향을 미쳤다는 걸 당신에게 고백할 필요는 없다고 생각합니다. 자신이 정직하다고 생각하고 정직하려고 노력하는 사람이 예금을 현금으로 전액 지급해주겠다는 약속을 지킬 수 없단 걸 자각하는 건 쉬운 일이 아니었습니다.

폰 빈데거와 나는 금본위제도가 구식이고 불필요한 골칫거리와 같다는 견해에 전적으로 공감합니다. 불충분한 지급준비금 제도의 한 부류인 금본위제도는 오래전에 폐기돼야 했습니다. 우리는 지금 이 대공황을 계기로 금본위제도가 폐기돼야 한다고 믿고 있습니다. 물론 당신의 생각과 같이 최소한 국가 간 무역 결제에 금이 이용될 필요성은 인정합니다. 그리고 이 책에서 당신이 주장한 바와 같이 100% 시스템에서도 금은 유용성을 갖습니다. 통화위원회가 외환시장에서 금과 달러의 가치를 관리하는 기능을 가져야 한다는 것이 추정컨대 당신의 주장이라고 생각합니다.

외환 문제와 국내 화폐관리는 뗄 수 없는 관계를 가져서, 두 기능을 분리하여 통화위원회가 국내 화폐관리만 담당하는 건 극도로 위험합니다. 나는 당신도 이에 동의한다고 생각합니다. 그렇지만 나는 독자들의 마음에 어떠한 의문도 남지 않도록 이를 상세하게 설명할 필요가 없는지 궁금합니다.

*   *   *   *

당신은 위원회통화Commission Currency가 정부채와 은행권으로 보증되기 때문에 불태환지폐가 아니라고 했습니다. 당신의 이런 견해는 불태환지폐에 반감을 갖는 사람들과의 충돌을 피하기 위한 하나의 방편이라 생각합니다. 물론 이런 태도가 갖는 정치적 가치를 이해합니다. 그렇지만 불태환지폐 발행이 물가지수에 기반하고 불태환 지폐가 교환의 매개체로서 사람들의 필요성을 충족시켜줄 만큼만 유통된다면 더 이상 지폐의 불태환성을 걱정하지 않아도 된다고 생각합니다. 물론 궁극적으로 정부채가 퇴장하면서 위원회통화는 태환되지 않는 통화가 될 겁니다. 상황이 이렇게 전개될 거라는 데 우리는 놀라지 않는다는 걸 알아주길 바랍니다. 적절하고 합법적으로 구성된 통화위원회가 물가수준에 기반하여 화폐유통량을 규제한다면 말입니다.

그리고 우리가 희망하는 만큼 우리의 견해가 도움이 될지 모르겠습니다. 우리가 100% 시스템 계획안에서 당신이 수정할 만한 명백한 결함을 발견한다면 우리는 누가 보더라도 유용하게 보일 거지만, 우리는 이미 너무 많은 부분에서 당신과 의견을 같이 하는 것 같습니다. 100% 시스템의 실제 운영에 관한 세부사항들 중에 주의를 요하는 사항들이 많으며 이에 대해서 우리는 고민해야 하는 바가 있습니다.

* * * *

 은행이 위원회통화를 취급함에 있어서 이윤을 확보할 수 있게 당신은 통화위원회가 상업은행의 영업권을 구입하는 방안을 제안하였습니다. 나는 이보다 당신이 제안한 다른 대안인 은행이 직접 고객에게 서비스수수료를 부과하는 안을 선호합니다. 이유는 우리가 은행에 근무하면서 예금자들이 계좌를 얼마나 다양하게 이용하며, 은행에 초래하는 곤란이 얼마나 다른지를 잘 알기 때문입니다. 구체적으로, 아직 추심되지 않은 자금을 바탕으로 수표를 발행하거나 활성계좌에 소액 잔고만을 유지하는 등의 계좌 이용행태는 서비스수수료를 부과함으로써 시정될 수 있을 겁니다. 수표기능이 기본적으로 비용 기반으로 처리되고 각 개인의 서비스 이용도에 따라 수수료가 책정된다면 모든 고객에게 공정할 겁니다.

 우리는 100% 시스템 도입이 기업에 주는 의의를 다룬 Ⅷ장의 내용에 동의합니다. 관련 사안에 대해 당신이 옳다고 생각하고, 통화위원회가 적절한 방향을 제시한다는 조건 아래 시장논리에 의해 금리가 실질적인 가격기능 역할을 하는 대출시장을 도입하는데 동의합니다…100% 시스템이 경기변동을 평탄화하는 방식을 보다 상세히 설명해주면 좋을 거 같습니다. 100% 시스템 도입으로 경기변동이 평탄화되면 기업들에게 크게 도움이 될 거라 생각합니다. 물론 이 제안을 하면서 우리는 항상 이 책의 평균적인 독자를 생각합니다. 우리는 미국 영화산업의 산출량을 책임지고 있는 평균적인 미국인을 과소평가하지 않지만, 명백해 보이는 사항조차도 매우 신중하게 처리해야 한다는 걸 우리는 일상경험으로부터 알고 있습니다.

 …우리는 당신의 "100%" 저서에 매우 흥미진진한 관심을 갖고 있으며 집필 작업의 진척 소식을 듣기를 원합니다.

*　　　*　　　*　　　*

　물론 우리는 100% 시스템이 금세공업자 시대부터 유행해왔던 은행
업의 관행을 뒤엎는 매우 획기적인 제안이라서 이에 대한 언급만으로 반
동적 성향의 금융가들이 겁에 질려 "발작"을 일으킬 수 있음을 알고 있
습니다. 그렇지만 100% 시스템의 근거가 간단하고 타당하여 최소한 토
론의 장을 만들어 이를 공론화하고 싶습니다. 나는 이 책을 집에 가져와
일요일 저녁에 "세 번째" 독서를 끝냈으며, 그레고리는 어제 저녁 읽기
시작해서 이번 주말까지 독서를 마칠 거 같습니다. 이 후에 또 다른 서신
을 보내겠습니다.

*　　　*　　　*　　　*

　『Stable Money』는 정말로 흥미롭고 이해하기 쉽게 쓰인 책입니다.
당신의 분명하고 정확하고 쉬운 글 솜씨에 찬사를 보냅니다. 사고력이
있는 사람이라면 책 내용을 이해하는데 어려움이 없을 것이고 이 책을
읽은 사람은 충분히 납득되었을 것이라 생각합니다. 우리가 당신의 원고
에 써놓은 몇몇의 사소한 것들을 제외하면 나는 이 "100%" 저서도 동일
한 평가를 받을 거라 생각합니다.
　나는 올해 「로버트 모리스 협회Robert Morris Associates」 지부의 회장
을 맡게 되었는데, "안정적 화폐Stable Money"를 한 저녁행사의 주제로
정하고 아마도 다른 저녁행사 주제로 "100% 시스템"을 선택할 생각입니
다. 정말로 극소수의 은행가들만이 자신들이 하는 사업의 본질을 이해한
다는 사실이 놀랍고 은행가들이 자신들의 주장에 "완고"하다는 점도 놀
랍습니다.
　지난 겨울 라운드 테이블 클럽 시작 전에 "안정적 화폐"를 주제로 대

화를 가진 적이 있습니다. 거기서 그가 대화의 절정에서 "금본위로의 회귀, 금본위로의 회귀, 금본위로의 회귀"라고 외쳤던 광경은 조지아 주(州) 애틀랜타에서 매주 월요일 신학에 대해 토론을 벌이는 선교사들의 이야기를 떠올리게 해주었습니다. 어떤 감리교도가 독단적인 의견을 늘어놓으면서 "나는 그렇게 생각해요, 나는 그렇게 생각해요, 나는 그렇게 생각해요"를 반복하자, 침례교 선교사가 "형제님, 나는 그렇게 생각해요를 되뇌면서 당신은 실제 아무 생각도 하지 않고 있고 단지 당신의 편견을 재정비하고 있잖아요."라고 했다는 이야기입니다.

*　　　*　　　*　　　*

이번 경우에도 예전과 같은 방식을 이용하였습니다. 우리는 각자 원고를 읽은 후 각자가 생각하는 바를 제시하고 토론을 진행하였습니다.

*　　　*　　　*　　　*

저축이 재산권으로 전환되는 방식에 친숙하지 않은 일반 독자의 경우 통화위원회의 업무개시 시점에 대출잔액에 비해 저축예금이 부족하다고 성급하게 단정지어버릴지 모른다고 폰 빈데거는 생각합니다. 물론 우리는 이 문제에 대한 당신의 설명을 완전히 이해합니다. 그렇지만 연준의 통계자료를 가지고 있지만 게으름이나 무능력 탓에 제대로 된 결론에 도달하지 못할 수 있는 독자들을 위해서 이에 대해 추가 설명이 필요하다고 폰 빈데거는 생각합니다.

*　　　*　　　*　　　*

나는 일반 독자를 위해 화폐 또는 교환의 매개체로 쓰일 다른 대상물은 부wealth의 대상이 아니라 단순히 물물교환의 어려움을 제거해주는 편리한 수단이라는 사실을 다시 한 번 책에 강조하는 것이 좋을지 모른다는 생각합니다. 사람들이 화폐 자체를 부라고 인식하는 한 화폐를 금과 같은 상품과 묶어두길 원할 것이고 불경기에는 자신들의 실질 부real wealth 전부를 교환의 매개체로 전환하길 원할 것 같습니다. 단지 화폐가 부를 측정하는 척도이기 때문에 사람들은 화폐를 최상의 부라고 여깁니다. 화폐가 실질 부의 교환에 편리성을 더해주는 수단이며 그 자체로 아무런 가치가 없다는 걸 설득할 수 있을까요 아니면 당신이 그렇게 하길 원한다는 건가요? 이런 화폐의 개념은 98쪽에 언급된 긴급화폐 일종인 인지대체화폐stamp scrip를 불필요하게 만들고, 이미 당신에게 얘기한 바와 같이 화폐공급 증가로 동일한 결과를 달성할 수 있기 때문에 대체화폐는 적절히 관리되는 화폐시스템에서 필요치 않다고 생각합니다.

*　　　*　　　*　　　*

우리는 원고 초고 이후에 많은 개선이 이루어진 데 감탄했습니다. 특히 Ⅷ장의 내용에 만족하며, 100% 시스템이 관리통화 없이 도입될 수 있다는 내용이 두세 군데 언급되어 있는 걸 발견했습니다. 우리는 오랫동안 당신의 100% 계획안을 읽고 생각해 와서 관리통화와 결부된 100% 시스템에 완전히 익숙해져 있는 탓에 이 두 가지를 분리하지 않았으면 하는 바람을 표현하고자 합니다.

*　　　*　　　*　　　*

우리는 이 책이 출간되면 나올 무지와 편견에서 비롯된 반응을 당신이 잘 이겨내길 바랍니다. 우리는 이 책이 이해하기 쉬운 언어로 간결하고 강력하게 문제점과 해결방안을 보여준다고 생각합니다.

*　　　*　　　*　　　*

　　우리가 100% 시스템 도입의 당위성을 알리는 데 도움이 된다고 당신
이 생각한다면, 우리는 기꺼이 그렇게 할 것입니다.

은행가들은 종종 자신들의
이익을 거스른다

많은 은행가들이 100% 계획안을 반대할 거라서 이 계획안이 은행가들에게 도움이 된다는 주장에 회의적인 독자들이 있을 수 있다. 이런 회의론에 대응하고자 네일 커러더즈Neil Carothers가 1934년 11월 25일(일요일) 「뉴욕 헤럴드 트리뷴New York Herald Tribune」에 기고한 글의 일부를 소개하고자 한다.

"100년이 넘은 기간 동안 우리나라 은행들은 완고하고 현명치 못해 시대에 맞춰 나가는 데 실패해왔다. 이는 국가적 손실을 초래하고 자신들의 안녕에도 해를 입혔다. 이들은 제2차 미합중국은행Second United States Bank의 은행개혁에 대항하였고, 1837년 공황에서 자멸하는 성과를 거두었다. 1830년부터 남북전쟁에 이르는 기간에 은행권 발행을 상식에 맞게 규제하려는 모든 시도에 맹목적으로 대항하였고, 자신들로부터 은행권 발행수익을 빼앗아가는 「1863년 국법은행법National Banking Act of 1863」이 도입되기에 이른다.

이들은 1890년부터 제1차 세계대전에 이르는 기간에 보다 합리적인 시스템을 도입하려는 모든 제안을 골이 난 노새처럼 방해하였고, 1913년 연방준비제도가 강제적으로 설치되기에 이른다. 이때에도 이들은 통일된 단일시스템을 도입하자는 모든 제안을 방해하였고, 결과적으로 혼합형 중층시스템 체제hybrid two system scheme로 연방준비제도가 도입되었다. 이 체제가 지닌 약점이 1929년 은행위기의 주된 원인이다. 우리나라 은행들은 어떤 플랫폼이나 프로그램에 기반해 단합했던 역사를 갖지 않지만 무엇이 되었건 변화에 반대하는 데에는 단결하였다.”

「1935년 은행법」 수정안

로버트 헴필Robert H. Hemphill이 제안한 법령 H.R. 5357(현행 「1935년 은행법」)에 대한 수정안은 다음과 같다.

1. 동 법이 통과되고 1년 후 미국 또는 미국의 영토 내에서 법에 정의된 은행업을 영위하며 화폐 또는 교환의 매개체의 대체물 substitute medium of exchange을 예금으로 수취하고 수표 또는 이와 유사하게 예금자의 지시에 의해 요구불 또는 30일 이내에 예금 인출 및 지급 서비스를 제공하는 모든 개인, 기업, 협회 또는 주식회사는 예치받은 예금 전액을 법격화폐로 직접 또는 관할구역 연방준비은행 및 재무부에 보관해야 한다. 예금이 이자부 정부채에 투자되었고 은행이 채권이자를 자기 수익으로 수취 및 보유하는 경우, 그리고 동 정부채가 연방준비은행이 액면가 또는 이자를 감안하여 할인하여 매입하는 대상에 속하는 증권이며 동 법의 시행일 이후 연방준비은행이 동 정부채를 은행의 신청에 의해 할인해주어야 하는 경우라면 동 조항과 상충되는 모든 법률 또는 법률의 일부는 폐지된다.

2. 이 법의 시행 후, 재무부는 연방준비은행에 예치되는 법격화폐 또는 정부채 형태의 자금을 연방준비은행으로부터 수취하여 보

관할 수 있으며 예치자의 요구가 있을 경우 이 자금을 인출해주어야 한다. 또는 적절한 절차에 따른 예치자의 요청이 있을 경우 이 요청에서 명시하는 여타 연방준비은행으로 자금을 이체해야 한다. 적절한 절차에 따라 재무부가 발행하는 신용은 미국 또는 미국의 영토 내 모든 은행, 은행기업, 은행집단의 법정 준비금이 되며, 재무부는 예치자의 요구 시 1, 5, 10, 20, 50, 100, 1천, 1십만, 1백만 달러 또는 연방준비제도이사회가 요청하는 경우 이 밖의 액면가로 무이자 재무부증서Treasury certificate를 예치자에게 발행·전달해야 하며, 이렇게 발행된 모든 재무부증서는 모든 공공 및 민간 채무에 대해 법정화폐의 지위를 가지며, 소지자의 요청시 재무부는 연방준비제도이사회가 정하는 가격 및 조건에 따라 이를 금괴 또는 은괴로 태환해준다.

3. 이에 의해 연방준비제도이사회는 자신이 보유하는 모든 권한과 역량을 동원하여 상업은행에 예치된 개인의 요구불예금을 포함한 국내 유통 중인 화폐량(즉, 은행 및 재무부 밖에서 유통되는 화폐량)이 1인당 250달러에 도달할 때까지 화폐공급을 증가시켜야 하며, 1인당 적정 화폐량 계산에 필요한 인구수는 동 법안이 통과되는 날 기준 인구조사국census bureau이 추정한 수치를 사용하며, 의회가 향후 법률 제개정으로 이 책무를 수정하지 않는 한 연방준비제도이사회는 자신이 보유하는 모든 권한과 역량을 동원하여 화폐유통량을 1인당 250달러 수준으로 유지해야 한다.

엥겔Angell 교수의
100% 아이디어

1935년 11월 「Quarterly Journal of Economics」에 게재된 논문으로
저작권 문제로 번역서에는 생략함

읽을거리
참고문헌

현정환, 2008. 중앙은행과 지급결제: 상호관계에 대한 역사적 고찰, 지급결제조사
    자료 2008 – 1, 한국은행.

Benes, J., Kumhof, M., 2012. The Chicago Plan Revisited, *IMF Working
    Paper*, International Monetary Fund.

Calomiris, C. W., 1992. Greenback Resumption and Silver Risk: The
    Economics and Politics of Monetary Regime Change in the United
    States, 1862 – 1900, *NBER Working Paper*, WP4166, National Bureau of
    Economic Research.

Carlson, M., Wheelock, D. C., 2018. Furnishing an "Elastic Currency": The
    Founding of the Fed and the Liquidity of the U.S. Banking System,
    FRB of St. Louis Review, First Quarter, Federal Reserve Bank of St.
    Louis, p.17 – 44.

Champ, B., 2007. The National Banking System: A Brief History, *Working
    Paper*, 07 – 23, Federal Reserve Bank of Cleveland.

Champ, B., 2008. Stamp Scrip: Money People Paid to Use, *Economic
    Commentary*, Federal Reserve Bank of Cleveland.

Champ, B., Thomson, J. B., 2006. National Bank Notes and Silver
    Certificates, *Working Paper*, 06 – 22, Federal Reserve Bank of

Cleveland.

Cross, I. B., 1938. Lawful Money: A Note, Journal of Political Economy 46(3), p.409−413.

Dewald, W. G., 1972. The National Monetary Commission: A Look Back, *Journal of Money,* Credit and Banking, 4(4), p.930−956.

Dwyer Jr, G. P., 1996. Wildcat Banking, Banking Panics, and Free Banking in the United States, *Economic Review,* Federal Reserve Bank of Atlanta, p.1−20.

Friedman, M., Schwartz, A. J., 1963. A Monetary History of the United States, 1867−1960, Princeton Press(9th paperback printing).

Goodhart, C., Jensen, M., 2015. Currency School versus Banking School: An Ongoing Confrontation, *Economic Thought,* 4(2), p.20−31.

Gorton, G. B., Zhang, J. Y., 2021. Taming Wildcat Stablecoins, Unpublished paper.

Kindahl, J. K., 1961. Economic Factors in Specie Resumption the United States, 1865−79, *Journal of Political Economy* 69(1), p.30−48.

Phillips, R. J., 1992. The 'Chicago Plan' and New Deal Banking Reform, *Working Paper,* No.76, Levy Economics Institute of Bard College, Annandale−on−Hudson, NY.

Rockoff, H., 1974. The Free Banking Era: A Reexamination, *Journal of Money,* Credit and Banking, 6(2), p.141−167.

Rolnick A. J., Weber, W. E., 1982. Free Banking, Wildcat Banking and Shinplasters, Quarterly Review, Federal Reserve Bank of Minneapolis, p.10−19.

Silber, W. L., 2009. Why did FDR's Bank Holiday Succeed?, *FRBNY Economic Policy Review,* Federal Reserve Bank of New York, p.19−30.

Simmons, E. C., 1938. The Concept of Lawful Money, *Journal of Political Economy* 46(1), p.108−118.

Tavlas, G. S., 2020. On the Controversy over the Origins of the Chicago Plan for 100 Percent Reserves: Sorry, Frederick Soddy, it was Knight and (Most Probably) Simons, *Economics Working Paper* 20102, Hoover

Institution.

Whitehouse, M. A., 1989. Paul Warburg's Crusade to Establish a Central Bank in the United States, *The Region*, Federal Reserve Bank of Minneapolis.

Willard, K. L., Guinnane, T. W., Rosen, H. S., 1995. Turning Point in the Civil War: Views from the Greenback Market, *NBER Working Paper*, WP5381, National Bureau of Economic Research.

https://www.federalreservehistory.org/

화폐의 순도와
화폐제도의 안전성

1. 화폐의 순도(純度)

화폐를 구분하는 방법은 여럿 있지만, 민간화폐와 중앙은행화폐로 화폐를 구분할 수 있다. 중앙은행화폐에는 현금통화와 지급준비금(중앙은행 당좌계좌)이 있으며, 민간화폐로는 예금화폐 또는 결제성 예금이 있다. 현금 등 중앙은행화폐는 중앙은행에 대한 청구권으로 중앙은행 부채에 해당하는데, 오늘날 불태환 화폐제도에서 이 말은 화폐의 가치를 중앙은행이 보장한다는 의미를 갖는다. 현대 법정화폐제도에서 중앙은행화폐는 가장 무결한 순도를 갖는 완전한 화폐, 즉 '100% 머니'에 해당한다.

예금화폐의 순도(純度)는 단순하게 생각하면 예금화폐의 지급준비 상태에 따라 달라진다. 어떤 은행이 100의 예금을 받아 99를 대출하고 1의 지급준비금만을 보유한다면 이 예금화폐의 순도는 1이 되며, 50의 지급준비금을 보유한다면 순도는 50이 된다. 100의 예금은 50의 중앙은행화폐와 50이라는 신용(대출)의 상환가능성으로 지급 보증되기 때문이다. 평상시에 사람들은 예금화폐의 순도에 대해 무관심하지만 금융시스템이 불안 조짐을 보일 때 예금화폐의 순도는 금융불안이 산불처럼 번질 것인지를 결정짓는 중요한 변수로 작용한다. (자유은행시대처럼) 순도가 낮은 화폐가 광범위하게 유통되는 상황에서 금융시스템이 불안 조짐을 보이면 사람들은 자신이 가지고 있는 불순한 화폐를 100% 머니 즉, 중앙은행화폐로 교환하려 할 것이고, 그 결과는 예금인출사태와 연쇄적 은행도산이라는 걸 숱한 금융위기 역사가 증명한다.

2. 화폐 순도 문제의 확장: 화폐의 균일성

화폐의 순도는 어느 하나의 화폐에 관한 문제가 아니다. 흔히 화폐의 3대 기능으로 ⅰ) 회계의 단위, ⅱ) 교환의 매개체, ⅲ) 가치저장 등을 꼽는데, 이 3가지 요건은 어떤 하나의 대상물이 온전히 화폐로서 기능할 수 있는지를 판단할 때 유용할 뿐이다. 비트코인이 처음 등장하여 세간의 관심이 집중되었을 때 비트코인이 화폐인지 화폐로 발전할 수 있는지에 대한 논의에서 이 3가지 요건을 만족하느냐 못하느냐에 대한 토론이 활발히 벌어졌던 것처럼 말이다. 화폐의 3대 기능을 충족하는 화폐들로 화폐제도가 채워진다 하더라도 화폐제도의 안정성이 반드시 확보되는 건 아니다.

화폐의 순도는 화폐제도 차원에서의 문제이다. 이는 화폐제도의 신뢰성 및 안정성을 좌우한다. 화폐제도에 복수의 화폐가 존재하는 경우에 화폐의 순도는 중요해진다. 예를 들어, 화폐 A와 화폐 B가 존재한다고 가정하자. 화폐에 대한 선호도는 화폐의 편리성, 안전성 등 여러 가지 요인에 의해 좌우된다. 여기서 화폐 A는 순도 측면에서 화폐 B보다 우수하지만 편리성 및 수익성 측면에서는 화폐 B가 우수하다고 가정하자. 경제가 순탄할 경우 화폐 A와 화폐 B는 교환의 매개체로서 활발하게 이용될 것은 당연하다. 그렇지만 1997년 외환위기 등과 같은 위기상황에서는 화폐 A에 대한 선호가 높아진다. 여기서 화폐 B의 화폐 A로의 전환이 완벽하게 이루어지지 않다면 사람들은 어떤 수를 써서라도 화폐 B를 화폐 A로 전환하려 할 것이고 화폐 B의 가치는 디스카운트되어 화폐 간 1:1 교환성은 깨지고 화폐시스템은 불안정해진다.

결론적으로 화폐제도 관점에서는 복수 화폐 간의 상호교환성이 완전해야 한다. 그리고 화폐 간 완전 교환성 또는 무차별성을 복수 화폐의 균일성uniformity 또는 단일성singleness이라 표현할 수 있다. 이자가 지급되지 않는 화폐보다는 이자가 지급되는 화폐를 선호하고 이자지급화폐 중에서도 높은 이자를 지급하는 화폐를 보다 더 선호하겠지만 화폐의 균일성을 판단하는 기준은 화폐 순도에 있다. 그리고 위기 상황에서 사람들은 더 높은 순도를 갖는 화폐를 선호할 것이기 때문에 중앙은행제도가 정착된 오늘날에는 중앙은행화폐와의 교환성이 곧 화폐의 균일성을 의미한다.

3. 화폐 순도의 보장 또는 보강

그럼, 화폐의 순도를 보장할 수 있는 방법은 무엇인가? 어빙 피셔의 제안은 단순하며 완벽하다. 즉, 예금화폐가 중앙은행화폐인 지급준비금으로 100% 뒷받침되도록 하여 예금화폐의 순도를 100%로 높이자는 것이다. 대공황 이후 완전지급준비제도가 미국에서 도입될 뻔한 기회가 있었지만 지급준비율 인상, 미연준의 권한 강화, 예금자보호 제도 도입 등 화폐금융제도 안정성이 강화되는 수준에서 화폐제도 개혁이 마무리되어 오늘날에 이르고 있다. 그리고 어빙 피셔와 시카고 플랜의 핵심 아이디어인 100% 머니는 훗날 내로우뱅킹narrow banking 개념으로 발전되었는데 밀턴 프리드먼Milton Friedman과 제임스 토빈James Tobin을 위시한 경제학자들의 지지와 관심을 받아 이론적 토대가 강화되었지만 현실에 도입된 사례는 거의 전무하다고 봐도 무방하다.

그럼 내로우뱅킹이 도입되지 않은 오늘날 예금화폐의 순도는 적절하며 화폐의 균일성은 달성되고 있는가?

무엇보다 중앙은행의 지급결제제도 관리 및 운영이다. 지급결제제도는 민간화폐 간 교환성을 중앙은행화폐를 통해 확보하는, 그래서 개별 민간화폐가 화폐로서 완전히 기능할 수 있도록 해주는 제도적 장치이다. 한 나라에서 이루어진 모든 자금결제가 최종적으로 중앙은행 당좌계좌에서, 즉 중앙은행화폐를 통해 이루어지는 건 전 세계 표준적인 결제방식인데, 이를 통해 화폐의 균일성은 달성된다.

그리고 1933년 미국에 처음 도입된 예금자보호제도를 금융안전망의 하나로 단순하게 생각할 수 있지만, 예금자보호의 본질적 의미는 예금화폐 순도의 조건부 100% 달성이다. 즉, 예금자보호제도는 예금보험 한도 내에서 예금의 중앙은행화폐와의 1:1 교환성을 확보한다. 이로써 위기상황에서도 예금의 중앙은행화폐로의 전환 가능성에 대한 의심과 우려는 일축되고 예금인출사태 발생 가능성은 낮아진다. 화폐시스템의 균일성은 보장되고 이에 따라 금융시스템의 안정성이 강화되는 것이다.

은행에 대한 건전성 규제들도 금융위기를 방지하기 위한 수단이라는 의미를 갖지만 화폐의 질 즉 순도를 보장하려는 취지로 도입된 것들이다. 부분지급준비제도에서 은행은 지급준비율에 해당하는 지급준비금을 보유하고 나머지 예금은 수익창출에 쓴다. 지급준비율이 10%인 상황에서 은행이 100의 예금을 수취하면 90에 해당하는 예금은 대출, 채권 매입 등에 쓸 수 있다. 은행 A는 고수익을 추구하여 90을 모두 고위험·고수익자산에 투자한 반면 은행 B는 수익성과 안전성 모두를 중요시하여 90을 정부채, 예금, 대출, 회사채 등 적절한 포트폴리오를 갖춰 투자하였다고 하자. 투자의 수익성과 별개로, 화폐의 순도 즉 예금 상환가능성 또는 예금의 원금보장 가능성은 은행 B가 훨씬 높다. 위기가 닥치면 은행 A가 지급불능상태에 놓일 가능성이 농후하다. 이런 이유로 자본의 손실

흡수능력을 강화하기 위해 은행에 대해 리스크 대비 적정 자본을 보유하도록 자기자본 규제를 하는 것이다. 건전성 규제의 본래 취지는 화폐의 순도 보장 또는 보강에 있다. 1990년대 권역별 감독에서 통합감독으로의 전환 흐름에서 선두에 섰던 영국이 2008년 글로벌 금융위기 이후 건전성 감독 기능을 영란은행Bank of England에 환원한 것도 어쩌면 이러한 이유일지도 모른다.

4. 새로운 이질적 화폐의 등장

최근 10년간 지급서비스시장은 큰 변화를 겪고 있으며 변화의 주역은 스테이블코인과 빅테크·핀테크의 등장이다.

스테이블코인은 하나의 법정통화fiat currency 또는 통화 바스켓(복수의 법정통화)과 1:1의 교환성을 갖는 암호화폐로 비트코인 등 기존 암호화폐(자산)의 치명적 결함인 가치 변동성 문제를 해결한다는 측면에서 많은 주목을 받았다. 특히, 페이스북이 2019년 6월 리브라Libra라는 글로벌 스테이블코인global stablecoin 발행 계획을 발표하자 전 세계 중앙은행들이 크게 긴장하였다. 국제통화질서에 큰 충격을 줄 것을 직관적으로 느꼈기 때문이다. 이후 리브라 발행계획에 제동이 걸려 페이스북은 리브라를 디엠Diem으로 이름을 바꾸고 보다 완화된 형태로 스테이블코인 발행계획을 변경하였다. 이런 와중에 대표적 스테이블코인인 Tether의 시가총액은 2020년 2월 46억 달러에서 2021년 6월 625억 달러로 급성장하였다. 코인 붐－버스트boom-bust와 별개로, 스테이블코인이 가치안정성을 보다 더 확보하고 교환의 매개체로 사용될 수 있을 정도의 이용망을 구축한다면 충분히 화폐로서 기능할 수 있다는 점은 분명하다.

한편, 2018년 EU의 지급서비스지침 개정PSD2을 시작으로 영국, 싱가포르 등의 국가들은 전자화폐기관 또는 지급기관이라는 새로운 라이센스를 도입하여 이들 지급서비스제공기관이 독자적으로 계좌를 발급할 수 있게 해오고 있다. 이들 기관이 발행하는 소위 '지급계좌'는 은행예금과 유사한 수준의 결제성을 갖춰 화폐로 기능함은 당연하다. 우리나라에서도 EU와 영국의 전자화폐기관을 본뜬 '종합지급결제사업자(종지업자)' 라이센스를 도입하려는 움직임이 2020년 전자금융거래법 개정 작업을 통해 본격화된 적이 있다.

스테이블코인과 지급계좌는 비금융기관이 발급하는 화폐라는 점에서 기존 민간화폐인 은행예금과 다르다. 따라서 단순히 새로운 민간화폐가 등장하는 것이 아니라 지금까지와는 다른, 기존 민간화폐와도 상당히 이질적인 화폐가 화폐제도 안에 들어오는 것이다. 기존 화폐와 이질적인 새로운 화폐의 도입은 기존 화폐질서에 교란요인으로 작용하여 화폐시스템의 신뢰성 및 안정성을 훼손시킬 수 있다. 이때 중요한 것은 단연 화폐의 순도, 화폐의 균일성 확보이다.

5. 새로운 화폐환경에서 화폐의 균일성 확보 방안

스테이블코인이 '안정적이지 않다'라는 건 2022년 5월 미달러와의 1:1 교환성을 표방했던 루나 & 테라의 가치 폭락 사태로 단적으로 입증되었다. 한때 시가총액 기준 세계 10위에 들었던 코인의 가격이 일주일 사이에 0으로 폭락한 이 사건은 알고리즘 기반 스테이블코인의 취약성을 여실히 보여주었다. 그 취약성의 핵심은 화폐의 순도에 있다. 또한 예탁금 100%를 미달러로 지급준비한다고 하여 스테이블코인의 대표 주자로 떠오른 Tether도 실제로는 준비금을 제대로 비축하지 않아 뉴욕주 검찰로부터 고소당한 사건도 있었다. Tether는 2021년 3월 준비금 구성내역을 실토했는데 현금 비중은 3.87%에 불과하였다고 한다. 물론 현금에 정부채 등을 합한 안전자산의 비중은 더 크긴 하였지만 말이다.

스테이블코인이 진정한 화폐로서 거듭나려면 본래의 정의에 맞게 중앙은행화폐와의 1:1 교환성을 가져야 하며 이를 달성하는 '방법 중 하나' 그리고 '가장 확실한 방법'은 100% 머니의 적용, 즉 법화로의 완전지급준비이다. 이 논리는 비은행 지급서비스제공기관에게도 그대로 적용된다. 선불 충전금 또는 이용자예탁금이 화폐성을 획득한다면 화폐의 균일성 관점에서 이를 적절히 관리해야 화폐제도의 신뢰성과 안정성을 확보할 수 있으며, 가장 확실한 방법은 100% 지급준비이다. 예금화폐로서의 100% 지급준비보다는 중앙은행화폐로서의 100% 지급준비가 보다 확실한 방법이다. 영국은 전자화폐기관에게 이용자예탁금을 은행 또는 중앙은행에 100% 예치토록 하고 있으며, 중국은 빅테크 기업에게 이용자예탁금을 중앙은행에 100% 예치토록 하고 있다. 중국의 경우 알리페이 & 위챗페이가 지급서비스시장을 양분하다시피 하여 이들 페이가 대표 화폐로 자리매김함에 따라 중앙은행화폐와의 교환성 확보를 위해 빅테크 지급기관에 내로우뱅킹을 전면 도입한 사례이다.

물론 '100 머니'만이 화폐의 균일성을 확보할 수 있는 유일한 수단은 아니다. 이에 관한 보다 자세한 얘기는 현정환(2022a)에 담겨져 있으니 관심있는 독자들은 참고 바란다.

6. 맺음말

시금석, 바로 귀금속의 순도를 측정하는데 쓰이는 돌이다. 고대 문명이 점점 발전하면서 금과 은이 금속화폐 재료로 자리잡게 되었지만 금화와 은화가 처음부터 활발히 이용되었던 건 아니다. 당시 국가가 화폐주조권을 독점하지 않고 있는 상황에서 각양각색의 주화가 존재하였고 주화의 순도도 제각각이라 어떤 주화가 순도가 높은지를 몰라 거래의 대가로 선뜻 주화를 받기가 어려웠기 때문이다. 기원전 7세기 즈음 리디아

왕국에서 시금석이 발견되어 금의 순도를 제대로 측정할 수 있게 됨에 따라 금화의 순도 문제가 해결되었고 주화가 보편화될 수 있는 환경이 조성되었다고 한다.

이처럼 화폐의 순도 문제는 어제 오늘의 일이 아니라 화폐제도가 발전하는 역사 속에서 줄곧 반복된다. 이것이 바로 100여 년 전에 어빙 피셔가 쓴 이 책이 오늘날에도 동시대적 의미를 갖는 이유이다.

옮긴이 해제

참고문헌

김이한·김희재·송인창·양원호·유창연·정여진·황희정, 2014, 『화폐이야기』, 부키.

현정환, 2008, 『중앙은행과 지급결제: 상호관계에 대한 역사적 고찰』, 지급결제조
　　사자료 2008 - 1, 한국은행 금융결제국.

현정환, 2022a, 화폐제도 및 지급결제제도 관점에서 살펴본 바람직한 종합지급결
　　제사업자 도입방안, 지급결제학회지, 제14권 제1호.

현정환, 2022b, 지급결제와 중앙은행 간 관계에 대한 재고찰, 사회과학 연구(29권
　　3호 게재 심사 중).

Fisher, Irving, 『100% Money』, Adelphi Company, 1936.

Gorton, G. B., Zhang, J. Y., 2021, Taming Wildcat Stablecoins, Working
　　paper.

저자소개

어빙 피셔(Irving Fisher)

1867년 2월 뉴욕에서 태어난 어빙 피셔는 경제학을 공부했으면 누구나 들어봤을 법한 화폐수량설, 피셔방정식, 피셔지수, 화폐환상, 부채 디플레이션 등으로 널리 알려진 신고전학파 경제학자이다. 화폐와 금융제도가 그의 평생 연구주제였는데 말년에는 대공황의 영향을 받아 경기변동, 부채 디플레이션, 화폐가치 안정화 등에 연구를 집중했으며 그의 연구업적은 통화주의(monetarism)의 초석이 되었다. 어빙 피셔는 1929년 주식시장 붕괴와 대공황으로 전 재산을 날린 흑역사로도 유명하지만, 30대 초반 결핵으로 고생한 후 건강문제에 관심을 가져 흡연과 음주를 반대하는 논문과 책자를 쓰기도 하고 보건에 관한 칼럼도 쓰기도 하여 보건학자라는 부캐릭터를 가졌다고 한다. 주요 저서로는 『The Rate of Interest』(1907), 『The Purchasing Power of Money』(1911), 『The Making of Index Numbers』(1922), 『Money Illusion』(1928), 『The Theory of Interest』(1930), 『Booms and Depressions』(1932), 『Stable Money』(1934), 『100% Money』(1935) 등이 있다.

옮긴이   현정환(玄政桓)

고려대학교 경제학과를 졸업 후 금융감독원과 한국은행에서 금융제도, 지급결제제도, 금융시장 등에 관한 정책 및 제도에 관한 조사연구를 주로 담당하였다. Michigan State University에서 금융시장과 거시경제 간의 관계를 연구하여 박사학위를 받았으며 현재 동국대학교 사회과학대학 국제통상학과에 재직하면서 금융시장 행태, 지급결제제도, 지급서비스시장, 디지털금융 등에 관해 연구하고 있다. 저서로는 『국제금융론 이론과 정책』(박영사, 2019), 『헬로! 핀테크: 지급결제·송금편』(공저, 한국핀테크지원센터, 2021) 등이 있다.

완전한 화폐

초판발행	2022년 8월 31일
지은이	Irving Fisher
옮긴이	현정환
펴낸이	안종만·안상준
편 집	김윤정
기획/마케팅	오치웅
표지 디자인	이영경
제 작	고철민·조영환
펴낸곳	(주) **박영사**
	서울특별시 금천구 가산디지털2로 53, 210호(가산동, 한라시그마밸리)
	등록 1959. 3. 11. 제300-1959-1호(倫)
전 화	02)733-6771
f a x	02)736-4818
e-mail	pys@pybook.co.kr
homepage	www.pybook.co.kr
ISBN	979-11-303-1603-1 03320

정 가   15,000원